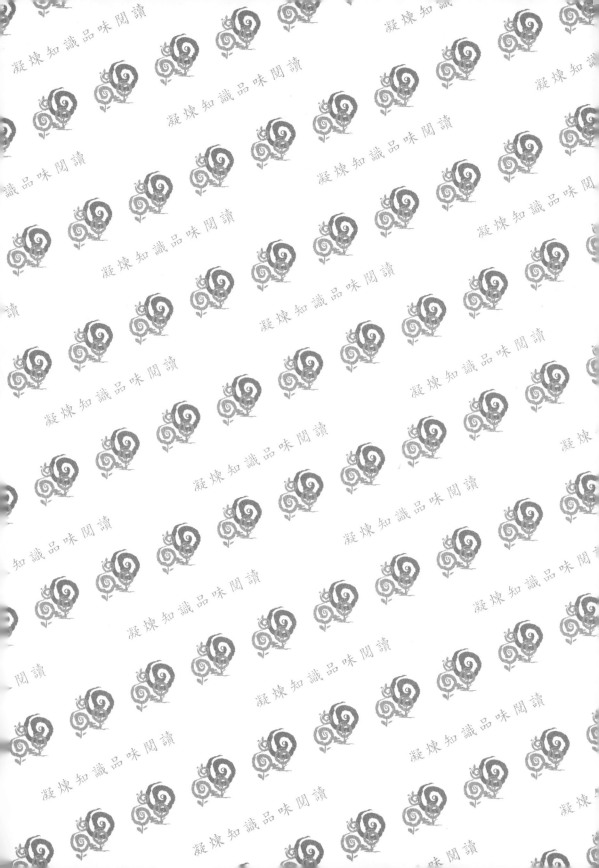

創意，● 都市 ● 幸福感

驅動區域創新及經濟成長

Creativity ● Urban ● Happiness :
Actuating Regional Innovation and Economic Growth

陳坤宏 主編
陳坤宏 彭渰雯 洪綾君 林漢良 趙子元 洪于婷 陳亮圻 陳璽任 著

五南圖書出版公司 印行

作者簡介

（依章次排序）

陳坤宏 Kung-Hung Chen

學歷

國立臺灣大學土木工程學研究所都市計畫組（現爲建築與城鄉研究所）博士

現任

國立臺南大學文化與自然資源學系教授

曾任

國立臺南大學臺灣文化研究所教授兼所長、教務處組長、特別助理、實輔處組長

榮獲

都市計畫科高考及格

行政院國科會 99、100、102 年度補助大專校院「傑出類」特殊優秀人才獎

中國地理學會地理學術研討會論文發表「教師組」優等獎（共同作者）

中國農村發展規劃學會學術著作獎

國立臺南大學 90、91、94-106、109 年度加強學術研究提升教學品質獎勵

國立臺南大學 105、106 學年度教師教學創新獎勵

接受行政院科技部人社中心「人物專訪」，並刊登於《NEWSLETTER》No.10（2018 年 3 月號）

學術專長

都市計畫、空間結構理論、城鄉關係、消費理論、文創經濟

發表論文及著作共 170 餘篇，代表性專書有《創意文化空間‧商品》（合著）、《都市理論新思維——勞動分工、創意經濟與都會空間》（合著）、《城鄉關係理論與教育》、《都市—空間結構》、《消費理論》、《消費文化理論》、《消費文化與空間結構：理論與應用》、《臺灣第一條運河的門戶：大涼歷史景點與產業文化專輯》（合著）等

彭渰雯 Yen-Wen Peng

學歷

美國羅格斯大學規劃與公共政策博士

臺灣大學建築與城鄉研究所碩士

現任

國立中山大學公共事務管理研究所教授兼所長

臺灣婦女團體全國聯合會常務理事

考選部國家考試性別平等諮詢委員會委員

《女學學誌》編輯委員

曾任

高雄市政府婦權會委員、高雄市婦女新知協會理事長、行政院性別平等會委員、教育部性別平等教育委員會委員、行政院勞工委員會性別平等專案小組委員、《自由時報》記者

學術專長

性別研究、民主治理、政策審議分析

發表中英文期刊及專書論文約 60 餘篇，曾主編《歡喜從母姓》及共同主編《公共議題政治學》專書，並曾擔任行政院《性別平等政策綱領》之〈環境、科技與能源篇〉執筆人

洪綾君　Ling-Chun Hung

學歷

美國德州大學達拉斯分校公共政策與政治經濟學博士

現任

國立成功大學政治學系副教授

曾任

世新大學行政管理學系副教授、世新大學行政管理學系助理教授、臺灣透明組織副執行長、政府各級機關廉政委員、政府各級機關講師、美國德州大學達拉斯分校經濟學系講師、行政院國家科學委員會助理研究員、復盛機械股份有限公司系統分析師

榮獲

中華民國教育部公費留學公共事務學門獎學金（2002-2005 年）

美國德州大學達拉斯分校之經濟、政治及政策科學學院助教獎學金（2002-2006 年）

Global Accounting, Finance and Economics Conference 最佳論文獎（2011 年）

世新大學學術發表暨創作獎勵獎（2010-2014 年）

科技部 105 年度特殊優秀人才獎勵

成功大學 108 年社會科學院研究成果獎勵

學術專長

政治經濟、政府財政與預算、廉政治理、公共政策、能源政策

發表論文及著作共 60 餘篇，主持及參與約 18 項政府部門及科技部研究計畫，代表性專書有《政府與市場：政治事件與股票市場的關係》、《財政學》（合著）、《*Policy analysis in Taiwan*》（合著）、《公共行政、災害防救與危機管理》（合著）、《金融海嘯與公共政策》（合著）等

林漢良　Han-Liang Lin

學歷

英國里茲大學地理學（School of Geography, Leeds University）博士

現任

國立成功大學都市計畫學系副教授

曾任

國立成功大學衛星資訊研究中心 GIS 組組長、國立成功大學國土研究中心副主任

榮獲

都市計畫技師考試及格

1998 年教育部公費留學英國──專研地理學門地理資訊系統

2018 IEEE International Conference on Knowledge Innovation and Invention (Jeju Island, South Korea) Best Conference Paper Award（第一作者）

2019 International Conference of Asia-Pacific Planning Societies（2019 臺日韓越都市計畫研討會）Best Conference Paper Award（共同作者）

學術專長

都市計畫、災害風險分析與管理、地理資訊系統、都市地理資訊科學

代表性研究：內政部資訊中心《國土資訊系統資料流通共享相關標準制度規劃建置作業》、內政部地政司《國土利用現況調查規範與先期作業》、營建署《建立易致災地區之安全建地劃設機制與準則》、《臺灣國土容受力分析與調適策略》、《102 年國家公園數位典藏應用及行銷計畫》、中研院《Open ISDM──開放式災害管理資訊系統》、《善用巨量資料與互聯網於強化災防應對與社區復原能力》整合型研究計畫（共同主持人）等

趙子元　Tzu-Yuan Chao

學歷

英國諾丁漢大學營建環境學院都市計畫博士

現任

國立成功大學都市計畫學系副教授兼系主任

曾任

內政部區域計畫委員會委員、日本早稻田大學創造理工學院訪問學者、科技部科學園區策略發展委員會委員、立德大學研究發展處企劃組組長

榮獲

國立成功大學教學優良教師（103、104 學年度）

國立成功大學規劃設計學院暨都市計畫學系研究優良教師（107 學年度）

國立成功大學獎勵優秀人才彈性薪資獎勵（104-108 學年度）

國立成功大學年輕學者典範（106 學年度）

日本臺灣交流協會交換學者獎勵（107 學年度）

第八屆臺灣健康城市暨高齡友善城市專家學者傑出貢獻獎（民國 105 年）

學術專長

空間規劃法令與制度、都市更新體制、健康與高齡城市研究、土地使用政策

發表國內外論文及著作 110 餘篇，代表性專書有《*Planning for Greying Cities, Age-friendly City Planning and Design Research and Practice, The Routledge Handbook of People and Place in the 21st Century City*》（合著）、《*Instruments of Land Policy – Dealing with Scarcity of Land*》（合著）、《*Property Rights and Climate Change*》（合著）、《*The Handbook of Community Well-Being Research*》（合著）、《*The Routledge Handbook of Planning for Health and Well-Being-Shaping a sustainable and healthy future*》（合著）、《公共場域與都市空間 —— 都市設計層面》（*Public Places Urban Places*）（譯作）等

洪于婷　Yu-Ting Hung

學歷

國立成功大學都市計畫研究所博士

現任

嘉南藥理大學觀光事業管理系副教授

曾任

嘉南藥理科技大學臺灣溫泉研究發展中心祕書、嘉南藥理科技大學臺灣休閒產業研究中心祕書

榮獲

榮獲青年署「103 年青年社區參與行動計畫」最高等 A 級

嘉南藥理科技大學 2014 年教學卓越教師

嘉南藥理科技大學 2011 年、2008 年教學優良教師

(HSOM) 溫泉產業經營管理師，乙級

觀光餐旅經營管理管理師（專業級）

(THMMM)Tourism and Hospitality Marketing（專業級）

觀光餐旅數位行銷管理師（專業級）

(LCCIEB)Certificate in Selling [Level 2]

學術專長

觀光經濟學、觀光區規劃理論與實務、溫泉區環境規劃開發與管理、遊憩區開發設計與經營管理、環境經濟學、休閒環境營造與永續發展、活動設計與管理

發表論文及著作共約 45 篇，代表性專書有《健康促進》（合著）、《健康休閒概論》（合著）、《*Spatial Analysis of Urban Sustainability in Tainan City*》（合著）等

陳亮圻 Liang-Chi Chen

學歷

國立陽明大學物理治療暨輔助科技學系學士

國立臺灣大學物理治療學系暨研究所碩士

現任

奇美醫療財團法人奇美醫院復建部物理治療師

樹人醫護管理專科學校物理治療科兼任講師

教育部頒定講師

曾任

安康復健科診所兼職物理治療師、臺北市大安區安東社區高齡運動班助教

榮獲

考試院物理治療師考試類科高考及格

臺灣物理治療學會第七十四次學術論文研討會「學生優良口頭論文獎」第三名

106 年度長期照護專業培訓課程 Level 1 共同課程結訓

107 年度長期照護醫事人員繼續教育計畫──物理治療 Level 2 專業課程──臺北場結訓

健康活力動次動──社區指導員專業培訓課程結業

學術專長

神經物理治療學、高齡健康促進、長期照護

發表國內外研討會論文共 4 篇，期刊論文 1 篇。

陳璽任　Hsi-Jen Chen

學歷

德國威瑪包浩斯大學藝術與設計博士

現任

國立成功大學工業設計學系助理教授

曾任

德國 Papenfuss Atelier 設計公司擔任產品設計師與顧問

學術專長

工業設計、人機互動、感性工學、跨文化設計

代表性專書有《創意文化空間‧商品》（合著）

推薦序

　　如果世界是平的，你可以自由選擇居住的地點，你會嚮往居住在哪裡？是一個經濟繁榮充滿工作機會的科技重鎮？或是一個充滿生命力、包容力的創意城市？還是一個可以安居樂業實現夢想、充滿幸福感的城市？「幸福感」是居住者主動的個人感受，卻是近年來都市發展的重要指標之一。加拿大多倫多大學 Richard Florida 教授在《尋找你的幸福城市》（原文書名：*Who's Your City?*）一書中，以幸福地理學來闡釋每一座城市的性格，居住的城市決定個人的前途，選擇居住的地點也決定了個人的幸福。全球化讓人們很容易移動到全世界，居住的「地點」成爲生活中一個重要影響關鍵，問題是我們應當如何了解自己的需求，選擇適合居住的城市與地點呢？

　　對於都市治理者而言，經濟、創意、健康、幸福、永續、開放、自由等議題，都是必須考慮的面向。臺灣過去幾十年來以科技立國，注重經濟發展的結果，導致對於生態環境永續發展的忽略，每個都市以爭取設立科技園區爲城市治理的萬靈丹，希望能夠吸引科技菁英進駐，卻發覺科技菁英只在園區生產，園區卻與都市生活隔離，難以達到生活、生產、生態之三生一體的永續環境發展。當全球化的浪潮來襲，臺灣面臨產業與都市發展的瓶頸，「創意城市

理論」趁勢而起，成為都市發展的新典範，各個都市聚焦將傳統的都市鑲帶加以聰明轉型，大量改造文化創意園區，希望嘗試以文創地點形成文化創意者的聚落，期望這一群創意階級群聚效應能夠帶領都市轉型。無奈，臺灣的傳統教育窠臼缺乏創意、普遍小確幸的生活心態，加上地方文化創意的產值基底太弱，很難帶動都市動能推廣到全球的市場上，加上創意工作空間多集中於都會區，也造成城鄉失衡的現象。更有甚者，臺灣面臨人口老化的嚴重問題，為了解決城鄉失衡與老化的問題，「地方創生」政策成為解決城鄉失衡的良藥，政策指引青年返鄉、產業再興、建立地方文化特色，但是，由於偏鄉地區缺乏完整的教育與醫療配套措施，依舊難以留住年輕人深耕，大量同質化與小規模的地方創生產品與服務，也進軍不了國際。在全球城市競爭的挑戰下，接下來臺灣的都市政策要往哪裡走？都市的幸福元素與行動又該如何形成？實在值得令人省思與論述。

閱讀《創意・都市・幸福感》一書，首先可以感受到一股相當豐富的都市理論、策略與典範經典導讀，強調「都市幸福感」的重要性，嘗試為臺灣下一波的都市政策尋找契機。本書第一部分對於創意城市理論的產生，從不同的文獻做正負面效果評估；第二部分分析「創意地點」、「個性」與「幸福感」的三角關係，以及造成都市空間型態可能的優勢；第三部分針對創意城市的發展，以不同的觀點加以分析、批判與論述，從創意菁英與創意經濟的崛起，談論都市的競合與社會內部的危機；第四部分則跳脫出傳統的都市理論架構，從文化創意設計與長期照護的實例印證，試圖探討都市幸福感的元素。

本書集結都市、政策、文化、管理、醫學、設計等六個跨領域專家學者的觀點，每位作者依據其專長提出對於都市發展的洞見，形成一系列的論述，對於剛入門者是一本很好的都市經典導讀，讓

讀者能逐步理解都市發展策略的來龍去脈；對於都市計畫方面的專業人員，也是一本回顧整體都市理論與政策發展的參考文獻，不僅是文獻回顧，又能具體指出未來的都市型態可能面臨的許多改變。最後，本書的標題「創意‧都市‧幸福感」，點出了未來都市「幸福感」帶動創意與創新形成的重要性，的確是我們所要追求的未來。

鄭泰昇

國立成功大學建築學系教授

兼規劃與設計學院院長

2020 年 7 月

作者序

　　現今全球有將近 55% 的人口居住於都市地區，根據聯合國經濟和社會事務部人口司《*2018 Revision of World Urbanization Prospects*》的研究指出在 2050 年將達到 68%。這個都市化的發展自 19 世紀後，都市的規模一直在擴張，當今，東京是世界上最大的都市，人口總數為 3,700 萬，到 2030 年，預計世界上將有 43 個人口超過 1,000 萬的巨型都市。Richard Florida 更用衛星影像的夜間燈光足跡，定義出巨大經濟產值與人口聚集的巨型都市區域，全球的經濟產值以及人口聚集與分布，已經呈現「高峰」與「低谷」的尖峰都市型態。

　　本書書名《創意‧都市‧幸福感 —— 驅動區域創新及經濟成長》，企圖展現出這種尖峰都市形成的系統動態足跡，那就是：創意階級崛起所造成的創意經濟，造就了高生產力、高就業機會、高財富、高度創意共同聚集的「尖峰都市」，同時成就了創意菁英階級的「幸福感」。但是，全球化的創意菁英往往是競爭的、排他性的，結果卻是尖峰都市內部產生了新貧的中產階級、貧富不均加劇、仕紳化區隔深化等社會問題。同時，尖峰都市之間的競爭結果，卻無意中使得次要都市、小城鎮、鄉村地區，呈現出停滯、萎縮、衰退

的「低谷」發展。因此，針對此一新的都市危機與挑戰，《創意·都市·幸福感》這本書嘗試肩負起一項任務與責任，企圖尋求促進都市再生或再發展的解決對策，一言以蔽之，即是從創意城市與尖峰都市、幸福感之間關聯的論述出發，其次探討創意菁英、創意經濟與都市發展的樂觀或悲觀結局，最後是研擬都市空間治療與都市意象的營造，以建立一個開放、有活力、包容、多元化且具美感的「幸福都市」。這正是這本書所要揭櫫的理念：重新思考從「創意城市」（creative city）到「幸福城市」（city of happiness）理論典範的轉向（paradigm shift），此一可能趨勢，期待能夠創造所謂「市民全贏」的都市（Urbanism for All），如此的話，方為都市之幸！

　　基於上述這本書所抱持的責任與理念，我們將以「正一反一合」三部曲，建立起全書的邏輯思維，並且進一步分成四部分。除了第一部分外，第二部分代表的是「正」，第三部分代表的是「反」，而第四部分代表的是「合」。透過這樣的鋪陳，希望讀者能夠輕鬆簡易地掌握這本書的精神與內容。

- 第一部分：全書的邏輯思維，包括：理論回顧、全書中心思想與全書摘要、從「創意城市」到「都市幸福感」、為何要撰寫《創意·都市·幸福感》這本書等，均會在這本書的第 1 章「導論」中加以闡述。

- 第二部分：「創意城市」帶來的正面效果，代表的是「正」，包括：創意地點（place）─個性（personality）─幸福感（happiness）之三角關係，以及造成都市空間型態可能的優勢，將分別在第 2 章「都市幸福感」與第 3 章「創意城市與尖峰都市區域的形成」中加以論述。

- 第三部分：「創意城市」可能產生的負面效果，代表的是「反」，包括：都市內部的危機及都市之間的競合，將分別在第 4 章「創意

菁英與都市發展的樂觀與悲觀？」與第 5 章「創意經濟與都市發展的樂觀或悲觀？」加以論述。

- 第四部分：未來都市規劃與政策，代表的是「合」。如果「創意城市」帶來正面效果，固然是好的，全體市民受惠，相反的，如果「創意城市」產生了負面效果，那麼，市民將不再有幸福感。所以，需要透過未來都市規劃與政策，創造出「幸福城市」。這本書即分別以文化創意設計結合都市空間治療理論，並融入長期照護，給都市人帶來幸福，以及讓創意提升都市意象爲個案，進行研究，將分別在第 6 章「創意設計與都市空間治療」與第 7 章「創意設計與都市意象」加以論述。

　　本書的內容是期許能夠兼顧學術理論論述，以及國外與臺灣在地案例的介紹與反思，以適合大學生、研究生，以及一般社會大眾閱讀，並得以深入淺出的寫作風格帶領讀者，對於「創意－都市－幸福感」此三者之關係，能夠具有基本的素養及知識上的成長，更能夠創造讀者與筆者互相共鳴交流的平台。

　　寫書是種下一個緣，指引一個閱讀的法門。本書的作者群來自都市計畫、公共政策、觀光遊憩、工業設計、醫療與文化資產等跨領域的背景，帶給本書在論述視野上的創新與廣度。作者群中曾執行行政院科技部人文社會科學研究中心補助 108 年度「創意經濟與都市幸福感」經典研讀班計畫，期間的交流分享給予書寫帶來啓發與思維，特此致謝。整整一年，我們從策劃寫書到完成寫書任務，當中歷經設定目標、擬定全書章節架構、分配撰寫章節、完成初稿，以及各章節整合工作，作者群共開會三次，充分討論與溝通，靠的是作者群的「夢想、目標、責任與勇氣」，最後達成使命。我們更大的期許是一個信念：「寫書的價值在於引導別人讀書，教導同學學習，提升讀書風氣。」寫書讓我們更能體會到「爲師者，當如是也」的意

義，以此與讀者共勉之。相信本書尚有不足或疏漏處，請讀者們指正與包涵。同時，在此誠摯地感謝五南圖書出版股份有限公司副總編輯陳念祖先生與李敏華編輯，為本書的編輯出版付出心血。

陳坤宏　彭濟雯　洪綾君　林漢良
趙子元　洪于婷　陳亮圻　陳璽任
2020 年 7 月

目錄

第 **1** 章

導　論

陳坤宏

本章共分爲四節，第一節是「從創意城市到都市幸福感」，第二節是「爲何要撰寫《創意‧都市‧幸福感》這本書」，第三節是「全書邏輯與摘要」，第四節是「本書的結構」。

1.1 從創意城市到都市幸福感

1.1.1 「創意城市」的興起、時代意義與理論案例

一 興起背景

● 文化創意城市已成爲當今新的都市理論之一

資訊科技與社會開啓了先進國家的去工業化，並於 1990 年代開創知識經濟的新局，邁入 21 世紀以來，全球對科技創新與文創產業的熱衷投資，成爲知識經濟發展典範的二項重要驅動力。這股趨勢促使全球的經濟社會從工業走向後工業，從現代走向後現代。地理學者 Harvey（1989）指出，「後現代」乃對抗現代性與資本主義的一致性與趨同性，強調多元性、差異性和特殊性的價值，主張多元文化的包容與多元族群的公平正義。產業發展受此一思潮的影響，開始強調個性化的商品消費，資本家也開始應用創意設計，將目標市場朝向個性化的所謂「三創」（創意、創新、創業）市場，期待符合新市場消費客層的需求，並創造新經濟。與此同時，西方先進國家面臨去工業化的產業轉型壓力，讓許多文化與藝術工作者開始進駐形同廢墟的工業區進行改造，最早且最著名的案例當屬美

> ➤ **我的信念**
>
> 惟有人才（talent）、有科技（technology）、有個性（personality）、有包容（tolerance），才有創意城市（creative city）。

國紐約市的蘇活區（Soho），目前已成為紐約市最具有文化藝術氣息與高價值展覽品的地方，成功的模式也成為全球許多城市的學習典範。英國愛丁堡國際藝術節、愛爾蘭格爾維市藝術嘉年華會（GAF）與西班牙巴塞隆納三大節慶，將它們創造成為著名的文創都市。日本金澤市因為「手工藝和民間藝術之旅」而被聯合國教科文組織登錄為「創意城市」；大阪「新世界藝術園區計畫」徹底改造古老城市的魅力；橫濱黃金町「Kogane Cho Bazaar」實驗的成功——自紅燈賣淫區改造成為藝術特區，成為一處「亞洲創意城市網絡」，都是舉世聞名的創意城市。中國大陸北京 798 文藝特區、上海老碼頭；韓國首爾文創園區；德國魯爾工業區改造；臺灣臺北松菸藝文特區、華山特區、高雄駁二特區、臺南安平藝術村聚落，以及最新的臺南「公園路 321 巷藝術聚落」、北投「空場藝術聚落」、汐止「社后藝術工廠」，均是改造古蹟、廠房、碼頭、校舍成為新藝術聚落成功的案例。這些成功案例，不但驗證了文化創意產業締造全球化時代新經濟的論點，同時讓文創園區或藝術聚落政策得以促進都會區都市再生的理論獲得證實，這乃成為最近十年來許多國家大都市相繼採用的都市理論。

　　Landry（2000, 2008）有感於社會經濟快速的變遷，提出「創意城市」（creative city）的概念，主張創意城市研究議題可以由創意城市指標的建構，到從創意城市觀點探討創意城市的發展，此一主張鼓勵爾後幾年陸續舉辦創意城市國際論壇，在都市計畫學術界，對於全球化城市再起中之文化創意經濟所占有的關鍵角色的理論研究，也發揮了重大的影響。包括：Florida（2002）提出的創意城市經濟發展「3T 理論」：科技（technology）、人才（talent）、包容（tolerance），此三條件缺一不可，成為受人矚目的研究方向；Hall（2001）認為創意城市是國際化的，並且會吸引從各方來的人才；Pratt（2008）認為創意城市會吸引創意階級或高科技產業人士居住，進而提升該城市的消費層級與水準；Scott（2008）提醒，全球化大城市雖然擁有空前的創新創意能力，但是社會仍然存在著文化與經濟不平等的情況，這不僅是所得分配的問題，還涉及到公民意識與

民主問題，它們會使得創意城市難以實現。

　　全球化潮流下，文化創意產業已成為各先進國家提升經濟產值，以及復甦都市再生的重要策略。英國是全世界最擅長運用創意產業的國家，2002 年創意產業產值為 1,125 億英磅，占 GDP 的 8%，並創造 132 萬的就業人口，所占比例為 6.64%，出口值為 115 億英磅，占總出口值的 4.2%，成為全世界推動文化創意產業成績最顯著的國家。美國表現其次，分別是占 7.8%（GDP）與 5.9%（就業人口）；西班牙創意產業產值占 GDP 的 4.5%，而紐西蘭、澳洲、新加坡、香港，分別占約 3.5% 與 4.0% 左右，韓國則占 6.09% 與 2.09%，而臺灣是 2.8% 與 1.7%（以上各國此二項占比，前者是 GDP，後者是就業人口），2012 年臺灣文創產業產值已達 6,654 億元，未來仍有相當大的努力空間。根據聯合國公布的《2008 年創意經濟報告書》顯示，1996 年全球創意商品國際出口貿易總金額是 2,274 億美元，2005 年是 4,244 億美元，每年成長率是 6.5%，足見創意經濟的重要性。

● **在創意城市理論中，Richard Florida（2002）提出「創意階級」與「3T 理論」，主張美國城市應該制訂足以吸引「創意階級」前來的政策才行，堪稱是先驅者，但其理論在「地方經濟的發展」上仍有不足，有待 Florida 進一步補強。**

　　Markusen（2006）與 Scott（2006）抱持相同的主張，批評 Florida 的理論缺乏一個可應用於特定的地方經濟的發展理論。她認為，雖然外銷導向經濟理論長久以來都是發展理論的主流，但是在知識／資訊導向經濟的時代中，進口替代產業的經濟發展模型，更是被人們所期待。

　　在國內，陳坤宏等人（2016）合著的《都市理論新思維 —— 勞動分工、創意經濟與都會空間》這本書，主要關切在「文化經濟作為空間發展」此一信仰價值下，未來都市的「生產」、「就業工作」、「社會生活」，以及「都市創意性」如何在「都會空間結構」中加以展現，進而讓

文創經濟與都市環境得以有效連結，產生綜效（synergies）。

● **Richard Florida 為了彌補先前理論的不足，進一步主張「尖峰都市」（spiky city）與「地點」（place）理論對當今每個人生活的重要性，而其重要性是來自於「創意經濟」。**

　　Florida 分別於 2005 年發表一篇名為《*The world is spiky: Globalization has changed the economic playing field, but hasn't leveled it*》的論文，以及 2008 年出版一本專書《*Who's Your City? How the Creative Economy is Making Where to Live the Most Important Decision of Your Life*》，都是在談論「尖峰都市」與「地點」理論對當今每個人生活的重要性，證實了此一結果的造成，「創意經濟」發揮了關鍵性的力量，這麼一來，Florida 即可將他的創意理論與城市地方經濟彼此關聯起來，因而，從此不再被批評了。尤其是《*Who's Your City*》這本書是希望告訴我們：「地點」在當今全球化經濟中扮演的關鍵性角色，並且能夠讓自己找到適合的居住地，享受幸福美好的生活。「世界是平的」是全球化時代的共識，但事實並不然，全球多元化與分殊化造成城市經濟結構已大不同，選擇居住地點也決定了人們的幸福。所以，本書乃選擇 Florida 於 2008 年所撰寫的《*Who's Your City? How the Creative Economy is Making Where to Live the Most Important Decision of Your Life*》這本書，作為研讀與討論的對象之一，期待能獲得更多知識。

二 時代意義

　　1. 在學院派教學上，國內大專院校的都市與區域計畫、文化創意產業、社會學、經濟學、建築、地理、公共政策等科系的教師與學生，如果能夠具備「都市與創意經濟關聯」的新知識的話，那麼，即可說是趕上國際化學術新趨勢。

　　2. 在國家貢獻上，都市是國家最具優勢主導的核心空間，掌控較大

的資源與權力，而且成為國家進行全球化產業革命、都市化、智慧化、文創知識經濟轉型的重要基地。因此，只要都市能夠將此一理想加以實現的話，那麼，在一定程度上，代表國家轉型就能夠成功，對於國家具有一定的貢獻。

三　創意城市理論（creative city theory）

隨著歐盟「歐洲文化城市」或「歐洲文化首都」計畫的提出，所謂「創意城市」（creative cities）的概念開始出現，並且成為一個新的都市模型。從若干案例中可看出，源自於藝術與文化的「創意」，被用來創造新的產業與就業機會，進而解決環境問題與無家可歸問題。易言之，它在都市再生（urban regeneration）工作上是一項多面向的手段。

● Charles Landry（2000）與 Masayuki Sasaki（2004）

Landry 在他的經典之作《The Creative City: A Toolkit for Urban Innovators》（2000, 2008）一書中，特別提到「21 世紀將是城市世紀，『創意城市』成為一種行動的號召。……『創意』就是當今城市的命脈，應該將城市的觀察焦點放在『人』的身上。」如同前面所言，Landry（2000）有感於社會經濟快速的變遷，提出「創意城市」（creative city）的概念，主張創意城市研究議題可以從創意城市指標的建構，直到由創意城市觀點探討創意城市的發展，此一主張對於全球化創意城市研究理論，影響甚巨。

Sasaki（2004）藉由「文化創造力」（cultural creativity）與「社會包容性」（social inclusion）二個概念，來分析在日本所進行的都市再生過程，目的是想要重新思考創意城市理論，並且以金澤市、橫濱市與大阪市為例，發展出一種「社會包容／草根性模型」（social inclusion/grassroots level model），企圖從草根性運動達到社會包容的目標，期待能夠為亞洲都市提供新的方向。他將少數族群、無家可歸問題以及社會包容，當作是

創意城市的核心觀念，成為理論的特色所在。

● Richard Florida（2002, 2005）：創意階級、創意空間或創意地理學

　　Florida 現為加拿大多倫多大學 Martin Prosperity Institute 的主任，兼該校羅特曼管理學院商業及創意學教授。他是世界著名的知識分子，暢銷書《The Rise of the Creative Class》的作者，「創意階級」概念的創始人，影響學術界深遠，曾經獲選為《仕紳雜誌》（Esquire Magazine）年度風雲人物，也是「創意階級集團」的創辦人，可知，Richard Florida 在學術界與實務業界，都是具有影響力的人物。

　　眾所周知，Florida 是當今創意空間或創意地理學的重要研究者，在他所寫的經典之作《The Rise of Creative Class》（2002）一書中，強調創意經濟發達的城市，往往就是具備所謂「3T」：科技、人才與包容的地區。他主張美國城市應該制訂足以吸引所謂「創意階級」這一類型的人們前來的政策才行。同時他提出八個創意指標，分配在三個領域中，即所謂「3T 理論」：人才、科技與包容。其中，他特別強調「包容」指標，特別是同性戀者，因為它象徵著社會群體的創意性，其他包括前衛的年輕藝術家（所謂波西米亞族）、美國反文化人士等。不過，他提出這個非傳統理論，卻導致一般人普遍誤解，以為城市的繁榮是創意階級的這一群人所造成的，例如藝術家、同性戀者。事實上，光靠這一群創意階級，是無法自己創造出「創意城市」的。

　　同時，又在他的另外一本書《Cities and the Creative Class》（2005）中，整理出若干創意空間的發展趨勢。簡言之，「創意中心」的形成與發展，主要是因為創意人才想來這裡居住或工作，而不是那些傳統的因素。而創意人才的移動，是想得到豐富、高品質的生活體驗，以及多元化、受到肯定的認同感。在此，他提出「創意資本理論」的觀點去說明創意空間的發展脈絡，基本論點是─創意人擁有創意資本，對於地區的選擇，能夠帶動地區的經濟成長。而創意人之所以會選擇特定的地方，是因

為該地方具有獨特的地方品質（quality of place）——包括環境、人物、事件。「地方品質」概念說明了新經濟顛覆傳統的都市規劃觀念，不一定要有硬體建設，而是地方的生活品質。紐約、倫敦、柏林等都市所謂的「酷文化」，正是它們能夠人才聚集與創意產業蓬勃發展的主要原因。這些「創意城市」透過「空間—文創—經濟」三者聯合帶動所產生的綜效（synergies），其吸引人的魅力就因此發生了。

● Ann Markusen（2006）

Markusen 與 Scott（2006）抱持相同的主張，批評 Florida 的理論缺乏一個可應用於特定的地方經濟的發展理論。

她在美國明尼蘇達州的研究中，特別注意到藝術家中心藝術家們定期的聚會、演練、公開表演，以及藝術家與觀眾之間的對話。藝術家中心不僅刺激了整個區域的文化消費，同時它也結合了醫療與健康照護產業，停止了人口的大量出走。像這樣的作法，就是都市再生，不但有助於面臨頹敗的市中心的復甦，並且可提供一處具有社會包容性的環境，解決低收入社區相關問題。

● Andy Pratt（2004, 2008）

他特別關注文化創意產業的群聚政策，也注意到文化產業大多屬於家庭式經營與小型企業的特性。為了能夠在世界市場生存，這些文創產業之間必須要有水平合作的網絡關係才行。他指出文創產業與一般產業在群聚上不同的三點特徵：(1) 構成群聚網絡實體的質性內涵的重要性，特別是知識交換的過程及其溢出效果；(2) 公司之間基於互相信任關係的非金錢來往的重要性；(3) 為了文創產業群聚的形成之需要，除了分析它們的經濟與社會貢獻外，文創產業如何在更大的城市或區域文化脈絡中加以適應，也是值得探討的重點。Pratt（2008）認為「創意城市」會吸引創意階級或高科技產業人士居住，進而提升該城市的消費層級與水準。

● **Jane Jacobs**（1984）

　　她在研究義大利波隆尼亞（Bologna）的個案中發現，波隆尼亞是一個具有小規模生產設備的彈性網絡體系的城市，可以提供重複展示各種創新與即席演出的設備。基於此，Jacobs 乃界定「創意城市」為：「一個能夠基於藝術與文化而創造出新趨勢的城市，同時透過藝術家、創造者與一般市民有活力的創意活動，促進創新與創意產業的發展，以及產生各式各樣的「創意環境」與「創新環境」，而且具有區域性、草根性能力去解決社會排他性問題（例如無家可歸）的能力。」此一定義極適合為數眾多處於後工業社會、不具經濟競爭力、環境劣勢的小型都市。

　　義大利波隆尼亞與日本金澤市（Kanazawa）採取相同的模式——「文化的生產模式」（cultural mode of production）。該模式使得文化生產與文化消費達到平衡，而具有讓文化資本去生產產品與服務，進而獲得高經濟收入與文化價值的好處，而消費也可以刺激生產（Sasaki, 2003, 2007）。Markusen、Pratt 與 Jacobs 三位學者所提出的創意城市理論，基本上是屬於「文化為基礎的生產體系」（culture-based production systems）。

● **Allen Scott**（2008）

➢ **Allen J. Scott 何許人也？**

　　Scott 目前是美國加州大學洛杉磯分校（UCLA）公共政策系與地理系合聘的傑出教授，他是 2003 年 Vautrin Lud 獎的得主，他寫的專著《*On Hollywood: the Place, the Industry*》（2005）曾經榮獲 2006 年的登峰造極獎（Meridian Prize）。由此可見，他在地理、都市研究、公共政策等領域上，具有相當重要的學術地位，其專書的學術價值，不論是理論觀點或是現實政策上，相信都有舉足輕重的影響力，各大學研究學者與學生也都喜歡閱讀。

➤ **書籍簡介**

Allen J. Scott (2008). *Social Economy of the Metropolis: Cognitive-Cultural Capitalism and the Global Resurgence of Cities*. Oxford University Press。共 182 頁。

本書共八章：

第 1 章　The Resurgent City（城市再起）

第 2 章　Inside the City（城市內部）

第 3 章　Production and Work in the American Metropolis
（美國都會區的生產與就業）

第 4 章　The Cognitive-Cultural Economy and the Creative City
（認知─文化經濟與創意城市）

第 5 章　Culture, Economy, and the City（文化、經濟與城市）

第 6 章　Chiaroscuro: Social and Political Components of the Urban Process
（明暗配合：都市過程中的社會與政治因素）

第 7 章　City-Regions: Economic Motors and Political Actors on the Global Stage
（城市區域：全球化時代的經濟動力與政治角色）

第 8 章　Coda（結尾）

➤ **全書概述**

今天大多數社會科學家普遍會認為，資本主義為大尺度的都市成長與發展鋪路，Scott 在 2008 年所撰寫的《*Social Economy of the Metropolis: Cognitive-Cultural Capitalism and the Global Resurgence of Cities*》這本書中，準備提供都市理論─資本主義發展都市化的真正本質的批判性基礎，並且整理出若干原則，作為當今都市成長與發展調查性研究的依據。當今城市呈現出來的歷史面貌與發展歷程，事實上即是資本主義式經濟動態性的結果，而且面對不斷持續前進的資本主義進程中，未來城市勢

必處於關鍵時刻，由於可見，城市再起與社會經濟之間的緊密關係了。

談到都市化與資本主義社會之間的關聯，以及其延伸出來的獨特城市型態，我們可以分為四個階段：

1. 第一階段，在 19 世紀的都市化是由工廠與零星工作坊緊密聚集所構成，眾多貧窮的普羅階級住在便宜的居住區中。

2. 第二階段，隨著主要的技術性與組織性工作者居住在大量生產與大規模的成長中心區，形成都會區往外圍擴張，都市社會空間分化成白領階級與藍領階級的鄰里社區，這基本上是福特式生產社會中勞動分工分化的一種反映。

3. 第三階段，自 1970 年代晚期至 1980 年代初期，新科技與新資訊革命產生許多新奇的經濟生產形式與社會組織，城市被迫必須以雙重角色——既是經濟發展的結果也是源頭——加以回應。

4. 現今階段，所謂「認知－文化經濟」（cognitive-cultural economy）重新尋找城市歷史，發現對於當今都市化的形成與都市社會生活具有重大影響，而且「認知－文化經濟」是跨全球性蓬勃發展的新經濟秩序趨勢，同時它可以被整合到本土社會經濟體系之中。

針對上述主張，Scott 在這本書中嘗試努力提出三項觀念性與描述性的論點，作為爾後研究的方向指導。

第一，都市理論與都市問題，一來與政治計畫有關聯，二來與居民的都市生活的再建構有關聯，因此造成都市形式會隨時改變。

第二，透過許多理論與經驗觀察的個案得知，當今「認知－文化經濟」作為科技密集生產、財政與服務業、時尚風潮產業、文化產業、個人服務業等產業的表徵，這些部門產業不但近年來在全世界最大的城市以極快速度成長，而且在過去 10 年，扮演了全球各地都市再起成功案例的重要角色。

第三，檢視「認知－文化經濟」在城市中的空間分布，將發現它們是與都市過程有所連結，易言之，它們是與資本主義社會中的勞動分工、社

會階層化有所關聯。高薪菁英與低薪普羅大眾的分化及其社會生活上的差距，正說明了都市空間組織、居民社會及經濟生活與地理空間三者之間互相作用成為一完整體系的論點。

這也是 Scott 在這本書特別強調都會區的「社會經濟」（social economy）此一概念的理由所在。Scott 非常關注都市化的經濟面向，而且體認到經濟面向本身是不斷地由社會面向加以確認，同時他的研究目標將會放在形塑當今城市風貌中之文化變數的重要性，說明白一點，即是居民都市生活創造了城市空間。現階段在這本書中，Scott 著重文化創意產業形塑都市過程與城市風貌的關鍵角色，比起過去比較注重經濟角色，可說截然不同。因此，Scott 得到一項結論，那就是：經濟與文化互相聚合共同形成一個新奇且特殊的意義結構，並成為未來全球化時代所謂城市區域研究的理論基礎。

● **Thomas Hutton**（**2016**）

➤ **Thomas A. Hutton 何許人也？**

Hutton 是加拿大英屬哥倫比亞大學社區與區域規劃學院人類聚落研究中心的教授，學術專長是都市研究與城市規劃。他的研究領域主要是城市內部新興產業的形塑，以及亞太都市轉型中服務業的角色。

➤ **書籍簡介**

Thomas A. Hutton (2016). *Cities and the Cultural Economy*. New York: Routledge。共 379 頁。

全書共九章：

第 1 章　Introduction: cities, the cultural economy and urban studies
　　　　（簡介：城市、文化經濟與都市研究）

第 2 章　The cultural economy and globalizing cities
　　　　（文化經濟與全球化城市）

第 3 章　The political economy of culture: governance, agency and actors

（文化的政治經濟學：治理、代理人與行動者）

第 4 章　The cultural economy and the urban labour markets

（文化經濟與都市勞動力市場）

第 5 章　The cultural economy, housing markets and gentrification

（文化經濟、房地產市場與仕紳化）

第 6 章　Space in the cultural economy of the city: history, theory and taxonomies

（城市文化經濟中的空間：歷史、理論與類型）

第 7 章　Cultural industry districts in the metropolis: case studies and illustrative sketches

（都會區中的文化產業特區：經驗研究個案）

第 8 章　Assessing the policy record in the cultural economy of the city

（城市文化經濟中的政策評估）

第 9 章　Conclusion: critical reflections on theory, prospects and practice

（結論：對理論、展望與實踐的回應）

➤ **全書概述**

　　眾所周知，最近年來，文化經濟儼然成為都市發展的一個領導性角色，引領都市朝向某種軌跡前進，它更成為許多全球化城市的重要特徵。文化創意產業包括新媒體、數位藝術、音樂、電影、設計產業及其專業，以及由這些產業連帶產生的消費行為與城市景觀。臺灣的《文化創意產業發展法》第 3 條明文規定，所謂「文化創意產業」，係指源自創意或文化積累，透過智慧財產之形成及運用，具有創造財富與就業機會之潛力，並促進全民美學素養，使國民生活環境提升之產業，共有 16 項產業

屬之。由此一定義可知，要能夠提高國民文化水準與美學素養的產業，才算是文化創意產業。聯合國、英國、紐西蘭、澳洲、美國、韓國、新加坡、中國等，即使採用不同的稱呼，例如文化產業、文化創意產業、數位內容產業等，但其定義則是相近的。在西方國家，文化經濟現在似乎已展現成為許多都會區的第三大部門，包括倫敦、柏林、紐約、舊金山與墨爾本，而且逐漸影響到東亞城市的發展（例如東京、上海、香港與新加坡），甚至南半球的巨大都市（例如孟買、開普敦與聖保羅）也受到它的影響。

　　《Cities and the Cultural Economy》這本書最主要的特點在於，它提供了若干重要的研究與政策上的文獻，而且都是當今都市研究次領域所需要知道的。有關文化經濟的政策性規劃，逐漸地在都市計畫、發展與地方行銷計畫上，顯得重要起來，它是需要大量資源挹注的，但往往卻產生高度不公平的結果，這正是許多都市在發展文化經濟之際，必須隨時提醒自己之處。作者在這一方面的提醒，正是這一本書的獨到之處，確實是與其他學者的專書論點不同，值得肯定。因此，依循此一脈絡，這本書主要論述包括了：新的文化經濟如何重塑都市勞動力、住宅與房地產市場，以及造成仕紳化與「不確定性」就業，當然也包括可能是好的結果，例如社區再生與都市活力。

　　筆者閱讀過《Cities and the Cultural Economy》這本書，認為這是一本絕佳的教科書，國立新加坡大學 K. C. Ho 教授亦有同感，他為這本書寫書評時特別指出，作者提供了很關鍵的議題、內容、重要案例，並且將此三者充分地整合起來，進行分析與論述，非常適合作為教科書。英國倫敦市立大學文化經濟學 Andy Pratt 教授同樣的在寫書評時提到，正當許多都市朝向「創意城市」邁進之際，這本書做到了以下三點：(1) 提供許多必要的、堅實的理論基礎；(2) 結合了實務性研討會的內容；(3) 搭配豐富的案例研究材料。正因為這本書做到此三點，所以，證明了這本書完全符合了當今許多都市的最重要趨勢——即：追求文化經濟的成長，它確實能

夠幫助許多都市朝向「創意城市」邁進。由此可見，這本書的重要性是受到極高度的評價。

➤ **Thomas A. Hutton 的《*Cities and the Cultural Economy*》這本書的論點與主張的獨到見解**（陳坤宏，2015、2016、2017）

主要有三點：

1. Thomas A. Hutton 的《*Cities and the Cultural Economy*》這本書的論點與主張，與過去幾位主張創意城市的重要學者的差別。

回顧過去，Landry（2000, 2008）有感於社會經濟快速的變遷，提出「創意城市」（creative city）的概念，主張創意城市研究議題可以由創意城市指標的建構，到從創意城市觀點探討創意城市的發展。此一主張鼓勵爾後幾年陸續舉辦創意城市國際論壇，在都市計畫學術界，對於全球化城市再起中之文化創意經濟所占有的關鍵角色的理論研究，也發揮了重大的影響。包括：Florida（2002）提出的創意城市經濟發展「3T 理論」：科技（technology）、人才（talent）、包容（tolerance），此三條件缺一不可，成為受人矚目的研究方向；Hall（2000）認為創意城市是國際化的，並且會吸引從各方來的人才；Pratt（2008）認為創意城市會吸引創意階級或高科技產業人士居住，進而提升該城市的消費層級與水準；Scott（2008）提醒，全球化大城市雖然擁有空前的創新創意能力，但是社會仍然存在著文化與經濟不平等的情況，這不僅是所得分配的問題，還涉及到公民意識與民主問題，它們會使得創意城市難以實現。

但是，《*Cities and the Cultural Economy*》這本書最主要的特點在於，它提供了若干重要的研究與政策上的文獻，而且都是當今都市研究次領域所需要知道的。有關文化經濟的政策性規劃，逐漸地在都市計畫、發展與地方行銷計畫上，顯得重要起來，它是需要大量資源挹注的，但往往卻產生高度不公平的結果，這正是許多都市在發展文化經濟之際，必須隨時提醒自己之處，作者在這一方面的提醒，正是這一本書的獨到之處，確實是與其他學者的專書論點不同。

　　2. Thomas A. Hutton（2016）的《*Cities and the Cultural Economy*》這本書與 Allen J. Scott（2008）《*Social Economy of the Metropolis: Cognitive-Cultural Capitalism and the Global Resurgence of Cities*》一書的差別。

　　Scott 在《*Social Economy of the Metropolis: Cognitive-Cultural Capitalism and the Global Resurgence of Cities*》這本書，特別強調都會區的「社會經濟」（social economy）此一概念的理由所在。Scott 非常關注都市化的經濟面向，而且體認到經濟面向本身是不斷地由社會面向加以確認，同時他的研究目標將會放在形塑當今城市風貌中之文化變數的重要性，說明白一點，即是居民都市生活創造了城市空間。現階段在這本書中，Scott 著重文化創意產業形塑都市過程與城市風貌的關鍵角色，比起過去比較注重經濟角色，截然不同。因此，Scott 得到一項結論，那就是：經濟與文化互相聚合共同形成一個新奇且特殊的意義結構，並成爲未來全球化時代所謂城市區域研究的理論基礎。Scott 檢視「認知－文化經濟」在城市中的空間分布，將發現它們是與都市過程有所連結，易言之，它們是與資本主義社會中的勞動分工、社會階層化有所關聯。高薪菁英與低薪普羅大眾的分化及其社會生活上的差距，正說明了都市空間組織、居民社會及經濟生活與地理空間三者之間互相作用成爲一完整體系的論點。

　　Hutton 在《*Cities and the Cultural Economy*》這本書中，與 Scott 相同的，他也注意到文化經濟發展中的社會面向問題。不同的是，由於 Hutton 在他的這本書中，提供了若干重要的研究與政策上的文獻，以及當今都市研究所需要知道的有關文化經濟的政策性規劃，加上這本書又做到了將：(1) 許多必要的、堅實的理論基礎；(2) 實務性研討會的內容；(3) 豐富的案例研究材料，充分地整合起來加以思維，所以，能夠產生與過去舊都市理論時代不同的新思維，那就是：將城市文化經濟的歷史與空間、文化創意經濟的政策評估、居民勞動力與社會生活、文化的政治經濟學，以及都市文創園區特殊性空間等多個面向關聯起來整合規劃，進而創

造出經濟、社會、文化、政治四者互相平衡且能夠產生綜效的都市。此一新思維，在都市現實與政策規劃上，對於政府部門與實務工作者將會產生很大的思想革命。

　　除上述的差別外，從 Hutton 與 Scott 二人在其經典專書中所強調的重點來看，仍具有若干差異（參見表 1.1）。

　　由表 1.1 顯示出，與 Scott 比較起來，Hutton 是更重視亞太國家之都市的文化經濟的發展與議題，包括新加坡、香港、韓國首爾、日本等，在他寫的《*Cities and the Cultural Economy*》這本書中，第 2、7 章即占了相當大的篇幅進行案例分析與討論。又與 Scott 比較起來，Hutton 在都市內部空間上的研究是比較多的，包括文創產業業種的空間分布、聚集度，以及文創經濟衝擊下的空間型態變遷等，在他寫的《*Cities and the*

表 1.1　Hutton 與 Scott 關注重點的比較

	國家	空間尺度	書中核心觀念	理論體系	教科書
Hutton	除歐美外，尚有亞太國家	都市內部空間	文化經濟的政策評估與規劃	城市文化經濟的歷史與空間、文創經濟的政策評估、居民勞動力與社會生活、文化的政治經濟學，以及都市文創園區特殊性空間等多個面向的整合	非常適合
Scott	以歐美為主	都市區域、國家	社會經濟	都市空間組織、居民社會及經濟生活與地理空間三者之間互相作用	適合

資料來源：陳坤宏自行整理。

Cultural Economy》這本書中，第 3、6、7 這三章均有不少的篇幅進行分析與討論（請詳見底下第 3 點）。

3. Thomas A. Hutton 的《*Cities and the Cultural Economy*》這本書特別強調「文化經濟與都市空間型態之間的連結」。

有關「文化經濟與都市空間型態之間的連結」此一主題，過去文創經濟的學者比較少去特別強調，但是，Hutton 在 2016 年所撰寫的新書《*Cities and the Cultural Economy*》的第 7 章「都會區中的文化產業特區：經驗研究個案」中，即以相當多的篇幅進行分析與論述，而成爲這本書與其他專書不同的一大特色。筆者在此處，將以溫哥華（Vancouver）與新加坡（Singapore）二個都市成功的案例，藉以探討「文化經濟與都市空間型態之間的連結」此一主題，進而期待能夠對於文創經濟作爲新都市理論之理論論述，有所啓發。

加拿大溫哥華是一個過去 20 年來所謂「創意轉向」（creative turn）非常成功的城市，同時也是全球排名前三名的宜居城市，溫哥華如此的傑出表現，部分原因必須歸功於它的自我服務機制（self-serving）的強化，以及都市空間（spatial）品質與型態對於創意經濟之企業結構與規模的幫助。這是溫哥華得以成功的關鍵所在，也往往是其他城市所無法擁有的優勢。從溫哥華文化產業的空間區位分布情形可以看出，它的文化產業呈現非常顯著且大量集中的現象，包括新興媒體、影視遊戲軟體生產、實驗性音樂、建築、都市設計等，充分體現出文化經濟特區的空間性（spatiality）此一特性，這些文化產業座落在溫哥華都會區核心地區之內部，或者緊鄰都會區核心地區，而且大多數是小規模的公司或企業，未必是大型公司。由於文化創意公司位於都市中心的內城地區，所以，它們不但享有聚集經濟的優勢，而且因爲鄰近市中心的歷史遺產建成環境的緣故，而讓文創公司的產品添增了文化歷史故事的加值感，以及提高了行銷販賣給遊客的商機，此即證明了「都市空間性帶給文化經濟的好處」此一論點。在溫哥華的內城地區，False Creek Flats 成功地刺

激了新興科技產業的蓬勃發展，而 Yaletown 更是一個新經濟特區再空間化（respatialization）成功的典型案例，筆者覺得它非常值得臺灣一些具有歷史文化的古都（例如臺南市）加以學習。它因為一開始引進創意企業，透過企業升級與活化發揮了擴散波及效應，進而帶動周邊地區的產業活動，最後讓 Yaletown 的空間領域更加擴大。易言之，首先於 1986 年在 Yaletown HA Heritage District 導入創意企業，接著 1991 年形塑了「New Yaletown」，最後形成了「Greater Yaletown」，成功地創造了更多的就業機會與服務圈範圍。當然它的空間領域也跟著擴大，如同同心圓結構，從第一圈、第二圈到第三圈，由內往外擴張領土，在此三圈同心圓結構中，同時兼具了傳統的歷史文化意象與現代的文創商品經濟，二者相互輝映，共創商機。此即證明了「創意經濟帶來了都市空間型態的改變」此一論點。關於 Yaletown 的空間領域擴大的經驗，在同一作者 T. A. Hutton（2008）所撰寫的《The New Economy of the Inner City》一書中，作了詳細的分析與探討。由上述溫哥華的發展經驗得知，所謂「文化經濟與都市空間型態之間的連結」確實是會存在都市中的，所以，「文化經濟與都市空間型態之間的連結」作為新都市理論之理論論述，應屬合理，畢竟「文化經濟」與「都市空間型態」二者互動的結果，勢必能夠產生綜效（synergies）。另外，值得一提的，溫哥華成功發展的結果，還要歸功於有效率的都市（地方）計畫，包括便利捷運系統的建設、在內城地區興建舒適且價格合理的中高密度住宅、創造舒適且多樣化的公共空間、引進商業活動等，透過都市計畫手段，充分提供創意經濟活動（包括創意人才、科技等）所需要的支持性設施，讓文創產業的發展可以得到最佳的支援。正因為如此，許多專家更加堅定相信，未來幾年，溫哥華將可以繼續穩居全球文化經濟一席之地位，無人可以取代。

新加坡能夠成為世界著名的創意城市，絕非偶然。它是在二戰之後，亞洲地區除了日本以外的第二個能夠徹底執行一系列產業政策、造就先進的經濟再結構的國家，包括提高勞動力市場的素質、提升教育與科技

水準、同時結合計畫性政策，以引導國家整體發展及資金的運用，加上新加坡人擅長作規劃，不浪費金錢，終於成為世界一流的國家。新加坡過去輝煌的紀錄，當然也在近年來的文化經濟發展道路上加以實踐，尤其是新加坡的文化軌跡，在「空間」的稜鏡作用下，顯得更加耀眼奪目，特別的是歷史環境區域 Telok Ayer 與 Little India，更具有世界知名度。1960 年代，新加坡進行大規模的老舊鄰里社區的清除更新計畫，接著，1980 年代開始推動歷史文化觀光，觀光動線與景點都集中在中心商業區（CBD），包括著名的中國城（Chinatown）、Telok Ayer（Singapore）、Little India，以及 Kampong Glam（馬來人的居住區）四個區域，這是一個集合中國人、新加坡人、印度人與馬來西亞人等四個國家之多族群文化生活區的觀光勝地，並且發展出文創經濟，非常成功地吸引創意企業進駐及觀光客青睞。特別的是 Telok Ayer，被視為是一個「全球性村落」（global village）：媒體、廣告、文化享受與精神舒適感、跨國公司品牌、繪圖設計與建築、藝術、東亞與東南亞餐廳、歐式餐廳、酒吧、咖啡館、運動用品、健身房、零售／個人服務業、商業與專業服務業等集大成的一個複合體（complex），成為新加坡最著名的文化園區（cultural quarter），優雅高貴的意象與井然有序的景觀，魅力十足。其中，Far East Square 此一計畫結合了 Cross Street 地區，這是一個私人企業與政府部門合作推動科技企業納入文化資產建設的成功案例，值得學習。在 Telok Ayer 中，部分街道的商店復原至 1840 年代新加坡傳統的店鋪建築型態，目的在於強調它的真實性（authenticity）與歷史感，並相信外來觀光客喜歡的是歷史氛圍與意象。可是，Little India 就沒這麼幸運，無秩序／不規則的空間品質、黑巷的髒亂與性交易、黑市商品氾濫、商品價格不誠實等，形成負面印象，似乎已變成此一文化園區的「邊緣空間」了，有待整頓與再生。與溫哥華相同，新加坡此一文化園區也同樣座落在中心商業區，「歷史文化」與「創意經濟」二者相輔相成，能夠產生綜效（synergies），證實了所謂「文化經濟與都市空間型態之間的連結」確實

是存在的。

> **Thomas A. Hutton 的《*Cities and the Cultural Economy*》這本書關注政策評估對於未來城市文化經濟的啓示，這一點也是其他學者較少提及的。**

Hutton 在他的 2016 年新書《*Cities and the Cultural Economy*》第 8 章「Assessing the policy record in the cultural economy of the city」中，以「政策評估能夠告訴我們哪些未來城市文化經濟的事？」作爲這一章的結論，他總結提出三點：

1. 政策與方案評估是要接受挑戰的，原因主要有三個，一是「多層次治理」（MLG）的影響；二是「益本」之範疇與規模難以評估的緣故；三是文化產業的複雜性與多元性，造成所需的文化與經濟之必要條件不同，因而呈現出不同的政策與方案形式，所以，一個文化政策往往會促進地方發展，卻有時也會帶來負面效果。

2. 文化政策往往一方面可以提升特定的文化部門或產業的發展，但另一方面，也有可能會產生負面效果。

3. 如果未來的文化經濟是所謂「企圖性、策劃性城市」（intentional city）這一個明顯表徵的一部分的話，那麼，它應該就必須包含下列五個重要元素：(1) 政策支持；(2) 社會意義；(3) 都市部門；(4) 產業、制度與勞動力；以及 (5) 城市居民生活。

筆者將 Hutton 的此三點結論，當做是「政策評估對於未來城市文化經濟的啓示」，尤其是第 3 點未來的文化經濟必須包含的五個重要元素，筆者寧可把它們視爲文化方案評估的五個目標，甚至是準則。如前所述，雖然 Hutton 在書中並未明確建立文化方案評估的架構、方法與準則，不過，他卻透過不同國家／都市的文化計畫評估案例的介紹，隱約表達對於方案評估的見解，讀者亦可從中認識到方案評估的架構、方法與準則。總之，Hutton 主張未來的文化經濟必須包含的五個重要元素，亦即筆者把它們視爲文化方案評估的五個目標，甚至是準則，這一發現，對於本文爾後

建立文創園區開發方案評估的架構、方法與準則,是有直接幫助的。

因為值得重視,筆者在此處重述一遍。Hutton（2016）主張未來的文化經濟,必須包含下列五個重要元素:(1) 政策支持;(2) 社會意義;(3) 都市部門;(4) 產業、制度與勞動力;以及 (5) 城市居民生活（如圖 1.1 所示）。

由圖 1.1 得知,Hutton（2016）主張未來的文化經濟,誠如下述:

1. 未來的文化經濟需要政府的政策支持,以及企業投入創產,將創意與創新轉化為科技創新、商業活動與文化消費,此時,創意機構與創意階級變得很重要。

2. 未來的文化經濟需要擔負起社會意義,並且能夠有效提升國民的文化水準。

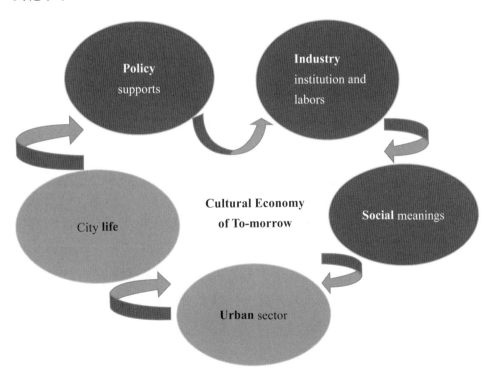

圖 1.1　Hutton（2016）主張未來的文化經濟五元素
資料來源:陳坤宏自行整理以及陳坤宏（2016）,第 162 頁。

3. 未來的文化經濟可能產生的「仕紳化」與「社會混合」議題，將會同時出現在都市空間中，進而影響到都市結構的變化及居民的生活型態與感受。

4. 圖中 Cultural Economy of To-morrow，「To-morrow」的「-」是受到英國都市規劃師 Ebenezer Howard 的名著《*Garden Cities of To-morrow*》的啓發而產生靈感，表示前進未來。

➤ **Thomas A. Hutton 對於「文創經濟作爲新都市理論的可能性」的看法**

對於這一點，陳坤宏（2016）在《都市理論新思維——勞動分工、創意經濟與都會空間》一書中（陳坤宏、林育諄、陳建元、涂函君、周士雄、吳秉聲、陳瀅世、蘇淑娟合著，2016 年，巨流出版），提出以下三點看法：

1.城市作爲一個創意的場域及文化產業發展的基地

Florida（2002）提出所謂「創意階級」（creative class）此一概念後，創意城市之規劃更加蓬勃展開，各大城市紛紛效尤並制定政策加以實施，同時，他提出的創意城市經濟發展「3T 理論」：科技（technology）、人才（talent）、包容（tolerance），此三條件缺一不可，成爲受人矚目的研究方向。但是，Allen Scott、Ann Markusen 與 Stefan Kratke 都批評 Florida 的理論缺乏一個可應用於特定的地方經濟的發展理論，一致主張應該以資本、勞動力與聚集經濟爲中心，提供一個更具說服力的基礎，進而加以理論化。傳統的都市理論已指出，一個都市的規模、密度與經濟多樣性，對於主要產業部門與就業的專業化與發展，都提供了有利的條件，相對於較小中心，大都市是比較有利的。此一理論對於文化產業來說，何嘗不是如此，詳細來看，這些有利條件包括了：(1) 城市的都市化經濟與地方化經濟的優勢；(2) 社會與種族的多元化；(3) 實質環境的品質；(4) 支援性機構；(5) 市場；以及 (6) 交通系統與運輸設施。很明顯的，這些有利條件存在大都市的可能性，遠遠大於小都市、小城鎮，這也難怪文創產業發展的動能與質量，絕大多數發生在大都

市之中，臺灣如此，國外也是如此。

2. 促進文創經濟演變的三個力量

Hutton 在他於 2016 年所寫的新書《*Cities and the Cultural Economy*》中，特別提到促進文創經濟演變的三個力量：(1) 全球化；(2) 科技；以及 (3) 治理。由於此一主張非常吻合世界各國當代文創經濟在 21 世紀新興崛起的脈絡，所以，受到學院派的服膺，並且奉爲圭臬。

首先，全球化過程不但提供了文化產品在生產上與行銷上的擴散效果，同時它也增強了人們去認同文化差異的力道。Scott（1997a）的一篇論文《*The Cultural Economy of Cities*》以及 Molotch（2002）提出的「place in product」觀點，在在驗證了此一說法，不只是第一層級的全球化城市如此，例如紐約、巴黎與東京，就是其他的全球化城市中，文創部門也已位居全市都市經濟的領導地位，最著名的例子是柏林。另外，在巴塞隆納，「文化」不只是全市都市經濟的主流，更是市民的區域認同與政治願景的象徵意義所在。

其次是科技的力量，最新型的發展是文創部門所謂流動式「計畫方案生態」（fluid project ecologies）的崛起，這是由 Grabher（2001）所提出的新觀念，它不但包括地方化聚集（例如倫敦與慕尼黑的文創產業），而且也重新界定了生產的尺度，從過去「網狀般的網絡」進化到「延伸性的生產體系」（extended production system），進行外部的轉包與獲取資源，但是，必須依靠先進的數位化通訊科技，方能達成。

第三個力量是治理，與過去成長管理觀念相通的，文創經濟（包括相關的科技部門、文化創意產業政策）也許更需要一個 21 世紀的「計畫性、企圖性的城市」（intentional city）才行，所謂「計畫性、企圖性的城市」的特徵是它能夠制定出一個全盤性的發展方案、規則，以及更進步的分配性／共享性的政策，就像 Grodach 與 Silver（2013）所說的一樣。

3. 文創經濟在城市中可能造成的不公平

主要包括：勞動力市場與就業衝擊、低薪、社會經濟族群的邊緣化、

不安定感、兩極化、非正式（地下化），以及無法適得其所。詳言之，在不公平與兩極化方面，創意行業很容易造成就業的金字塔，少數菁英創意人與一大群低薪或不固定所得的工作者（包括藝術家、年輕人、剛創業的老闆），形成一種不公平的金字塔結構。在文創經濟與非正式（地下化）之間關係方面，所謂「非正式（地下化）」是都市經濟的一種正常狀態，指的是部分工時、兼差、沒有組織公會、缺乏正式組織或法規當依靠，不只出現在生產部門，也同樣發生在消費部門上（例如餐廳或咖啡廳工作者）。這種非正式就業現象，第一層級的全球化城市都會存在，例如倫敦、紐約、東京，其他大都會區一樣存在，例如上海、孟買、約翰尼斯堡等。

在文創工作與不確定的勞動力方面，所謂勞工的不確定感、不安定感，指的是有些從事文創工作者所得到的利潤很少或甚至沒有利潤、沒有生涯晉升管道、缺乏終生就業安定基金，當然也牽涉到低薪、生活費通膨、非法的居留等問題，最明顯的是低薪的服務業工作者及移工。當然，放到文創行業來看，有些藝術家卻不在乎這種不確定感，認為只要能夠沉迷於創作工作，就感到滿足。但是，站在文創經濟長遠發展來看，還是需要透過學術訓練計畫與行政管道，來處理不確定勞動力、移工與合法公民權之間的問題才行，這才是根本解決之道。

● **陳坤宏（2020）**

➤ **城市文化經濟的（再）理論化的可能性？**

經由以上針對「文創經濟與都市理論之間關係」的論述，筆者想進一步提出「城市文化經濟的（再）理論化的可能性？」此一問題，作為筆者於 2016 年專書《都市理論新思維──勞動分工、創意經濟與都會空間》這本書的小結。最近幾年，若干重要的學者都針對此一問題進行了討論，最早的是 Thomas Hutton 在 2008 年寫的《*The New Economy of the Inner City*》一本書中，主張未來的「新經濟」將會是由文化、科技與地

方三者共同塑造而成，它是一個包含環境設施、更新奇的實踐與產品的混合體，實際上就是一種由空間部門、產業、公司行業與勞動力互相結合起來的結構，而與過去由產業王朝所界定的經濟型態完全不同。之後，此一不夠精緻的學術用詞，乃被其他學者加以採用，最有名的是 Allen Scott 於 2008 年提出「認知─文化經濟」（cognitive-cultural economy）的概念，以及 Stefan Kratke 於 2011 年所貢獻的令人鼓舞且具學術性的「城市的創意資本」（creative capital of cities）概念。

　　值得一提的，Scott 在 2008 年《*Social Economy of the Metropolis: Cognitive-Cultural Capitalism and the Global Resurgence of Cities*》這本書中，提出的「認知文化經濟」概念，嘗試努力提出三項觀念性與描述性的論點，加以強化此一概念，並且作為爾後研究的方向指導（如同前段所言，此處不再贅述）。

　　Scott 在這本書特別強調都會區的「社會經濟」（social economy）此一概念的理由所在。Scott 非常關注都市化的經濟面向，而且體認到經濟面向本身是不斷地由社會面向加以確認，同時他的研究目標將會放在形塑當今城市風貌中之文化變數的重要性，說明白一點，即是居民都市生活創造了城市空間。現階段在這本書中，Scott 著重文化創意產業形塑都市過程與城市風貌的關鍵角色，比起過去比較注重經濟角色，可說截然不同。因此，Scott 得到一項結論，那就是：經濟與文化互相聚合共同形成一個新奇且特殊的意義結構，並成為未來全球化時代所謂城市區域研究的理論基礎。

　　與 Hutton、Scott、Kratke 等三人的觀點相近，最近，Michael Storper 在 2013 年寫的《*The Keys to the City: how economics, institutions, social interaction, and politics shape development*》這本書中，描繪出一個城市再結構的圖像，指出自從 20 世紀中葉至今，不論是城市內部結構的變化、都市與都市之間的網絡關係，乃至於橫跨全球空間的成長與變遷，從大理論或單一過程來解釋都市變遷，我們都將發現，許多行動者與代理人

在城市中的不同領域裡產生了複雜的互動，其結果就支持了都市經濟與社會往前更進一步的發展。由以上四位學者的觀點來看，他們均一致強調地方、勞動力、經濟、文化與社會資本的重要性，或許這將使得城市文化經濟的（再）理論化成為可能，並且成為立論的關鍵所在。

> **對城市文化經濟理論展望的回應**

筆者提出三點論述，作為對城市文化經濟理論展望的回應，也算是作為本章這一節本段落的結論。

第一，筆者提出幾個問題，提供大家思考，包括：新的文化產業是否能夠與經濟的其他部門加以連結？新的文化產業在地方化生產網絡與全球化生產體系都能夠成功，但是其成功的差異為何？新的文化產業在一般性的發展過程及結構變遷與偶發性的地方區域因素（例如政策、社會因素）之間，如何取得因果平衡？

第二，筆者引用 Hutton（2016）對於當代城市文化經濟理論的思維，提出了一個重要的論述，那就是：一個好的理論，必須視文化經濟是否真的能夠在 1980 年代以來的新經濟或是以知識為基礎的經濟中，找到有效且適當的位置而定？如果要回答此一問題，或許可以從我們廣泛地將城市視為文化生產與衍生相關的社會階級的基地此一脈絡來加以尋找。

第三，未來新的都市研究，必須包含地理、社會、人類學、建築與設計、經濟、政治、政府研究及計畫等領域方才周延，並且符合時代意義。

四 創意群聚與創意街區

● **理論背景**

關於區域創新及經濟成長理論之發展，大致上綜整如表 1.2。

表 1.2　區域創新及經濟成長理論發展

年代	學者	理論名稱	強調因素	代表著作
1890	A. F. Marshall 劍橋商學院	聚集經濟理論	企業、區位、外部規模	*Principles of Economics*
1990 年代	M. E. Porter 哈佛商學院	產業群聚理論	企業	*Clusters and the new economy of competition*
2000	R. Putnam 哈佛政治系	社會資本理論	社會關係	*Bowling Alone: The Collapse and Revival of American Community*
2000	E. Glaeser 哈佛經濟系	人力資本理論	人力、人才	*The New Economics of Urban and Regional Growth*
2002	R. Florida 多倫多大學管理學院	創意資本理論	創意	*The Rise of the Creative Class: And How It's Transforming Work, Leisure, Community and Everyday Life*
2020	科技部人社中心經典研讀班團隊（陳坤宏等 10 人）	都市幸福感理論	創意、都市、幸福感	《創意‧都市‧幸福感》

資料來源：陳坤宏自行整理（2020）。

　　英國經濟學者 Marshall（1890）最先注意到相關企業在特定地區形成的群聚，並將之稱爲「產業區」，並引進「外部經濟理論」，用以取代過去以企業個體的內部規模經濟來分析整個產業。Marshall 認爲企業廠商利用地理環境的鄰近性，使原先無法以內部規模經濟達到減低生產成本的個體企業，能夠透過和外部合作達到規模經濟，此相關的理念之後也被「聚集經濟」的研究所使用。隨後，Weber（1909, 1929）提出並解釋「聚集經濟」：藉由共同區位產生的內部及外部經濟可以節省營運成本。他認爲聚集經濟是促使特定產業及人集中於某一個地理區位的主要經濟因素，往

後幾十年，學術界持續且緩慢地對於聚集經濟補足理論上的不足。直到1990年，Porter 發現群聚現象是國家的產業競爭優勢，而在其專書《The Competitive of Nations》中，提出了「產業群聚」（industrial cluster）的觀念，並且建構了與國家競爭優勢有重大關係的鑽石體系模型架構，使得群聚現象成為社會科學、管理學、地理學的熱門研究課題之一。隨後十幾年間，雖然許多領域的不同學者都從不同的觀點來闡釋產業群聚的定義，但中心觀念都是圍繞著 Porter 所提出的許多觀念為主流。

Porter（1990）曾指出：「一個國家是否有國際競爭優勢，與該國的優勢產業是否能形成所謂『產業群聚』有關。」用來強調產業中的群聚現象，是地區特定產業發展成功與成熟與否的一項重要指標。過去，傳統的經濟理論在探討市場空間面向的問題並不受到重視，以致理論在遇到廠商追求利潤最大化的同時，缺少地理劃分及忽略運輸成本，故無法處理空間競爭的問題。因此，結合傳統產業組織理論與國際貿易理論的「新經濟地理學」在近年興起，彌補了過去的問題。而在新經濟地理學中，最重要的核心即是關於「群聚效應」（cluster effect）的探討。

Porter（1998, 2000）將「產業群聚」定義為：「同時具有競爭及合作關係、互相聯繫的公司在地理空間上的集中，包括有相互關聯的企業、專業化的供應商、服務供給者、相關產業廠商，以及相關機構（例如大學、貿易組織等）。」並且說明產業群聚在鑽石結構中是扮演加強各項關鍵因素的角色，而產業的空間集中也是促進產業競爭力、地區發展及創新能力的最大驅動力。此外，雖然空間區位的角色固然重要，但是，在此群聚內的動態連結與制度性的配合，才能塑造有利創新與經濟發展的環境。也就是說，群聚雖然是由一群廠商、公司或企業在鄰近的地理區域聚集為必要條件，但是，群聚效果最終的成功必須依賴彼此間的積極互動，來增進彼此的生產力及競爭效率才行。

根據 Putnam 的「社會資本理論」，區域經濟成長與社區組織結構息息相關，密切的家庭關係、融洽的朋友往來，以及緊密的鄰里交流是美

國傳統社區的典型特徵，這種緊湊型的社區生活方式是黃金時期的美國獲得成功的重要原因。1980-1993 年，美國打保齡球的人數雖然增加了10%，但保齡球團體的數量卻下降了 40%。不僅如此，在整個美國，人們參與市民組織的意願也在下降，自願性、教會與工會組織之參與人數也減少，選舉投票率也呈現下降。Putnam（2000）在《*Bowling alone: The collapse and revival of American community*》一書中指出，美國的社區組織結構正在削弱，社會資本也不斷弱化。

　　哈佛大學經濟學家 Glaeser（2001）發現，「人力資本」是區域成長的核心要素，人力資本的聚集是企業聚集的基本動力來源，企業在地理上的聚集是為了獲得源自於「公共勞力池塘」（common labor pools）的優勢，而並不是為了獲得一般人所說的消費者與供應商網絡的優勢。

● **創意群聚與創意街區的形成**

　　在全球化的今日，世界貿易競爭由傳統製造業的輸出，在近年大量被文化創意輸出所取代。由於創意的高附加價值，在近年來各國政府開始注意到創意產業的重要性，並知道這是一筆好生意。因此，無不端出各種琳瑯滿目的文化創意政策，以圖能策劃形成創意群聚。然而，由於創意產業和傳統製造業的異質性，其群聚也不完全與傳統的產業群聚理論相同。De Propris 與 Hypponen（2008）認為，「創意群聚」指的是主要有一群具有創意才能的人，能夠從事創意產出，而創意產出通常是因為環境及社群互動之累積而設計出來的，因此，這些創意活動通常會聚集於特定的地點，因而將之稱為「創意群聚」（creative clusters）。創意群聚是在一個特定的地理空間，空間中的人願意分享新奇，但未必是使用相同題材，因而能夠成為一個催化人才、地方、人際關係及想法等活化的地區，同時，在此也有著自由表達的多樣化環境，並具有密集且開放的人際網絡。

　　如果以空間的角度來看「創意群聚」，Allen Scott 的論點就非常重要。Scott（1997a, 1997b, 2006）指出文化產業之群聚空間對於創新能力的

發展極為重要，因此，認為空間條件為創意經濟中不可被忽視的要素。只有當「地方」（place）、「文化」（culture）、「經濟」（economy）三者為共生關係，如此才能由特定地區的創意產業群聚帶來巨大的創意經濟競爭優勢。在過去，產業群聚特點及優點大多是針對技術製造業的研究，而對於文化創意產業的創新、大量知識創造活動及其環境特性的相關性多所忽略，但是今天，我們知道，文創產業的舞台中心是企業個體的個人象徵、獨特主觀及符號性的藝術創新，藉著這些特點，塑造出創新活動。

根據祁政緯（2012）的綜整，綜合文化創意產業本身的特性，不難推論出，基本上，文化創意產業的群聚會集中在具有緊密社會經濟結構關係的都市中心地帶。其中，都市之所以會成為創意產業的關鍵性環境，綜合各學者的觀點，其理由有以下五點：

1. 都市規模能提供同儕接受實務社群的高度資訊氛圍刺激，企業的空間鄰近性讓從業參與者可以便利地進行面對面溝通，降低經濟互動的交易成本。

2. 有助於參與者學習文化知識，並迅速整合消費市場資訊。即可透過文化工作者彼此之間的社會互動促進資訊流通與知識外溢，產生非交易性的互賴關係（Storper, 1997）。

3. 都市具有外來人口遷入的多樣性，包括生活風格、品味及習慣等（Molotch, 1996; 2002）。

4. 都市多樣的文化設施與景觀，成為群聚尋找創意的空間資源（Drake, 2003; Rantisi, 2004; Hutton, 2016）。

5. 與過去強調企業及公共設施的都市發展概念不同，創意城市帶來的不僅是經濟的繁榮，同時也是文化的盛況，所以，發展成創意之都或創意城市變成了各國爭相仿效的策略。

上述五點理由，事實上與 Landry（2000）認為營造創意城市的關鍵在於培育城市創意基礎、創造環境及文化因素，不謀而合。同樣的，

Hospers（2003）提出的「三要素說」：集中性（concentration）、多樣性（diversity）以及不穩定性（instability），也有異曲同工之處。出此清楚看出，Landry 與 Hospers 均強調透過「創意氛圍」來界定「創意城市」，亦即，「創意氛圍」是營造創意城市過程中不可或缺的一項關鍵因素。筆者認為，談到「創意街區」的形成，顧名思義，即應該從「空間」、「環境」的層次說起，簡言之，「創意城市」的目標就是要讓整座城市充滿「創意氛圍」，如果一座城市充滿了「創意氛圍」，擁有了「創意街區」，自然就會成為「創意城市」。所以，筆者認為「創意城市」的概念比較廣泛，既包含「產業」，也包含「空間」，只要都市中空間的局部或某些產業領域是以設計為特色的都市，似乎都可以被歸屬為「創意城市」。

　　然而，也許 Landry 與 Hospers「創意氛圍」之說，比較無法精確量化何者屬於「創意城市」，所以，Florida（2002）更進一步提出「評價指數」，作為評定「創意城市」的參考依據。因為相較於其他的評價方法，Florida 的評價體系具有架構完整且實際操作及應用性較強、主觀性低、數據可得性高等優點，因此，被廣泛運用及討論。其評價指數包含下列五種：(1) 創意階級指數（creative class index）：指創意階級占全部就業人口的比例；(2) 創新指數（innovation index）：居民發明創新的能力，以每千人平均專利數為衡量指標；(3) 高科技指數（high-tech index）：參考技術標竿指數（tech pole index），以軟體、電子、生化產品與工程服務等行業的成長規模與集中程度建立的指標；(4) 綜合多元化指數（composite diversity index）：包含同性戀指數、包容指數（melting pot index）、波希米亞指數（Bohemian index）等三種綜合指標；(5) 人才指數（talent index）：每千人中 18 歲以上擁有大學以上高等教育學歷的人口比例作為評估依據。

● 創意階層的區位選擇

　　Florida（2002）以美國爲例，針對創意階層的地理區位選擇進行研究。他首先提出創意指數（creative index）的概念——包括：人才指數、創新指數、高科技指數、包容度指數、區位商數指數，並建立評價指標體系，以衡量都市或區域吸引創意人才的能力。利用此一指標體系，Florida分別針對美國25萬以下、25-50萬、50-100萬、100萬以上人口規模的都市進行創意指數測量，結果發現：華盛頓、拉雷—杜哈姆、波士頓和奧斯汀等是美國主要的創意中心，其創意階層占總人口的比例均超過了35%。儘管這些大都市擁有極爲明顯的優勢，但並非只有大都市才是創意階層最集中的區位，事實上，許多小都市的創意階層指數是最高的，例如最著名的密西根州的東蘭辛，和威斯康辛州的麥迪遜二個大學城地區。

　　最不受創意階層歡迎的區域，在美國大都市中，以拉斯維加斯、拉匹德與孟斐斯的創意階層人數最少。美國南部和中西部的許多小都市也並不受創意階層的歡迎。在德克薩斯州維多利亞、田納西州傑克遜等小都市，創意階層比例均不足15%。一些大都市中的工人階層中心，例如北卡羅萊納州格林斯博羅、田納西州孟斐斯等，其工人階層的比例均超過30%，而南部與中西部的許多小都市則在40%-50%，甚至更多的人口，均是從事傳統產業的工人階層。上述這些都市在全美各大都市中創意階層最少，而工人階層非常多。在美國工人階層比例超過25%的26個大城市中，只有休斯頓名列全美創意階層人數最多的10個城市。在美國大都市中，拉斯維加斯的服務階層相對集中程度最高，爲58%；西棕櫚灘、奧蘭多及邁阿密的服務階層人數也接近50%，但這些都市的創意人才指數排名均較小。在50個小型與中等規模的都市裡，服務階層占總人口比例均在50%以上，但吸引與聚集的創意階層則都較少，且未來吸引創意階層的前景也不令人看好。這些都市不僅包括路易斯安娜州什里夫波特、麻薩諸塞州匹茲菲爾德，還包括度假勝地夏威夷州的火奴魯魯與麻薩諸塞州

的科德角。

　　Florida 與 Gates（2001）二人的研究還發現，那些創意階層主要集中的區位往往也是創意和高科技產業的中心，華盛頓特區、波士頓、奧斯汀、研究三角園區以及加州，正是美國創意人才指數排名前五的都市或區域。在這五個都市中，有三個屬於美國高科技產業（以高科技指數衡量）最為發達的五個都市之一，同時有三個躋身於美國創新活力（用創新指數衡量）最強的五個都市之一。此外，這五個都市不僅是創意階層相對集中程度最高，其人才集中程度（以人才指數衡量，即學士及以上學位擁有者的比例），也名列全美前茅。

　　值得一提的是，雖然許多學者讚揚 Florida 的創意城市相關理論，但是，Scott（2006）認為 Florida 過於強調文化消費對於都市經濟發展的重要性，而忽略了文化產業中文化生產系統的重要性，認為有地方文化生產系統存在，才能提供就業機會，這些就業機會才能吸引創意工作者。所以，應是了解整個文化生產系統的企業組織特性、提供就業機會，以及能支持創業行為的機制，才是讓創意工作者定居並且生活就業的根本。因此，Scott 提出了「創意場域」的概念，來解釋地方生產系統與勞動力市場吸引創意工作者的因果機制。

● 著名的創意街區案例

➤ 溫哥華格蘭佛島（Granville Island）：童話藝術小島

　　對於該島的改造，市議員 Basford 持有一個中心思想：即是打造一個「people place」。首先他們組成一個獨立於 CMHC 及政府機構的指導委員會，包含了建築師及不動產人才，其中，著名的 TBP 聯合建築師事務所（Thompson, Berwick, Pratt & Partners' Office）被委任來設計整個改造計畫。此外，他們也聘請了一位具有商業與法律背景的經理 Russel Brink 提出創新的藍圖，帶動全島的改造計畫（祁政緯，2012）。

　　所謂「people place」主要是憑藉島上旅遊業、造船工業、藝術教育、

餐廳、遊樂設施、博物館及藝術商家等，結合島上自然生態、藝術文化及商業休閒觀光成爲老少咸宜的創意中心。財務方面，1973 年在 CMHC 及溫哥華政府主導並監督下，非官方機構 The Granville Island Trust（GIT）成立並接受開發資金的信託，此信託機構集結了商業、公共關係、政治法律背景、工程師及建築師及當地居民等多項背景共同主持，並遵循下列三個方針讓改造計畫順利實施：重建過程經濟獨立、成爲 people place、保留原工業特徵。特別的是，雖然是以「公辦公營」的經營模式，但 1983 年後，園區便自給自足，達到經濟獨立。爲了順利進行改造計畫，島上的工廠大都在 GIT 及 CMHC 的幫助下順利遷出，最終，爲了保留工業歷史的軌跡，GIT 讓 Morrison 鋼鐵廠、加拿大煉鋼廠（Canada Chain & Forge）及密康產物（Micon Products）繼續留在島上，而爲了經濟因素及溫哥華水泥產業的考量，海洋水泥（Ocean Cement）也被保留。

截至 2008 年統計數據，島上有 275 家企業及聘僱了 2,500 位員工，創造每年營業額及稅收達 1.3 億及 800 多萬加幣，整個園區的修繕和維護是靠場地租金所支付，並有「現金保存基金」作爲基礎維修和經營的經費。經過規劃改造的格蘭佛島總面積爲 17.3 公頃，其中建物面積占地 83,000 平方公尺，採取多元功能、增加空間使用率、提高經濟效益及滿足不同客層的需求等目標，建立了以工業歷史保存及輸入藝文產業的複合使用空間（multi-used），例如工業廠房、藝術工作室、辦公室、工藝品店、大眾市場、航海市場、兒童市場、住宅、學術機構、博物館、劇場、旅館、餐廳、社區活動中心及商店街等，這樣的空間綜合使用，使得格蘭佛島園區得以成功。進駐其中的藝術家都經過嚴格的挑選，每個都是當地最好的藝術家。最終，格蘭佛島發展成一個「能夠自給自足並維持過去傳統工業區特色的環境，透過文化藝術與教育的培養，以及商業機制促進文創產業的發展，最後達到土地的「複合使用及活動的多元化」的目標，並且獲得北美地區「閒置空間再利用」的典範，以及被公共建設組織評定爲北美最好的公共社區。

> **臺北市 11 個創意街區**

根據《臺北市 98 年文化創意產業聚落調查成果報告》，臺北市政府指定 11 個創意街區，包括：粉樂町街區、民生社區／富錦街街區、永康青田龍泉街區、溫羅汀街區、西門町街區、艋舺街區、中山雙連街區、牯嶺街街區、天母街區、故宮／東吳大學／實踐大學街區，以及北投溫泉博物館街區。其中「溫羅汀街區」即位處溫州街、羅斯福路及汀州路三條街道形成的區塊，由於在大學學區周邊，這裡的創意人都有很強的自主性，個個都像知識家一樣喜歡與人討論學問與道理，走進他們開的書店、咖啡館或茶館，都能夠腦力激盪一番。政府近年積極發展文化創意產業，挹注資源設立園區，期能創造產業群聚效應，而「創意街區」為自然形成的創意聚落，更顯珍貴。猶如美國紐約的蘇活區、日本東京的代官山等，即湧進眾多藝術家開設不少精緻的創意小店，為城市帶來新的色彩。

依據交通部觀光局來臺旅客消費及動向調查，99 年吸引國外旅客來臺觀光原因包含「臺灣民情風俗和文化」與「歷史文物」，且自 97 年起，這二項因素更有明顯成長，至今亦如此。可見，文化創意已為吸引觀光客不可或缺之重要因素，同時觀光客也成為創造文化創意產業需求之重要來源。因此，創意街區的出現，無疑將可豐富城市色彩，吸引觀光客造訪，同時對了解臺灣創意文化也有助益。

● **日本創意城市案例**（陳坤宏，2013）

> **金澤市（Kanazawa）：聯合國教科文組織登錄為「創意城市」（a UNESCO Creative City）**

金澤市是一個成功的案例，透過高水準的文化資本累積成為一個都市的創意，並且被用來促進經濟發展。作為一個歷史上江戶時期手工藝生產中心的都市，金澤市也充分表現出不同歷史階段的經濟發展——從手工藝生產，到福特主義式生產（大量生產），最後是當今創意文化產業這種以文化為基礎的新生產模式。金澤市創意城市策略的成功，顯示出透過公

共論壇、市民與政府合作的重要性。例如「創意城市委員會」，由各種領域的專家及政府組織內部與外部人士組成，共同規劃與決定公共政策。像這樣的公共論壇的成立及細膩的決策模式，很清楚地就是與都市創意的理念一致。金澤市成功的經驗，在 2009 年 6 月被聯合國教科文組織登錄為「全球創意城市網絡─手工藝和民間藝術類」，獲此一殊榮，當之無愧。「手工藝和民間藝術之旅」（Kanazawa Craft Tourism）目前是金澤市最具特色的觀光路線，廣為國際觀光客喜愛。綜合上述，金澤市模式的成功，是結合市場導向管理與民間努力二方面所謂的「一車雙軌」所造成的結果。它也證明了一個創意城市是需要一個「以文化為基礎的生產系統」，才會成功，文化生產與文化消費之間取得良好的平衡，最後逐漸累積文化資本。

> **橫濱（Yokohama）創意城市的經驗**

2004 年橫濱提出新的都市願景，並且規劃一系列建設方案，期待再改造自己成為一個「具有藝術與文化的創意城市」。此一新的都市願景包括以下層面：(1) 創造一個創意性環境，讓藝術家與創意工作者想來居住；(2) 建造一個創意產業群聚，促進經濟活動：(3) 利用城市自然資產來達到這些目的；以及 (4) 利用市民的原創力以達到「具有藝術與文化的創意城市」的願景。到了 2008 年，橫濱市已吸引將近 2,000 名藝術家及 1 萬 5,000 名工作人員進到創意產業群聚之中，堪稱成功。比較特別的是，自 2004 年 4 月開始，市長設立一個很特別的「創意城市橫濱」辦公室；在 2009 年慶祝橫濱開港 150 週年時，在國際創意城市記者會上，公開宣布橫濱成為一處「亞洲創意城市網絡」。

綜言之，橫濱創意城市的成功，是內生於它固有的藝術與文化，並以達到都市再生為目的，同時導致文化政策、產業政策與社區發展的再結構。在行政運作上，它超越了官僚地域性偏見，引進非營利組織與市民的參與。最後，透過以藝術與文化為基礎的都市政策與計畫方案，成功地提升了社會包容度。

➤ **大阪（Osaka）：社會包容度高的創意城市，一個草根性的創意城市**

　　雖然大阪面對眾多嚴峻的挑戰，但並不悲觀與氣餒，因為一個新的草根性運動（grassroots movement）已經誕生。在此之前，大阪市政府文化局在 2001 年已經設計一個藝術與文化的行動方案，其中最著名的就是「新世界藝術園區計畫」（New World (Shinsekai) Arts Park Project），包括大阪的南邊地區、Tsutenkaku 塔、Shinsekai 購物廣場，以及嘉年華休閒公園這一區域。結合了四個 NPO 藝術團體，將空的商店轉型為藝術實驗劇場，以提供現代音樂、藝術與舞蹈表演場所之用。與購物廣場合作，讓市民新的生活充滿地方事件與故事，例如 Bon Odori（佛教全心靈慶典）。另外，在鄰近的一個名為 Kamagasaki 社區裡，許多新的設施與服務，都是為了眾多無家可歸的人士而設計，提供給他們使用。這些設施的提供，都是 NPO 組織及草根性運動人士與市政府共同合作努力的成果。很可惜的，後來由於市府財政危機與市長換人，由市政府支持的藝術園區終告結束，由 NPO 經營的 Kamagasaki 諮詢中心也另設他處（佐佐木雅幸，2009；都市再生本部，2010）。

　　大阪市另一個草根行動的案例是類似 NPO 作法的 Oten'in 寺的方案。它將大廳轉型再利用為一處小型的劇場，提供給年輕藝術家作為公開表演的場所。另外，許多傳統木造的店家也提供出來作為「文化商業空間」（cultural commercial space），展示文化與藝術作品，Karahori 購物廣場的店家在這一方面，就付出相當多的努力。韓國鎮（Korea Town）成為韓國烹飪美食與大眾文化的中心，它的鄰里社區仍舊維持溫馨且隨性的人際關係，這是界定此一古老城鎮長久以來的重要特色。由此觀點來看，韓國鎮是一個成功的創意故事，不但保存了文化多元性，也維持了大阪古老城鎮的魅力。

　　另外一個著名的計畫是「Ogimachi 育成廣場」，它與大阪城市大學都市研究廣場緊密結合，於 2003 年 5 月開幕，隸屬於大阪市政府水利局分支機構。昭和時期留下來的建築，提供創意產品展示雄心壯志的企圖

心，經由二位創意經理，企圖建構藝術與高科技產業之間的網絡關係，其目標是希望在 Ogimachi 地區建立起創意產業群聚，容納超過 2,000 家小型的創意公司，讓大阪具有才氣的創意工作者繼續留下來工作，而不是外流到東京。相信透過諸如設計與當代藝術等創意產業聚集的結果，大阪將會重生成為一座「創意城市」。

綜合上述，我們充分了解到藝術與文化活動如何能夠刺激社會包容。比較以上三個日本案例後，得到以下三種模式：

模式一：波隆尼亞型社會資本模型（Bologna-type social capital model）

中型都市金澤市在當地企業與市民的發動下，參與市政府的推動與管理，共同締造出成功的創意城市。

模式二：佛羅里達型創意階級模型（Florida-type creative class model）

橫濱成功地形塑了一個具吸引力與創意的鄰里社區，並且引進創意階級，在創意城市總部辦公室的領導下，充滿機動性與跨部門合作，終於獲得正面的管理成效。然而，它尚在建立與當地企業夥伴的關係中。

模式三：社會包容／草根性模型（social inclusion/grassroots level model）

大阪發展出第三個模型，企圖從草根性運動達到社會包容的目標。縱使面對市長換人，對前任已規劃好的創意城市方案的無法預期，亦欠缺根基於完整通盤的都市策略，橫濱仍舊相當用心與努力，終於創造出一個日本全新的創意城市。

● **文化與創意：愛爾蘭格爾維市（Galway）藝術嘉年華會**（陳坤宏，2012a、2013）

格爾維市最具有代表性的非格爾維藝術嘉年華會莫屬（Galway Arts Festival, GAF）。超過 30 年歷史，此一嘉年華會已經成為愛爾蘭藝術與

國際藝術的陳列櫥窗，今天更建立成爲整個愛爾蘭藝術嘉年華的龍頭地位。這個五彩繽紛的藝術嘉年華會，結合了全世界的藝術家與相關企業公司，此一嘉年華會也將整個城市加以轉型，每年超過 10 萬人參加盛會，數以百計的記者、作家、藝術家、表演者及音樂家，爲了創作戲劇、大場面的電影、街頭藝術、喜劇、文學作品與音樂，足足在格爾維市待上長達二星期的時間，參加各項活動與事件。嘉年華會所需的經費來源主要有三方面：公部門補助、門票收入與企業公司贊助（Galway Arts Festival, 2006）。

　　值得一提的，在此一嘉年華會中，Macnas 扮演了文化制輪楔的角色。該組織於 20 多年前成立，預算仰賴格爾維市藝術委員會辦公室及全國就業機構補助，該公司已榮獲多項全國性與國際性的獎項殊榮，表現不凡，1992 年轉型爲世界知名的生產公司 MacTeo。此一個案的成功，就像 Bianchini（1993）所主張的：地方政府都市規劃部門所採取的「文化導向策略」來促進經濟再生，提供了一個「生產或消費導向模式」，當企業願意投資「生產」，就有機會轉變成爲「文化」或「創意」產業。雖然 Macnas 的誕生，並不是源自「文化導向策略」，而是因爲經濟環境所促成的，但不可否認的，Macnas 成立後的運作，即與嘉年華會的盛況所引發的「文化導向策略」促進經濟再生，具有密切關聯。在格爾維市1986 年的藝術嘉年華會，曾邀請西班牙的一家露天電影公司進行街道公開表演，它們的演出不僅刺激 Macnas 的誕生，而且也讓該城市一處落寞的街區得到再發展的契機。此一案例的成功，證明了所謂「都市再生」（urban regeneration）此一新自由主義政策所帶來的好處。

　　事實上，我們也看到，都市型態與空間文化也影響了一個城市的其他部分。MacTeo 公司的使命感就反映在對空間轉型的態度上：只要給我們空間，我們將以有別於過去的方式使用。1990 年代早期，Macnas 所推出「愛麗絲夢遊仙境」，就是利用一處離市中心不到一哩路的廢棄空地來演出，如今該空地已變成爲一處複合式電影院與多功能生產空間的基地，被

當地人稱爲「黑盒子」。它不但是 Macnas 公司的家，同時也是各種不同型態藝術表演的集合場所，區位重要性提高不少。

另外，Macnas 與像藝術中心之類的其他組織，與「城市意象」（city identity）互相連結，也成爲衡量文化對城市與意象的重要性的另一項指標。我們可以界定人們習以爲常的「主題、故事」（common themes），在愛爾蘭西部城市的旅遊消費中不斷地被重新生產出來，這些主題包括幻想的美麗景象、未遭破壞的鄉村、友善的人們、擁有過去傳統生活方式的地方，以及前現代化的社會。這種神奇的羅曼蒂克意象，與工業化／都市化生活形成強烈對比，是一個充滿傳統愛爾蘭文化與碩果僅存生活方式的地方，具有其文化觀光的魅力與賣點，非常值得重視。以格爾維市而言，它的大眾化流行的意象，就是基於觀光客的文化消費需要而產生，反過來說，它的「城市意象」正是創造文化觀光大量收入的利器。觀光客對於傳統城市意象的喜愛，轉變成爲當代藝術與音樂的意象。格爾維市每年舉辦的 Macnas 街頭公開表演，「綠色怪獸」參與遊行，讓活動達到高潮，就是把這個城市的文化吸引力行銷給數以萬計的觀光客。過去幾年，此一嘉年華會活動逐漸將觸角延伸至北美地區，以及歐洲國家地區更多的年輕遊客身上，而且發現更多遊客在觀光旅行中，轉向選擇以文化追求爲主要訴求，這是成功推動文化觀光的明證。

由以上成功案例可知，一個城市要有「主題、故事」，就會偉大，就會成爲一座有活力、刺激與魅力的地方，吸引人們前來居住與觀光，否則，就會顯得平凡與平庸。Okano 與 Samson（2010）指出，一個成功的「主題」，必須包含三項內涵：(1) 平衡（balance）；(2) 聰明（smartness）；與 (3) 包容（tolerance）。

● **臺南市三處古蹟文創空間最新的案例**（陳坤宏，2012b、2013）

本段內容節錄自筆者撰寫的《都市－空間結構》（2012）一書第 7 章，以及期刊論文，讀者可自行蒐尋閱讀其完整內容。

> **案例一：臺南州知事官邸**（見照片 1.1 至照片 1.3）

1.目前營運

臺南市政府將整修完成的市定古蹟——臺南州知事官邸，借用給中央或地方政府、民間藝文團體、文化創意廣告企劃公司等舉辦活動之用，所以，屬於非常設性、不定期的使用型態，與其他出租作為常設性經營模式不同，這可能是目前市政府尚未決定臺南州知事官邸這棟古蹟之再利用方案的結果。免門票。

2.經營內容

藝文展覽活動、藝術家進駐創作、小型演講、週末演奏會，有時為了配合活動之舉辦，兼販售咖啡、點心，供遊客享用。以 100 年度系列活動——「尋找南臺灣文創 DNA」展覽活動為例，全館展場共分成三個區域：「文化資本館」、「創意人才館」、「產業鏈結館」，並且提供導覽解說人員及折頁說明冊子，讓遊客有欣賞及學習的機會。同時，讓藝術家進駐創作，藝術家透過對庶民生活歷史文化與周邊產業之了解後，再進行創作，並且可達成遊客與藝術家互相交流學習的效果。最近，筆者曾經探

照片 1.1　　　　　照片 1.2　　　　照片 1.3
臺南文化創意產業　創意人才館　　遊客與導覽解說員於臺南州知事官邸合影
園區鮮紅的標誌

資料來源：陳坤宏拍攝，2011 年。

討透過開發設計文化古蹟品牌，將臺南州知事官邸視為一座臺南市的創意城市並加以行銷之可行性（Chen & Chang, 2010a, 2010b；Chang, Chen & Huang, 2011, 2012）。

➤ **案例二：安平夕遊出張所**（見照片 1.4 至照片 1.6）

1. 目前營運

2010 年由皇尚集團取得夕遊出張所的經營權，為延續安平在地鹽業文化，特地打造「夕遊鹽之旅」，結合安平夕遊出張所、北門之夕遊井仔腳（1818 年設置，歷史建築，原北門井仔腳瓦盤鹽田，臺灣最古老的鹽田）、音波觀光工廠（原臺南安順鹽場）、夕遊水逸埠頭（市定古蹟，原安平海關，現為運河博物館）、安平鹽屋（鹽創館）等多個景點，讓觀光客透過寓教於樂的方式，回顧與體驗大臺南古時候曬鹽、產鹽、運鹽與賣鹽之鹽業文化，並享受現代科技時尚音波的洗禮與成果。皇尚集團期待以臺灣歷史文化為根本，創造文化的延續，並且設計開發多元化的文創商品，讓遊客體驗安平鹽文化的軟實力。免門票。營運即將滿二年，已具國內知名度，國人及外國觀光客人潮相當多，集中於週末與國定假日，頗具觀光潛力。同時，夕遊出張所榮獲英語服務標章銀質獎，更可看出它與國際觀光市場接軌的優勢。

照片 1.4
366 生日彩鹽展示臺

照片 1.5
遊客與店長合影

照片 1.6
開運彩鹽燒

資料來源：陳坤宏拍攝，2012 年。

2.經營內容

　　安平夕遊出張所以販售文創商品爲主要經營項目，其中又以 366 色生日彩鹽爲最早開發、買氣最佳且最具代表性的商品，頗受觀光客青睞。其他熱賣文創商品，尚包括祈福御守、開運彩鹽手工皂、祈福艾草沐浴鹽、祈願幸福鹽、媽祖祈福平安鹽、鯤身王王爺沐浴鹽、劍獅鹽雕、夕遊平安鹽御守、開運舒喜燒、開運彩鹽皂禮盒等，這些文創商品設計點子、品牌特色與創意元素，緊緊扣連「鹽」、「開運」、「幸福」等象徵圖騰，整個設計邏輯及風格，可說是與公私部門共同創造臺南市成爲一個「幸福城市」的目標完全一致。其中，值得一提的，366 色生日彩鹽與媽祖祈福平安鹽，更榮獲 2011 年臺南市十大文創商品獎項的殊榮，可見它們頗受觀光客與媒體喜愛。且因應觀光客求新求變的消費行爲，不斷推出最新商品，例如夕遊福神¥（錢）袋、開運舒喜燒禮盒、夕遊井仔腳天日燒、鯤身王五行能量鹽、井仔腳紀念鹽袋等商品（皇尚企業股份有限公司，2012）。這些文創商品不但實用，而且蘊含安平「鹽業文化」的文化意義與宗教祈福作用，加上商品價位不高，因此，觀光客購買商品之收入可觀。由此看來，安平夕遊出張所是一處結合文化、教育、觀光、商業於一體的景點，也是國內一個「創意城市」企圖融合「文化」與「創意」的成功案例。

　　日式建築搭配夕遊景點，充滿日本古典和風與空間意象，包括祈願樹、開運「福」狸、手水舍、和室、百年夫妻樹、夕陽等，讓遊客流連忘返。另外，它還供應餐飲，包括日式涼麵、日式茶泡飯、關東煮、鹽咖啡加雪鹽燒，完全以日式美味襯托日本建築美，以及日本人崇拜的「鹽」、「開運」、「幸福」等象徵意義，徹底地將有形資產與無形資產加以融合，期待能夠吸引更多的觀光客前來。

照片 1.7　　　　　　　　照片 1.8　　　　　　　　照片 1.9
農曆生日守護劍獅　　　　荷蘭獅、中國獅、日本獅　遊客與工作人員於海山
　　　　　　　　　　　　　　　　　　　　　　　　派樂地合影

資料來源：陳坤宏拍攝，2012 年。

> **案例三：安平海山派樂地**（見照片 1.7 至照片 1.9）

1. 目前營運

2012 年 1 月，由海山派樂地／婆娑之眼文化創意公司向臺南市政府租借國定三級古蹟海山館，經營安平之古蹟活化／文創商品／品牌規劃等項目，營建迄今約半年，免門票，每年租金約 25-30 萬元，加上員工薪水、設備及水電費用，以及設計開發生產文創產品所需成本等，根據該公司人員表示，平均每天營業額約須 1,000-1,500 元才能回收成本，開始賺錢。觀光客人潮集中於週末與國定假日，且逐漸增加中，頗具觀光潛力。

2. 經營內容

由於該公司的負責人是臺南人，屬於在地公司，對於臺南安平文化歷史具有充分了解與認同。整館規劃成四個部分：(1) 文房：海山拼拼樂；(2) 舞房：讓遊客透過跳舞機來認識安平；(3) 求獅問卜：展現安平劍獅的卜卦魅力；以及 (4) 文創商品販賣部。另加飲料冰品販賣區。它充分結合了在地旅遊、在地消費與文創設計教育學習於一體的區域型觀光策略，搭配工作人員為遊客的導覽解說功能，可說是非常符合文化觀光的理論，因此，臺南市政府、產業界、學界與觀光客對於它未來的成功，都抱著高度的期待。

● 理論問題思考

　　如果一昧地相信研究可以將創意產業加以羅曼蒂克化的話，那就太危險了。所以，我們必須進行更多更細膩的經驗調查與研究，才能將此一知識本體應用在政治實踐上，進而形成政策。簡言之，我們必須去調和創意／文化與資本積累之間的張力，以及努力去維持這二股力量之間的平衡，爲了達到此一目的，我們需要一個對於創意產業與文化空間更細緻與更扎根的了解才行。其中一項最主要的威脅在於都市競爭。我們看到，爲了與其他都市競爭，每一個都市勢必會找出一組具備都市、社會與經濟資產的都市吸引力。因此，小都市採用所謂「創意／文化城市模型」（creative/cultural city model）的話，必須要更謹愼地處理才行。雖然大都市擁有較大吸收創意階層與空間文化焦點的能力，但是，它所造成的排他性是比小都市要來得大，這是它的冒險所在。

　　最後，筆者提出二個問題，作爲未來思考方向。第一，「創意產業」此一新的詞彙，究竟是反映經濟的實質變化，還是它只是一個包藏傳統目標的新藉口？與此一問題有關的，我們會發現一些創意城市的若干政策，的確是與傳統的都市政策不同。第二，我們質疑「結構性」與「非結構性」的組織角色之間的差別，以及它們對地方的相對影響力有多大。有關此一問題的答案，或許需要有臺南市以外的都市更多的研究結果才能夠回答。

五 「創意／文化城市模型」的建構

　　基於「都市再生」、「古蹟再生」、「創意城市」之間密切關聯的理論基礎，並且根據「S-M-R 模型」（發送者－訊息－接收者），試圖爲臺灣的城市建構一個「創意／文化城市模型」（見圖 1.2），並以臺南市爲例。

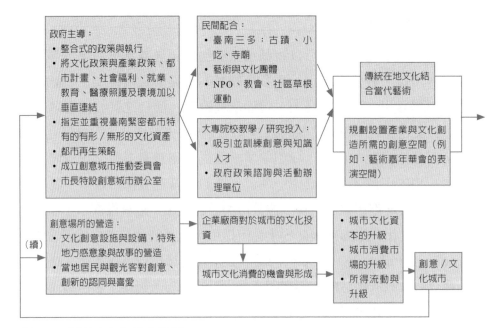

圖 1.2　創意／文化城市模型
資料來源：陳坤宏（2012b），第 276 頁；陳坤宏（2013），第 231 頁。

1.1.2　「都市幸福感」的意義、產生背景與都市排名

　　談到從「創意城市」到「都市幸福感」，我們先講六個故事，作爲起始。

● 故事一

　　在 2018 年美國浪漫愛情喜劇片《瘋狂亞洲富豪》中，新加坡富豪大人埃莉諾・楊（楊紫瓊飾演）向她的準媳婦——一位年輕的美國亞裔女性周瑞秋（吳恬敏飾演）說：「妳們美國人講求的是個人的幸福，而我們華人卻不是。」這一句話點出了東方人與西方人對於所謂「幸福感」定義上的基本差別。

● 故事二

在《美國獨立宣言》中，就將生命、自由及對幸福的追求，並列為上帝賦予人們不可被剝奪的三大權力。幸福不僅是對個人努力與付出的最佳酬償，也被賦予各種正面的聯想，例如美國人相信幸福的人比不幸福的人死後更可能上天堂；幸福也與身心健康、生活滿意有密切的關聯。對美國人而言，幸福就是做我想要做的，不受社會的約束；幸福也是對你所有努力的最高報酬。所以，「幸福」（或稱為快樂）乃成為美國人一生追求的重要目標之一。

● 故事三：人性中「愛比較」、臺灣人「愛面子」

英國偉大作家 Charles Dickens 在其著名的教育小說《Great Expectations》（譯為孤星血淚）故事中，揭示了愛、忠誠與良心比財富與社會地位要更為重要。開宗明義即指出：「期待像朋友一樣，是人類很大的弱點。看到朋友很富有，我們也會希望富有。看到他們很窮困，我們也不會介意像他們一樣窮困。我們不會對自己的愚蠢感到羞恥，只有在比朋友更愚蠢時，才會感到羞恥。」所以，這是「比較」的問題，更是「人性」。筆者認為，Dickens 這一段話闡明了善良人類的三個基本層面的思維：第一是希望跟別人一樣的好，見賢思齊；第二是對於別人的不好有同理心，不會瞧不起他；第三是不想被人看衰，輸人不輸陣，面子擺第一。尤其是第三層面的思維，正是臺灣人「愛面子」的寫照，也表現出臺灣人追求幸福感的動力來源，簡單而不複雜，明白而不含糊，這就是臺灣人的「幸福感」。

▶ 我的信念

惟有夢想（dream）、有責任（accountability）、有善良（goodness）、有美學（aesthetics），才有幸福城市（happy city）。

● 故事四：《雅典憲章》保證都市計畫能夠爲人類創造幸福

《雅典憲章》明白揭櫫：都市計畫的目的是要保障居住、工作、遊憩與交通四大功能活動的正常進行。《雅典憲章》（法語：Charte d'Athènes），是法國－瑞士知名建築師 Le Corbusier 於 1933 年提出，並在 1943 年正式出版的一份關於都市計畫的文件，對二戰後的都市計畫產生了深遠的影響。整部憲章旨在主張都市計畫應該爲人類創造幸福，從「居住」放在首要位置，「工作」是第二位，再由「遊憩」與「交通」二項加以輔助，可以看出其宗旨，最後達到「幸福城市」的目標。該憲章除了分別針對居住、工作、遊憩與交通此四項功能活動，制定規劃方針外，還特別提到，在都市發展的過程中，應該要保存古蹟、歷史建築與世界文化遺產，爲後世人類創造心靈層次的提升。同時，它也主張都市應該遵循都市居民的利益與意志來進行規劃。它的規劃步驟如下：在區域規劃基礎上，將居住、工作、遊憩進行分區及空間平衡後，再建立起三者之間聯繫的交通網絡，其中，特別強調「居住」是都市中最主要的因素。最後，都市規劃是一門三度空間科學，並且須以國家法律保證計畫的實現。

● 故事五：俗諺說「知足常樂」

不懂「滿足」，再富有也難以「幸福」。一個心中充滿愛、善良與感恩的人，也會是一個「知足常樂」的人，過著「幸福」的人生。在臺灣，最近十幾年來一直進行的「幸福城市大調查」與「縣市長施政滿意度排名」，二者具有直接對應關係，因爲縣市居民對於地方首長施政的「滿意」與否，其實反映的正是居民心中的「幸福感」有多大，當滿意了，就會幸福，反之，不滿意就不幸福了。

● 故事六

前面第一節大篇幅談論「創意城市」，最終目標是要讓都市變得更有創意與吸引力，也是政策制訂者、都市規劃師與市民共同的夢想。

但是，不可否認的，市民更關心的應該是生活品質與社會經濟的公平正義，而不是由各項指標、排名、文化節慶活動所營造出來放煙火似的假像或曇花一現的榮景。根據漢寶德（2014）的觀點，真正「文創」的定義，必須是要滿足以下條件：(1) 文創就是文化產業；(2) 加個「創意」，不只是賺錢的點子，還有提高文化內涵的意思；(3)「文創」是可以提高國民文化水準的文化產業；(4)「文創」是提升文化的一種手段。筆者非常認同漢寶德的觀點，如此終於可以讓莫衷一是、隨人定義的「文創」，開始有一個比較足以服人的定義。對於市民而言，或許「幸福城市」比「創意城市」來得更重要、更有必要，也就是說，「居民生活品質與社會經濟的公平正義的追求」，才是市民的「幸福」所在。

一　東西方文化對於「幸福」看法的差異

以下二段引文分別摘自臺灣大學生和美國白人大學生撰述的「何謂幸福」的說法。第一段是：「在我看來，幸福要從四方面來定義：(1) 身體上沒有病痛和失能；(2) 能與人和諧相處，被尊重、被關心，不孤立；(3) 沒有擔心和憂慮，能生活得快樂；(4) 有健全的心靈，能被社會接納。」第二段是：「幸福是身為一個人應該去追求的最棒、最重要的境界，追求幸福是我人生最終的目標。」前一段話出自臺灣大學生，後一段話為美國大學生所寫。不難發現，這些相似年齡、相近教育、都生活在現代化大都市中的年輕人，對於「幸福」這一人生理想的想像，卻有明顯不同的內涵，對於追求幸福也存在有著動機上不同的強度。

根據陸洛（2007）的研究，基於這樣的自我觀念，西方式的幸福觀便具有了二大特徵：「個人負責」（personal accountability）和「直接追求」（explicit pursuit）。西方社會以其民主平等的社會結構和尊重個人權力、獎勵個人努力的憲章法典，賦予了每個人極大的機會和自由去追求幸福，也視幸福為至尊的價值，例如《美國獨立宣言》中，就將生命、自由和對幸福的追求，並列為上帝賦予人不可被剝奪的三大權力。幸福不僅

是對個人努力與付出的最佳報酬，例如「美國夢」所展現的人生追求，另外，也會被賦予各種正面的聯想，例如美國人相信幸福的人比不幸福的人死後更可能上天堂，幸福也會與身心健康、生活滿意有著密切的關聯。主動且直接地追求幸福正是個人取向的獨立自我駕馭環境、控制外在、表現潛質、滿足需求、實現目標的一種表現。簡言之，幸福的追求是個人神聖的權力，不但無須害羞，更應勇往直前，全力以赴。

相反的，東方的幸福理論，則根基於截然不同的自我觀念，在集體主義彌漫的東方文化中，自我與其生存的環境，特別是社會環境是密不可分的。個人並非由其獨具的內在特徵來界定，而是由其社會關係來界定。儒家觀點認為個人的生命只是家族傳承中的一環，親族關係早已先於個人而存在，而「人」的意義正是根植於這樣的社會關係和人際交流。基於這樣的自我觀念，東方式的幸福觀便有一個明確的特徵：注重「角色責任」（role obligations）。例如日本人還經常表現出自我批評和自我貶抑的傾向。可見，西方文化所注重的彰顯自我能力和成就，對東方人而言可能並非最重要的自尊需求，而追求社會認定的成就，才是東方人表現其社會取向之自我實現的重要方法。

簡言之，東方文化與西方文化中很有可能各有其獨特的幸福觀念，根基於歐美文化傳統的「個人取向幸福觀」主要由二大元素組成，即「個人負責」與「直接追求」；而根基於儒家、道家傳統的東亞文化之「社會取向幸福觀」則主要由二大元素組成，即「角色責任」與「辯證均衡」。該文指出，經研究團隊由系統性的分析、抽離、整理出這些核心內涵後，應能藉由心理計量的程式來具體且可靠地測量這些觀念。並發現華人大學生所認知的幸福包含了五個面向：(1) 滿足的心理狀態；(2) 正向的感覺和情緒；(3) 均衡與和諧；(4) 成就和希望；以及 (5) 免於不幸。尤其值得一提的是第三面向——均衡與和諧，對華人大學生而言，幸福是個人內在、人際間，以及人與社會之間的和諧共生狀態，「和諧均衡」最貼切地捕捉到了華人追求由內而外的完美契合的動態歷程。另外，他們的理論分析也指

出，針對文化可直接形塑「何謂幸福」（What is happiness）此一主題進行分析後，將美國大學生的幸福定義歸納爲下列七個面向：(1) 幸福是一種滿足和滿意的心理狀態；(2) 正向的感覺和情緒；(3) 成就和控制感；(4) 獨立與自主；(5) 免於不幸；(6) 滿足的社會關係；以及 (7) 幸福是生活的終極目標。透過這些看似抽象的主題，直接檢視美國大學生對幸福的豐富描述，我們可以清楚地看出中、美二種文化之間對於幸福體認的相似與相異之處。在東、西方不同的文化傳統影響下，華人與美國人的幸福內涵及幸福實踐都存在著差異。

二　產生背景——從「創意城市」到「幸福城市」理論典範的轉向（paradigm shift）？

如本章第一節 1.1.1 內容所言，Thomas Hutton 在他的 2016 年新書《*Cities and the Cultural Economy*》中特別提到文創經濟在城市中可能造成的不公平現象，並且預先告訴文創經濟研究者與政策制定者，必須設想有效方案。

Florida（2002, 2005）對於創意城市策略的問題亦有自我省思，他觀察到美國創意城市前二名的奧斯汀與舊金山，恰是收入不平等最高的地區；創意城市造成房價飆漲，紐約與波士頓迫使藝術家搬離社區，惡化了貧富差距。此外，Florida（2007）亦提及臺灣的創意經濟的蓬勃發展，如同 Florida 所說的，在新自由主義的發展策略下，往往有利於新興產業地區（例如內湖科技園區），而造成落後地區更大的壓力，如果沒有國家的補貼，則將可能淪爲全球競爭下的犧牲者，反而導致臺北市夢想成爲創意城市過程中的一個夢魘，臺北市也可能不再「幸福」了。他於 2017 年出版一本新書：《*The New Urban Crisis: How Our Cities Are Increasing Inequality, Deepening Segregation, and Failing the Middle Class and What We Can Do About It*》，對於先前的創意城市的樂觀或地方發展主義導向

看法，有了一些修正與新的論述，甚至提出解決對策。

　　從以上 Hutton 與 Florida 二位學者的先知預言，是否說明了「創意城市」不完全是樂觀的、美好的，從「創意城市」到「幸福城市」理論典範的轉向，是可能的一個趨勢（詳細內容將於本章第二節「爲何要撰寫《創意・都市・幸福感》這本書」中加以闡述）。

● 臺南市：「幸福城市」作爲施政目標之一

　　《e 代府城 臺南市刊》第 29 期（2008 年 3 月）專題報導是：「幸福城市 臺南生活有意思」，這是臺南市政府首次揭櫫「幸福城市」作爲施政目標之一，當時是許添財先生擔任市長，推動不遺餘力，甚至訂定「幸福城市年」，要讓全體市民有感。後經賴清德市長、直至現今黃偉哲市長努力經營，均維持此一項優良施政傳統，希望讓它成爲臺南市的重要遺產。臺南有句名言：「這是個適合人們做夢、幹活、戀愛、結婚，悠然過日子的好地方。」這句話是臺南在地重要文學家葉石濤先生生活在臺南的心得，也是臺南旅遊經典名句！臺南人要的不多，或許一個可以讓他（她）們「做夢、幹活、戀愛、結婚，悠然過日子的好地方」，就是臺南人的「幸福」所在。臺南不是一個外在光鮮時尚的都會，不像東京的井然有序，不像巴黎的浪漫花俏，不像紐約的超現代繁華，不像香港的國際化，卻是一個擁有令人感到驕傲的文化資產保存，以及重視教育、人文鼎沸的都市，讓許多來到這個都市觀光的人愛上她。究其原因，臺南有股憨厚人情味且具包容多元的都市個性，以及善良熱情的市民，應該正是吸引人的魅力所在。由《e 代府城 臺南市刊》針對「幸福城市」專題報導可以看出，臺南市政府爲市民建構的「幸福城市」，主要涵蓋以下幾項層面：「綠色永續」、「優質生活圈」、「一區一商圈、文化觀光、府城玩透透」、「教育與無障礙空間、打造雙 e 環境」、「科技帶動經濟與城鄉發展」、「交通運輸 e 指通」，以及「公園新景觀」等，看似平淡無奇的指標，卻是完全符合《雅典憲章》所主張的：「城市規劃的目的是解決居

住、工作、遊憩與交通四大功能活動的正常進行。」一個好的城市，必須要滿足「居住、工作、遊憩與交通」四項功能，只是臺南市多增加了「教育」一項。

2007 年臺南市在《天下雜誌》「幸福城市」的調查中，名列前茅，在各項資源都不如臺北、高雄、臺中等大都市的臺南市，仍能有如此佳績，實在難得，其中在環境方面，更是獲得第一。臺南市環境的改變成功，有八成的市民給予肯定，這是臺南市自 2005 年 7 月獲得世界衛生組織 WHO 西太平洋區認證為「健康城市」後，公部門努力營造優質生活城市努力的結果。連臺南之光李安都曾說過：「臺南變漂亮了。」故宮前院長林曼麗對於孔廟附近空間的改變十分驚奇與讚嘆；荷蘭阿姆斯特丹的記者說：「臺南市的街道比我自己的城市還乾淨。」

● **房屋廣告標榜「幸福城市」；奇美公司取名「奇美食品幸福工廠」；以「高雄海味，幸福的好滋味」作為行銷主軸，都是為了吸引消費者青睞。**

在臺灣，除了幸福家不動產公司以「幸福家」為公司名號外，最近在臺南市，僅以堪稱全臺南市第一個低碳生態社區的「九份子重劃區」來看（全區約 120 公頃，目前建案如雨後春筍般地一一出現，可說是臺南市房地產的明日之星），就有許多建商的房屋廣告詞中出現了「幸福」二字，舉例：「○○建設幸福御守」（照片 1.10）；「選對房屋居住，等於買到了幸福」；「挑對好房子 幸福一輩子」；「九份子最強 3 房 幸福有感」（照片 1.11）；「83 戶幸福交響曲，一起來當好鄰居」（照片 1.12）；「Happiness 幸福，從微觀角度出發，在執子之手間感動，愛成為自然存在」（照片 1.13、照片 1.14）。筆者看到「執子之手」這四個字，心中特別感動，因為《詩經》裡說的「執子之手，與子偕老」，不論指的是古代戰爭中同袍之間的情誼，或者是現代人用來詮釋夫妻之感情、男女之愛情、父母與兒女之恩情，只要能夠做到「執子之手，與子偕老」的境界，那就是

「幸福」，就是「愛」。在九份子重劃區出現這樣的廣告詞，或許建商期待透過一棟房子，能夠帶給買主一種「幸福」、一份「愛」以及一個「感動」，也說不定。筆者在撰寫這本書的期間，購買了一輛強調綠能環保的gogoro 電動機車，並得到經濟部的補助，心中「幸福有感」，筆者有時候會在這個標榜低碳生態的「九份子社區」上騎著 gogoro，無意中也告訴自己能夠為環保永續、愛護地球盡一點心力，這種融合「低碳社區」、「幸福廣告詞」與「電動機車」為一體的空間意象，著實讓人有「幸福滿滿」之喜悅。

在高雄市，有一個建案取名為「HUGGE 生活 —— 丹麥人的幸福密碼丹麥療癒式幸福」，HUGGE 是丹麥語，它是丹麥榮登全球最幸福國度的關鍵，代表溫暖、舒適、歸屬的意思，含有「庇護」的概念，讓親愛的家人都能住在一起，充滿信任與安全感，而所謂「信任與安全感」其實就是一種「幸福」了。由此看來，建設公司銷售房屋時，似乎也掌握到消費者期待將居住視為幸福或快樂的投射，並且將二者加以連結」的心理，藉以吸引客人青睞，提高售屋率。當然，主打「創意感」、「趣味設計」的住宅，也是吸引買氣的行銷手法（照片 1.15）。

除了房屋廣告標榜「幸福城市」外，臺南全球著名的在地企業 ——奇美實業股份有限公司，設立「奇美食品幸福工廠」（Chi Mei Happiness Factory），取名「幸福」（Happiness）二字，並且成為高鐵接駁車行駛路線的一站，旅客在車上總是會聽到廣播「奇美食品幸福工廠，到了」的台詞，這好像是在傳播「幸福」的福音給大家一樣，讓旅客倍感溫馨。今年高雄市政府執行高雄海味整合行銷推廣計畫，同樣也是以「高雄海味，幸福的好滋味」為行銷主軸，強烈行銷推廣高雄優質水產品共同品牌 ——所謂「高雄 5 寶」的意象，其目的不外乎是想藉由「幸福好滋味」的口號，拓展更多元的通路，吸引更多元消費族群的購買。與「奇美食品幸福工廠」的道理一樣，它企圖透過抓住顧客對於「幸福」的想像與欲求，達到行銷推廣其產品的目標。

照片 1.10
幸福御守

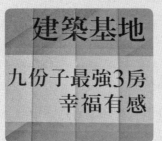

照片 1.11
九份子最強 3 房 幸福有感

照片 1.12
83 戶幸福交響曲，一起來當好
鄰居

照片 1.13
Happiness 幸福，從微觀
角度出發

照片 1.14
「執子之手，與子偕老」，
就是幸福，就是愛

照片 1.15
創意の堆疊、趣味設計

資料來源：陳坤宏拍攝，2020 年。

　　上述房屋廣告標榜「幸福城市」的此一新趨勢，其實正好符合 Richard Florida 在他 2008 年《*Who's Your City? How the Creative Economy is Making Where to Live the Most Important Decision of Your Life*》一書中，主張人們一生中第三個重要的選擇——「居住地」——的論點，選擇居住地點也決定了人們的「幸福」，彼此是一致的。住在哪裡與可以找到的工作種類愈來愈有關聯，它也決定了我們將遇到什麼樣的人、如何遇到、怎樣相處等，進而是否能夠開啟幸福人生。這是關乎「住」的議題，如果再加上臺南「奇美食品幸福工廠」及高雄「高雄海味，幸福的好滋味」——

此二項關乎「食」的故事，那麼，人生的二大生活——「食」與「住」——
都已經被涵蓋在裡面，也許正告訴了消費者人生必須追求的「幸福人生」
了吧！

● **幸福城市大調查——都市排名**

　　誠如前面所說，「幸福城市大調查」與「縣市長施政滿意度排名」，
二者具有直接對應關係，因為縣市居民對於地方首長施政的「滿意」與
否，其實反映的正是居民心中的「幸福感」有多大。所以，我們認為「幸
福城市大調查——都市排名」的結果具有很高的公信力，值得參考。

　　《經濟日報》與臺灣人壽主辦的「幸福臺灣——2019 縣市幸福指數
大調查」，於 11 月 21 日公布調查結果，臺北市以 70.45 的指數勇奪全
臺第 1，首度稱冠；而連續 3 年拿下冠軍的新竹市，以些微的指數差距
70.43 名列第 2；桃園市排名大躍進，一舉進步 6 名成為全臺第 3。今年
的「最佳進步獎」，則由臺南市獲得，由去年中段班的 12 名，大幅進步
8 名，成為前段班的第 4 名。

　　2019 年縣市幸福指數大調查前 5 名：第 1 名臺北市，幸福指數
70.45；第 2 名新竹市，幸福指數 70.43；第 3 名桃園市，幸福指數
63.69；第 4 名臺南市，幸福指數 63.51；第 5 名新竹縣，幸福指數 62.54。

　　2019 年地方政府施政滿意度六都排名：第 1 名桃園市，滿意度
77.0%；第 2 名新北市，滿意度 75.1%；第 3 名臺南市，滿意度 66.8%；
第 4 名臺北市，滿意度 55.8%；第 5 名臺中市，滿意度 55.5%；第 6 名高
雄市，滿意度 47.1%。

　　2019 年《天下雜誌》幸福城市大調查，雖然客觀性指標佳的臺北全
面重返第一，但觀察民調部分，卻不見得獲好評。一個城市除了讓人賴
以生存的經濟，還有關乎精神生活的文化，人們的驕傲與個性都由此顯
現。2019 年《天下雜誌》幸福城市大調查結果出爐，在全臺 22 縣市中，
根據經濟力、環境力、施政力、文教力與社福力等五大面向，綜合當地

居民的主觀感受民調，加上客觀項目，共 73 項指標進行競爭力排名，也對幸福城市進行排名。另考量發展差異，將幸福城市分為六都與非六都二組。在六都組各指標分數計算方式，是在最大值與最小值之間等距分成五組，落在表現最佳組別的縣市給予 5 分，其次 4 分，依此類推，最低組別得一分；非六都組計算給分方式亦同。客觀指標來自 2018 年各級政府調查、統計資料，主觀指標則取自《天下雜誌》對民眾進行的意見調查，占分比例前者為 80%、後者 20%。最後將各縣市五大面向得分平均後，再轉換為千分制分數獲得總分。

　　由此看來，目前臺灣對「幸福城市」的界定及其排名，係由客觀層面與主觀層面共同建立起來的，前者呈現的是都市的外在資源條件、社會經濟文化環境政治等各項表現，以及地方首長的能力與表現等，而後者則是縣市民的主觀幸福感——這是衡量個人生活質量的重要綜合性心理指標。因此，我們認為此次臺灣縣市幸福大調查的結果，是具有高度可信度的。

表 1.3　2019 年縣市競爭力總排名

排名	六都	總分
1	臺北市	757.16
2	桃園市	598.60
3	新北市	592.10
4	臺南市	574.99
5	臺中市	543.33
6	高雄市	525.47

排名	非六都	總分
1	連江縣	671.63
2	金門縣	637.39
3	新竹市	623.47
4	花蓮縣	549.80
5	嘉義市	529.60
6	臺東縣	528.27
7	新竹縣	487.99
8	宜蘭縣	482.99
9	澎湖縣	481.32
10	屏東縣	481.19
11	南投縣	472.30
12	彰化縣	470.72

排名	非六都	總分
13	基隆市	465.72
14	苗栗縣	446.30
15	嘉義縣	432.85
16	雲林縣	424.59

資料來源：《天下雜誌》，681 期。

註 1：總分係由經濟力、環境力、施政力、文教力與社福力等五大面向得分平均後，轉換為千分制分數而得。

註 2：考量縣市發展差異，將幸福城市區分六都組及非六都組進行評比。

表 1.4　經濟力成績

排名	六都	總平均
1	臺北市	3.67
2	新北市	3.27
3	桃園市	3.20
4	臺中市	3.20
5	臺南市	2.33
6	高雄市	2.00

排名	非六都	總平均
1	新竹市	3.60
2	連江縣	3.17
3	新竹縣	3.03
4	金門縣	2.87
5	嘉義市	2.33
6	屏東縣	2.30
7	基隆市	2.23
8	花蓮縣	2.10
9	宜蘭縣	1.97
10	彰化縣	1.97
11	南投縣	1.97
12	雲林縣	1.90
13	臺東縣	1.90
14	嘉義縣	1.87
15	苗栗縣	1.73
16	澎湖縣	1.73

資料來源：《天下雜誌》，681 期。

註：經濟力指標包括人均營利事業銷售額、經濟發展支出占歲出比率、每戶可支配所
　　得中位數、每人消費支出、失業率、家戶連網率、營利事業營業家數、營利事業
　　銷售額年增率、人口增加率、大專以上占總就業人口比率、外國專業人員人數年
　　增率、勞動參與率，以及民眾對縣市是否提供充足就業機會、首長維持地方經濟
　　繁榮表現滿意度的問卷調查。

表 1.5　環境力成績

排名	六都	總平均
1	臺北市	4.16
2	新北市	3.20
3	高雄市	3.00
4	臺南市	2.68
5	桃園市	2.52
6	臺中市	2.12

排名	非六都	總平均
1	金門縣	3.60
2	連江縣	3.48
3	花蓮縣	3.00
4	澎湖縣	2.92
5	臺東縣	2.84
6	新竹市	2.84
7	基隆市	2.76
8	宜蘭縣	2.36
9	新竹縣	2.34
10	苗栗縣	2.20
11	彰化縣	2.18
12	嘉義縣	2.10
13	屏東縣	2.00
14	南投縣	1.82
15	雲林縣	1.68
16	嘉義市	1.64

資料來源：《天下雜誌》，681 期。

註：環境力指標包括空氣汙染指標 AQI>100 之日數比率、汙水處理率、平均每人每日
　　垃圾產生量、平均每人環保經費、垃圾回收率、每人每日生活用水量、每人每年
　　用電量、每人每年油耗量、縣市再生能源裝置、每萬人享有公園綠地面積，以及
　　民眾對縣市街道市容是否髒亂、首長是否重視環境保護的問卷調查。

表 1.6　施政力成績

排名	六都	總平均
1	臺北市	3.79
2	桃園市	3.50
3	新北市	3.41
4	高雄市	3.30
5	臺南市	3.04
6	臺中市	2.89

排名	非六都	總平均
1	連江縣	3.84
2	嘉義市	3.83
3	花蓮縣	3.67
4	臺東縣	3.50
5	金門縣	3.43
6	澎湖縣	3.28
7	新竹市	3.18
8	南投縣	3.09
9	彰化縣	3.08
10	嘉義縣	3.04
11	苗栗縣	2.95
12	基隆市	2.78
13	屏東縣	2.73
14	雲林縣	2.59
15	新竹縣	2.54
16	宜蘭縣	2.27

資料來源：《天下雜誌》，681 期。

註：施政力指標包括赤字占歲入比率、歲入自籌財源比率、債務占歲入比率、30 日內
　　交通事故死傷人數年增減率、30 日內交通事故肇事車輛駕駛人酒駕違規死傷人數
　　年增減率、30 日內交通事故行人死傷人數年增減率、刑案破獲率、火災死亡率、
　　負債年減率、自籌財源年增率、刑案發生率、旅客總住宿人數成長率、一般性補
　　助款水利經費考核分數、流域綜合治理計畫與縣市管河川及區域排水整體改善計
　　畫執行比率，以及民眾對縣市治安滿意度、首長是否努力推廣城市特色、首長整
　　體施政表現滿意度的問卷調查。

表 1.7　文教力成績

排名	六都	總平均
1	臺北市	3.95
2	臺中市	3.07
3	臺南市	3.01
4	高雄市	2.53
5	桃園市	2.45
6	新北市	2.35

排名	非六都	總平均
1	新竹市	3.52
2	連江縣	3.40
3	嘉義市	3.20
4	宜蘭縣	2.69
5	金門縣	2.62
6	南投縣	2.56
7	彰化縣	2.55
8	花蓮縣	2.45
9	臺東縣	2.40
10	苗栗縣	2.29
11	屏東縣	2.27
12	新竹縣	2.25
13	雲林縣	2.07
14	澎湖縣	2.03
15	基隆市	1.95
16	嘉義縣	1.85

資料來源：《天下雜誌》，681 期。

註：文教力指標包括 106 學年度輟學率、106 學年度中輟生總復學率、每人出席藝文
　　展演活動次數、15 歲以上民間人口高等教育比率、縣市內各層級公共圖書館每人
　　借閱量、平均每人可分配藏書冊數、平均每十萬人享有圖書館數量、平均每人圖
　　書資料費支出、教育科學文化支出占總歲出比率、社區大學學員招收人次占 18 歲
　　以上人口比率、每年舉辦藝文展演活動次數，以及民眾對縣市是否具有豐富文化
　　活動、首長是否關心下一代教育的問卷調查。

表 1.8　社福力成績

排名	六都	總平均
1	臺北市	3.36
2	臺南市	3.31
3	桃園市	3.29
4	新北市	2.58
5	高雄市	2.31
6	臺中市	2.30

排名	非六都	總平均
1	金門縣	3.42
2	連江縣	2.91
3	宜蘭縣	2.79
4	屏東縣	2.72
5	臺東縣	2.56
6	花蓮縣	2.52
7	新竹市	2.45
8	南投縣	2.37
9	雲林縣	2.37
10	嘉義市	2.24
11	澎湖縣	2.08
12	新竹縣	2.04
13	彰化縣	1.99
14	苗栗縣	1.98
15	嘉義縣	1.96
16	基隆市	1.91

資料來源：《天下雜誌》，681 期。

註：社福力指標包括每縣（市）民享有之社會福利支出、每十萬人口自殺死亡率、志工人數占 15 歲以上人口比率、接受婦女福利服務人次占女性人口比率、平均每位列冊需關懷之獨居老人被服務次數、平均每鄉鎮市區擁有社區發展協會與其附屬社團（守望相助隊、媽媽教室、社區民俗藝文康樂班隊）數、無障礙公車數、公共建築物無障礙生活環境業務考核成績、高風險家庭個案平均面訪次數、身心障礙福利機構核定安置住宿及日托人數占身心障礙人數比率、社區照顧關懷據點服務村里涵蓋率、55 歲以上每百人參與長青學苑人次、老人長期照顧、安養機構每位工作人員服務老人人數、幼兒園公共化＋準公共化比率，以及民眾對縣市長期照護、托育政策滿意度、首長是否關心弱勢族群的扶助的問卷調查。

　　值得一提的是「文教力」。教育是百年樹人的工作，文教面也看重長期累積。位處臺灣後山的臺東縣，重視藝文的永續發展且已打出品牌，成爲不少旅客朝聖之地，包括：池上秋收稻穗藝術節、東海岸大地藝術節、國際阿卡貝拉藝術節等盛事。而臺南市在 2010 年人口僅近 190 萬，並不符合直轄市 200 萬人的條件，最終能升格，是憑藉其積累近 400 年的「文化」。在六都中，臺南每年舉辦藝文展演活動的次數雖居第 4，卻是最多市民覺得具有豐富文化活動的城市，比例高達 75.6%，因爲整座城市就是舞台，巷弄紋理很漂亮，令人流連忘返，古蹟、寺廟更有特色。臺南藝術節、藝術進駐計畫、文化創意園區紛紛設立、老屋新生命力等計畫，可說是冠於全臺，而成爲每年吸引觀光客絡繹不絕前來的有利條件。還有，臺南的農村也變成了「藝術村」，這是別的縣市很少有的。總之，整個臺南市充滿著「文化」、「教育」、「美學」與「舒適」。我們似乎看到一個事實：臺東縣與臺南市，居民對地方的認同感確實高過其他都市。證明：有文化的都市，才會有獨特個性。因此，如何拚經濟的同時，又能夠扎下都市文化的根，可說是 22 縣市長在全球化與現代化浪潮中，打造「幸福城市」無法避免的挑戰，也考驗著縣市長的智慧與才能。

● **臺灣縣市首長施政排比**

表 1.9　2019 年《天下雜誌》縣市首長施政分數排行榜

2019 排名	總分	縣市政府	縣市長姓名	黨籍	2018 排名	2017 排名
1	77.54	屏東縣	潘孟安	民進黨	7	8
2	75.78	連江縣	劉增應	國民黨	1	1
3	74.62	花蓮縣	徐榛蔚	國民黨	新任	新任
4	74.47	桃園市	鄭文燦	民進黨	4	4
5	71.16	臺東縣	饒慶鈴	國民黨	新任	新任
6	69.55	新竹市	林智堅	民進黨	8	3
7	68.71	新北市	侯友宜	國民黨	新任	新任

2019 排名	總分	縣市政府	縣市長姓名	黨籍	2018 排名	2017 排名
8	68.50	嘉義市	黃敏惠	國民黨	新任	新任
9	67.37	基隆市	林右昌	民進黨	9	12
10	66.93	嘉義縣	翁章梁	民進黨	新任	新任
11	66.85	金門縣	楊鎮浯	國民黨	新任	新任
12	66.49	南投縣	林明溱	國民黨	6	5
13	66.15	雲林縣	張麗善	國民黨	新任	新任
14	63.66	臺南市	黃偉哲	民進黨	新任	新任
15	62.99	澎湖縣	賴峰偉	國民黨	新任	新任
16	58.30	新竹縣	楊文科	國民黨	新任	新任
17	58.13	宜蘭縣	林姿妙	國民黨	新任	新任
18	56.49	苗栗縣	徐耀昌	國民黨	13	21
19	56.23	彰化縣	王惠美	國民黨	新任	新任
20	51.80	臺北市	柯文哲	無黨籍	12	14
21	48.65	臺中市	盧秀燕	國民黨	新任	新任
22	42.09	高雄市	韓國瑜	國民黨	新任	新任

調查執行：天下雜誌群調查中心，2019 年。

說明：《天下雜誌》縣市長施政分數自 2010 年開始，開創結合民意調查和專家評比的縣市長施政滿意度，將民眾與專家對縣市長施政表現的調查結果進行加權，加權比例為民眾 80%、專家 20%。其中，民意調查分總體施政滿意度（30%）與五力施政面向滿意度（50%，每一面向各占 10%）；專家評比分總體施政滿意度（10%）與分項施政滿意度（10%），共同構成《天下雜誌》縣市長施政分數。

● **幸福指數指標建構**（彭錦鵬、黃東益，2012）

該研究的「幸福」定義是：「人類對美好生活的追求與滿意程度，以及所感受到的正負情緒強度整體評估而成。」影響幸福的因素可分為三個類別：「基本需求」、「關係歸屬」與「個人價值與感受」。「基本需求」由健康、經濟來源和教育三個面向構成；「關係歸屬」是由人際

關係、人與環境和自然環境三個面向構成;「個人價值與感受」則是相當多元,可從普世價值、當地文化與道德價值、個人生長背景等構成。其中,「關係歸屬」此一因素,與前面所說的東亞文化之「社會取向幸福觀」比較類似。雖然主觀幸福感已可直接了解民眾心中的幸福感受,但是,調查的結果無法完整呈現客觀條件的影響因素,對於執政者而言,民眾的主觀感受太過抽象,缺乏可直接連結的施政改善項目,因此,對政策的實際應用性而言,實有必要輔以客觀指標,讓指標系統更為完善。

因此,該研究係以「2012 臺灣幸福大調查」的問卷指標為基礎,在歸納焦點座談學者提出的各類指標後,新增至原有的指標系統中,使幸福指數調查面向更為完善。結論所建議的面向與主客觀指標,係依照基本需求、關係歸屬與個人價值與感受,共分為 12 個面向、21 個主觀指標、22 個客觀指標,比 2012 臺灣幸福大調查的面向多了教育、工作與生活平衡及心靈福祉面向。雖然多了三個面向,實際上是比原本的指標多了 14 個主觀指標。重要的是這 12 個面向具有參考價值,包括:健康、經濟收入、教育、工作、人際關係、生活環境、治安、工作與生活平衡、政治影響力、心靈福祉、臺灣特色,以及生活幸福感。

● **臺商回流與美國科技大廠設廠,創造「創新都市」與提高「在地幸福經濟」。**

經濟部在 2019 年 12 月 19 日於行政院院會簡報指出,投資臺灣三大方案踴躍超乎預期,2019 年實施至 12 月 13 日止,吸引 278 家臺商回臺投資 8,332 億(新臺幣),創造 6 萬 7,601 個工作機會,預計年底到位,金額可達 2,398 億元。六都投資分布,以桃園 1,975 億元最高,其次為高雄 1,642 億元,第三為臺中 1,560 億元。投資臺灣三大方案包括:「歡迎臺商回臺 2.0 行動方案」、「根留臺灣企業加速投資行動方案」,以及「中小企業加速投資行動方案」。其中,歡迎臺商案有 160 家廠商通過聯審、總投資 7,097 億,預估創造 57,931 就業機會;根留臺灣案有 33 家通

表 1.10　三大方案投資六都分布情形

	件數	金額（億）	就業
桃園市	49	1,975	18,104
高雄市	34	1,642	11,818
臺中市	75	1,560	11,912
臺南市	38	1,320	8,556
新北市	15	270	3,536
臺北市	2	40	590

資料來源：經濟部投資簡報。

過、投資 850 億、創造 6,075 職缺；中小企業案有 85 家通過，投資 384 億元，可創造 3,595 就業機會。

　　經濟部說，臺商返臺投資大爆發，上下產業鏈一起拉回，北部以「伺服器」與「網通設備」為主，中部以「自行車」及「工具機」產業為主，連同南部「汽車零組件」及「汽車電子」等，六大產業供應鏈落地扎根。國際大廠轉單效應加持，關鍵零組件需求旺，中小企業跟進投資，已有 85 家廠商通過，後續還有 85 家排隊候審。經濟部報告指出，2019 年投資實際落實情況，臺商返臺 160 家，落實 2,197 億元，年底前完工廠商包括：智邦、慶豐富、S 公司、迅得、啓碁等。

　　行政院主計總處上修去年經濟成長率 2.64% 預測今年 2.72%，臺灣重返亞洲四小龍中第一，中小企業升級轉型，朝創新、智慧、高值化發展，可望改善低投資、低成長、低薪「三低經濟」。全球供應鏈重組，臺灣趁勢打進全球產業供應鏈樞紐，可望再創經濟高峰。

> ### 美中貿易戰，臺灣趁勢升級

　　行政院長蘇貞昌表示，2019 年 1 月，臺商回流方案非常熱烈，7 月推出 2.0 版（貸款總額度由 200 億元提高到 5,000 億元），同時推出「根留臺灣方案」以及「中小企業方案」，8 月境外資金匯回專法上路，11 月

核定擴增「中小企業方案」貸款總額（由 200 億提升至 1,000 億）。蘇貞昌指出，今年是臺灣投資爆發年，臺灣投資體質逐漸變好，BERI「投資環境風險評估」臺灣名列全球第 4、亞洲第 2（僅次於新加坡）。除了臺商回臺，國際大企業也加碼投資臺灣，1-10 月僑外投資金額近 3,000 億元（美金 98 億元），較去年同期成長 23%；反之，我對中國投資縮減剩不到 1,000 億（美金 32 億元），較去年同期大減 54%，顯示「廠商用腳投票」，扭轉過去資金「出去多，進來少」窘況。

　　蘇揆期望打造臺灣成為亞洲高階製造、高科技研發、半導體先進製程及綠能發展四大中心，可以為臺灣未來 30 年的經濟發展打下深厚根基。

➤ 人才和生態系是吸引 Google 來臺投資的誘因

　　近期，Google、微軟、臉書等海外科技業大舉投資臺灣，並擴大招募人才，例如 Google 設立新辦公園區、微軟啓動臺灣 AI 100 計畫、臉書設立臺灣辦公室等。為什麼這些科技公司要加碼投資臺灣？美國財經雜誌《富比世》特別撰文指出，「人才」是吸引這些科技公司來臺的主要原因。臺灣的市場規模沒有中國、美國大，但科技人才卻相當優秀。國際大廠 Google、臉書（Facebook）、高通（Qualcomm）與美光（Micron）等擴大投資臺灣，除了臺灣的人才外，產業生態系也是吸引這些大廠積極投資臺灣的主要誘因（中央社，2019）。

　　根據《大紀元》報導，「美股市值五大巨擘」是指臉書（Facebook）、蘋果（Apple）、亞馬遜（Amazon）、微軟（Microsoft）與谷歌（Google）。其中，谷歌進駐臺北遠東通訊園區（Tpark），將首先締造 2,500 個工作機會，接著還會招聘多達 7,000 人，雙方有很大的合作空間，且目前另外 4 個美國股市高市值的「科技巨擘」均要來臺，這印證了：「很多事情在世界上都一樣，一個人來了，其他人都跟著來。」徐旭東提及，谷歌在臺灣創立研發中心，將臺灣定調為進入全亞洲的管道，原因是東南亞國家產業發展較為遲緩，「臺灣有點幸運的是，因為教育水準高，我國不分硬體、軟體，均可以導入智慧產業。」

● 創造「創新都市」與提高「在地幸福經濟」並重

　　上述臺商回流與美國科技大廠紛紛來臺灣設廠的局勢，自 20 世紀 90 年代以來，隨著全球化的發展，資本與人才在全球的布局與加速流動下，即會有如此呈現，其結果是各個國家在全球經濟體系的角色及各都市之間的競爭，顯得愈來愈激烈。在這種局勢下，當前臺灣的都市發展與治理突顯出二個重要面向：一是都市在全球化趨勢中的發展定位，都市作為全球經濟網絡的節點，正發揮著愈來愈重要的作用，都市如何取得都市競爭中的有利地位，乃為當務之急。二是都市內部的權力、空間結構的發展，地方政府如何轉型與定位，亦成為一項核心問題。

　　上述都市發展二個面向，正呼應了全球在地化的課題，一方面都市發展需要因應全球化潮流的挑戰；另一方面都市治理也需要嵌入在地化趨勢的融合。如果我們從經濟產業發展的角度來看，可以這樣簡單區分：前者的目標是創造「創新都市」與「國家總體經濟」，透過這一波臺商回流與美國科技大廠紛紛來臺灣設廠的良好契機，要求臺灣整體國家軟硬體實力與每一個都市的競爭力，活化產業經濟、創造宜居環境、高效率的都市規劃管理等，使得國家與都市在全球化競爭的態勢下取得優勢，奠定有利的角色。而後者的目標是提高「在地幸福經濟」，我們必須認知到目前臺灣都市內部發展上普遍存在的問題，包括貧富不均、失業率、交通、健康、安全、汙染、空間擁擠、地理發展不平衡、環境品質降低、文化資產保存問題、天然與人為災害、弱勢團體等，都有待獲得解決。若能解決這些問題，當然都市也較能有效地轉型與定位，進而提升都市競爭力。

　　但是，常常聽人說：國家總體經濟成長的美麗果實，未必能讓一般國人享受得到？可見「國家總體經濟」與「在地幸福經濟」也許是有落差，無法結合在一起，國人往往無法直接感受到國家經濟成長帶來的好處。所以，現在臺灣除了傳統的國際投資、產業發展、科學園區、工業區、自由經濟貿易區、出口外銷等模式外，趁著這一波美國科技大廠投資的利

基，讓各個都市啓動創新經濟，打造一個又一個的「創新都市」，讓整個臺灣成爲「創新臺灣」，創造出創新產能的新巔峰。只是，我們不要忘記去反思：當全球化資本主義主導的市場經濟，國家與都市在競爭性與「贏者全拿」的資源競賽中，雖然創造出經濟發展，卻也同時帶來了不同區域及都市之間不均衡的空間發展、貧富差距、環境脆弱，以及文化保存等問題，而這些問題，正是讓縣市民可以直接感受到一種與土地和社區連結的在地性問題，也是一般國人最直接感受到的在地幸福經濟生活。同時，上一段提及如何提高「在地幸福經濟」的問題，包括貧富不均、失業率、交通、健康、安全、汙染、空間擁擠、地理發展不平衡、環境品質降低、文化資產保存問題、天然與人爲災害、弱勢團體等，正好與《天下雜誌》幸福城市大調查，以及彭錦鵬與黃東益二人所建構的幸福指數指標極爲類似，更加證明了如何提高「在地幸福經濟」是何等重要。

　　筆者的結論：先是創造「創新都市」，後再提高「在地幸福經濟」，最終追求二者平衡並重。易言之，透過創新與廣泛使用科技，創造智慧城市（smart city）觀念，以提供都市公共服務的最適量及達成公共財政節省。同樣，再借助創新技術與地方社區文化的活化，減緩貧窮差距並且與都市再生相互連結，以增進地方居民的利益。接著，都市規劃師認眞地處理都市化過度負荷對現行公共政策所帶來的壓力，例如：如何爲全體市民提供住屋、如何規劃產業活動在地化、如何提供更便捷安全舒適的大眾運輸系統、如何有效地將中心都市、周邊城鎮及偏遠地區加以連結起來，最後創造出一個「均衡且緊密的都市型態」。

1.2 為何要撰寫《創意・都市・幸福感》這本書

　　這一節談論的是爲何要撰寫《創意・都市・幸福感》這本書？基本上，從理論與實務層面，共有四項理由。

1.2.1 第一個理由

對市民而言，或許「幸福城市」比「創意城市」來得更重要。

「幸福」的意涵，比較接近英文相關文獻中的 happiness（譯成「幸福」）或 subjective well-being（譯成「主觀幸福」），前者在英文中是自然常用語，後者則是心理學的專有名詞，特別是「subjective」，只是為了強調幸福之個人主觀性，用以與經濟學等尋找幸福之客觀指標的研究旨趣有所區隔。

「幸福感」則是個人依自身的幸福觀，在人生追求幸福的進程中，對自己目前之存有狀態的整體感受，亦即對幸福程度的感受，是一般人較容易有意識地察覺的心理狀態。此亦是西方心理學既有對幸福研究的普遍認識。

自 18 世紀 60 年代工業革命以來，人類發展取得了前所未有的偉大成就，經濟迅猛發展。2004 年全球 GDP 總量將近 56 萬億美元，相當於 1820 年的 66 倍，僅 2000 年的全球新增產值就相當於 1900 年全球經濟總量的 2 倍。雖然全球經濟高速發展，但是，人文發展狀況卻呈現出與 GDP 成長不協調的負相關。以美國與中國為例，在 1960-2000 年間，依照不變價格，美國人均收入成長了 3 倍，但認為自己「非常幸福」的人卻從 40% 下降到 30%。改革開放以來，中國的 GDP 呈持續上漲狀態，而國民幸福指數卻先升後降，從 1990 年的 6.64 上升到 1995 年的 7.08，到 2001 年又降至 6.60。所以，儘管經濟持續快速成長，但是，人們的幸福感卻未能持續增加。

GDP 的快速成長不能有效地促進幸福感的提升。而且，GDP 作為一個地區一年創造的經濟財富總量，其指標本身也存在一定的侷限性，既不能反映創造財富的社會成本，也不能顯示人們的幸福狀況。經濟社會發展的最終目的，不是單純地追求富裕的物質生活，而是心理舒暢的全面幸福生活。因此，主觀幸福感研究的興起與蓬勃發展是一種必然趨勢。對市民

而言，也許「幸福城市」比「創意城市」、區域創新，或者科技成長都要
來得更重要。

1.2.2 第二個理由

受到「創意階級」概念的創始人 Richard Florida 主張「幸福地理學」
觀點的啓發。

在創意城市理論中，Florida（2002）提出「創意階級」與「3T 理論」，
主張美國城市應該制訂足以吸引「創意階級」前來的政策才行，堪稱是先
驅者，但其理論在「地方經濟的發展」上仍有不足，有待 Florida 進一步
補強。

Florida 爲了彌補先前理論的不足，進一步主張「尖峰都市」（spiky
city）與「地點」（place）理論對當今每個人生活的重要性，而其重要
性是來自於「創意經濟」。他分別於 2005 年發表一篇名爲《*The world
is spiky: Globalization has changed the economic playing field, but hasn't
leveled it*》的論文，以及 2008 年出版一本專書《*Who's Your City? How
the Creative Economy is Making Where to Live the Most Important Decision
of Your Life*》，都是在談論「尖峰都市」與「地點」理論對當今每個人生
活的重要性，證實了此一結果的造成，「創意經濟」發揮了關鍵性的力
量，這麼一來，Florida 即可將他的創意理論與城市地方經濟彼此關聯起
來，因而，從此不再被批評了。尤其是他所撰寫的《*Who's Your City*》這
本書是希望告訴我們：「地點」在當今全球化經濟中扮演的關鍵性角色，
並且能夠讓自己找到適合的居住地，享受幸福美好的生活。「世界是平
的」是全球化時代的共識，但事實並不然，全球多元化與分殊化造成城市
經濟結構已大不同，選擇居住地點也決定了人們的幸福。

一 書籍簡介

Richard Florida (2008). *Who's Your City? How the Creative Economy is Making Where to Live the Most Important Decision of Your Life*. New York: Basic Books。共 374 頁。

這本書的結構，共分成四部分、16 章，茲將這四部分概述如下：

第一部分：作者首先從宏觀的角度，說明在全球化趨勢下，「地點」（place）遠比過去來得重要，因為創意群聚的力量導致巨型區域的崛起，並且透過地圖與調查數據加以輔證，提出新的經濟單位：「尖峰都市」（spiky city）。

第二部分：聚焦在「地點可以創造財富」此一主張，解釋為何有些地方能讓人累積經濟優勢，而有些地方則無，以及為何高科技、專業人士、文創階級總會移居某些地區，例如高科技集中在矽谷，金融業最喜愛紐約、電影製片業聚集在好萊塢，這些都是由於創意菁英匯聚的大都市，最後則形成了超級明星城市。有關以上的結果，作者提出最新就業市場、住屋市場、房地產增值潛力報告等資料，加以輔證。

第三部分：作者將討論「選擇居住地點、事業與生活型態之間的平衡」此一議題。作者與蓋洛普合作完成一份大規模調查，共有 2 萬 8,000 位受訪者，調查發現：居住地點對於一個人幸福的影響程度，絕不亞於工作、財富與人際關係。因為創意，城市也有性格、也有魅力，當然會給人們帶來幸福。

第四部分：最後則進一步探討，歷經不同的人生階段，例如年輕單身、結婚且有小孩、子女離家時，對於居住地點的需求與偏好，如何跟著改變。

全書共四部分、16 章：

PART 1　Why Place Matters（地點為何重要）

　　Ch1　The Question of Where（為何居住地那麼重要？）

二　全書概述

　　筆者閱讀過《*Who's Your City? How the Creative Economy is Making Where to Live the Most Important Decision of Your Life*》這本書，認為這是一本具有學術研究調查成果，並且輔以創新觀點的專書，因為作者提供了很關鍵的議題、調查內容、實際案例，並且將此三者充分地整合起來，進行分析與論述，頗具學術性價值。由於這是一本年代尚新、觀點非常新穎的西文書籍，這本書代表的是當今 21 世紀全球化「尖峰都市」形成下，文創經濟對於都市人選擇居住地的影響力，進而因創意菁英匯聚地點後所

產生的都市差距，而且，重要學者的觀點與經驗研究案例，作者也都進行完整的分析與論述，可以成爲該研究領域的經典學術性用書，當然也非常適合作爲教科書。所以，筆者決定透過這本書的研讀與討論，期待能夠學習到「都市與創意經濟關聯」的新知識，進而對於本書的撰寫，都能夠有所助益。

在全球化的時代，有人主張住在哪裡並不重要，譬如阿拉斯加、愛達荷與阿拉巴馬，終究「世界是平的」。重要的都市計畫學者 Richard Florida 認爲，「地方或地點」（place）不僅重要，而且它的重要性遠勝於過去任何時期。事實上，選擇地方居住就像選擇配偶或事業一樣，都是在選擇幸福。根據最近的調查，的確有些地區是比其他地區來得幸福快樂。

在《*Who's Your City?*》這本書中，「創意階級」概念的創始人 Richard Florida 在他的實證研究報告中，已經告訴我們：一個城鎮的優良品質眞的會讓人覺得幸福，進而利用此一概念去幫助人們選擇居住地。因爲地點帶來的幸福與財富，還要歸功於創意經濟。總之，《*Who's Your City?*》這本書是希望告訴我們：「地點」在當今全球化經濟中扮演的關鍵性角色，並且能夠讓自己找到適合的居住地，享受幸福美好的生活。

依此推論，人們選擇在哪裡居住，以及這些選擇對於他（她）們的社區生活的意義，應該是要成爲都市規劃師、市長，甚至學生關注的重點。這正是這本書所要談論的議題，值得一讀。

三 省思

1. 基於掌握「都市與創意經濟關聯」的新知識之需要，Florida 的《*Who's Your City?*》這本書，可能除了延續他自己的「3T 理論」，指出創意階級的（地方）群聚有助於都市經濟發展及生活環境品質外，並未有更多新意，這本書乃是面向大眾的普及論述和實用指南。關於都市與創意經濟之間的具體關聯和運作機制，在先前所介紹的 Allen Scott 與 Thomas

Hutton 的書中，可能討論得還比較清楚，如下列的二本書：

Allen Scott (2008). *Social Economy of the Metropolis: Cognitive-Cultural Capitalism and the Global Resurgence of Cities*. Oxford: Oxford University Press.

Thomas A. Hutton (2016). *Cities and the Cultural Economy*. NY: Routledge.

2. Florida 的論點引發大量批評，特別是來自批判政治經濟學觀點的學者，包括 Andy Pratt 及 Allen Scott 的批評。但是，他們的批評不僅在於 Florida 缺乏一個運用於地方經濟發展的理論，而是他對於城市發展的基本邏輯，以及所謂創意經濟可能導致的仕紳化、貧富不均、地理不均等發展的後果相對忽略（Florida 有意識到，也有提及此一後果，參見《*Who's Your City?*》這本書第 37-39 頁，只是未在本書中加以論述）。面對這些批評，Richard Florida 已在 2017 年出版一本新書：《*The New Urban Crisis: How Our Cities Are Increasing Inequality, Deepening Segregation, and Failing the Middle Class and What We Can Do About It*》，對於先前的樂觀或地方發展主義導向看法，有了一些修正，但這些不均等發展的觀點，其實已是批判立場學者長期以來的論述了。

3. Florida 的《*Who's Your City?*》這本書，其定位乃是面對一般大眾的普及論述及居住地點指南，書中有關地方（城市）之群聚效果的討論，並沒有超越既有觀點的創新。本書整理各項統計資料以描述城市區域之間的差異，但未能清楚解釋其運作機制與後果，也缺乏批判性反思觀點。

4. 建議讀者可以另外增加閱讀：

(1) Florida 的新書（2017），《*The New Urban Crisis: How Our Cities Are Increasing Inequality, Deepening Segregation, and Failing the Middle Class and What We Can Do About It*》。

(2) 國內學者針對創意城市與 Florida 的觀點的批評反思，例如：

• 林文一（2015）。文化創意導向都市再生、「新」都市治理的實

踐及缺憾：以迪化街區爲例。**都市與計畫，42**（4）：423-454。

- 邱淑宜（2014）。臺北市迪化街 URS 之藝術和創意轉型：誰的文化？誰的城市？**藝術教育研究，28**：65-95。

- 邱淑宜（2016）。城市的創意修補及文創工作者的困境 —— 以臺北市爲例。**都市與計畫，43**（1）：1-29。

- 邱淑宜、林文一（2014）。建構創意城市：臺北市在政策論述上的迷思與限制。**地理學報，72**：57-84。

- 邱淑宜、林文一（2019）。臺北市西門紅樓創意街區的眞實性修補及其治理。**都市與計畫，46**（1）：1-31。

- 王佳煌（2010）。文化／創意產業、創意階級／城市論著的批判性檢視。**思與言，48**（1）：131-190。

5.創意經濟到底帶來好處，還是有其惡果，尙難有定論。筆者建議，讀者可以從「創意經濟與都市發展的樂觀或悲觀」，進行更務實且具反思性的觀察，或許會比較客觀與周延。

1.2.3 第三個理由

Richard Florida 對於「創意城市」與「尖峰都市」的自省，進而提出「新都市危機」的觀點。

Richard Florida 已於 2017 年出版一本新書：《*The New Urban Crisis: How Our Cities Are Increasing Inequality, Deepening Segregation, and Failing the Middle Class and What We Can Do About It*》，對於先前的樂觀或地方發展主義導向看法，有了一些修正，主要在於他對都市發展的基本邏輯，以及所謂創意經濟可能導致的仕紳化、貧富不均、地理不均等發展的後果相對忽略，可見 Florida 有意識到此一後果。

Florida（2002, 2005）對於創意城市策略的問題亦有自我省思，他觀察到美國創意城市前二名的奧斯汀與舊金山，恰是收入不平等最高的地

區；創意城市造成房價飆漲，紐約與波士頓迫使藝術家搬離社區，惡化了貧富差距。此外，Florida（2007）亦提及臺灣的創意經濟的蓬勃發展，如同 Florida 所說的，在新自由主義的發展策略下，往往有利於新興產業地區（例如內湖科技園區），而造成落後地區更大的壓力，如果沒有國家的補貼，則將可能淪為全球競爭下的犧牲者，反而導致臺北市夢想成為創意城市過程中的一個夢魘，臺北市也可能不再「幸福」了。

Richard Florida 是世界知名的都市主義者，也是《*The Rise of Creative Class*》（創意階層的崛起）的作者，他撰寫《*The New Urban Crisis*》（新都市危機）這一本新書，代表著他即將去面對返回城市運動的黑暗面。近年來，受過良好教育的年輕及富裕的人重返回城市，扭轉了數十年來郊區盛況和城市衰退的趨勢。由《*The New Urban Crisis*》這本書可以看出，Florida 是首次預期到這種返回城市運動的學者之一，闡述了哪些力量驅動了都市成長，卻也帶來了城市的嚴峻挑戰，例如仕紳化、種族隔離及地理不均衡發展，由此看來，表明了他所定義的「新危機」指的是大規模、密集，且富裕、受過教育、政治自由度較高的大都市地區的基本特徵。在此同時，卻還有更多城市停滯不前，各地的中產階級社區正在消失，所以，我們必須藉由賦予市民力量勇敢接受挑戰，加以重建城市與郊區。

一 《*The New Urban Crisis*》的書評

以下是幾則對於 Florida 的 2017 年新書：《*The New Urban Crisis*》的書評，大多抱持肯定與讚賞。

● **Steven Johnson**

「他表現出了勇於面對變化的環境，重新思考自己的舊想法的勇氣。任何對不平等危機和城市活力感到興趣的人們都想讀這本書。」

● **紐約市前市長 Michael Bloomberg**

「城市是繁榮與進步的引擎，但重要的是其發展利益必須能廣泛延伸到每一位市民身上。Richard Florida 提出了建設一個更強大的城市，為所有人提供更多機會的想法。」

● **Walter Isaacson**

「Richard Florida 是一位偉大的先驅思想家，他首先解釋了創意人才的湧入如何使得城市復興。現在，他邁出了下一步：尋找使這種都市主義更具包容性的方法。Florida 認真研究這些問題，並像往常一樣提出了一些明智的新政策。讓城市能夠為所有居民服務，是當今重大的一項經濟、政治與道德議題。」

● **洛杉磯市長 Eric Garcetti**

「這是我們一直在等待的一本書。Richard Florida 是我們這個時代最偉大的美國都市主義者。在這本書中，他周到而有力地面對著美國人重返我們的城市，如何帶來了令人難以置信的文化與經濟更新，但是，如果缺乏仔細周到的土地使用、基礎設施建設與經濟公平措施，這種更新就會使消失的中產階級蒙受了損失。這對於政策制定者、學生、教育工作者及所有都市居民，都是不可少的讀本。Florida 勾勒出重要的藍圖，以確保美國的都市復甦能夠為每一個人帶來繁榮，而不是只有少數人。」

● **哈佛大學 Robert J. Sampson**

「過去，人們對於都市危機的認識，主要是去工業化、經濟衰退、犯罪率高、城市空洞化，以及蔓延的郊區化等意象。但是到了今天，都市之間的差異已成為現實。紐約等超級巨星城市，正以前所未有的速度蓬勃發展，而其他城市則繼續疲軟。郊區社區也在解決曾經被認為是城市獨有的問題，正如最近的總統大選所揭示的結果，城鄉之間的鴻溝已經加深。

Richard Florida 在《新都市危機》這本書中，將他的注意力轉向了當代似是而非的言論——集中人才與經濟活動的「聚集力量」的同時，卻是成為都市成長的引擎及地理不平等的驅動力。……最後，Florida 制定了一個雄心勃勃且具體的計畫，用以全新與更公平地發展都市。《新都市危機》不是激起焦慮，而是鼓舞人心且呼籲採取行動。」

　　回顧歷史，17 年前 Richard Florida 於 2002 年出版的《*The Rise of Creative Class*》一書，一時成為世界著名專書，掀起了創意城市研究的風潮。在這本書中，Florida 提出了創意階層的假設：「想要鼓勵都市發展的政府，應該將重點放在吸引及留住有才能的工作者，而不是試圖激勵企業在都市中選址。」該假設認為「創意階層」工作者是經濟成長與創新的祕密要素。循此一脈絡，都市的指導方針不僅要改善商業環境，而且要改善公共空間、自行車道、混合使用多功能開發與街道文化等「人文環境」（people climate），而這些措施旨在吸引藝術家、音樂家與創意人士，反之，又使得這座城市吸引了知識型工作者的「創意階層」進入，例如工程、法律、教育、保健、商業與金融服務業的工作者。易言之，創造性的階級政策迎合了受過良好教育的都市專業人員的偏好，在沒有適當考慮都市中其他所有人的情況下，演變成一種「商業諮詢」都市主義（business consultancy urbanism）。Eugene McCann 在德克薩斯州奧斯汀市的研究中發現，創意階層政策的結果是如此呈現的：在吸引創意階層的同時，居民卻是觀察到都市中不斷成長的科技行業所帶來的利益分配明顯不均，導致對於地方規劃、基礎建設與住房的高度政治化抗爭，顯然，這是地方政府與市民所不樂見的。

　　在《*The New Urban Crisis*》這本書中，Florida 則透過都市的經濟與社會地理學的研究，來定義所謂的「新都市危機」，並且為都市政策與治理制定了新議程。從書中確立的未來解決措施，可知 Florida 並未放棄他對都市的熱情，一開始他就堅定不移地對都市化抱持樂觀態度：

　　如果我們面臨的危機是都市危機，那麼，解決方案也是。儘管都市帶來了各種挑戰與緊張，但都市仍然是世界上看到的最強大的經濟引擎。擺脫新都市危機的出路更多的會是都市化，而不會更少。

　　但是，Florida 似乎一定要改變他的想法才行，因為他過去主張的創意階層理論所導致都市的「成功」，如今已帶來了更廣泛的社會經濟挑戰。

　　《The New Urban Crisis》這本書延伸了 Florida 的最初假設，區分三個不同的階層：創意階層、服務階層及工人階層。這本書在美國大都市地區針對這三個階層進行了經濟地理學的深入研究，並制定了一系列指標來衡量不平等與種族隔離——根據收入、教育程度與社會階級。進一步的統計操作將其轉換為「新都市危機指數」，發現：隨著成功的「創意階層」都市的發展，它也可能加劇貧富之間的不平等與空間隔離。因此，《The New Urban Crisis》一書根本上提出了對原有「都市危機」的修正：即1970 年代北美都市的衰落。雖然舊危機是經濟衰退與中心城市移民造成的，但隨著都市化，似乎是其自身成功的受害者，於是新危機出現了。

　　在《The New Urban Crisis》這本書中，Florida 界定出五個面向，用來說明都市如何以及為什麼會有上述這些情況。

　　首先，「超級巨星」都市（例如倫敦、紐約、巴黎與洛杉磯）與其他城市之間的成長存在著差異。

　　這導致了第二個面向：超級巨星城市的「成功危機」，則是它們與自己過高的房地產價格不斷的抗爭，甚至在高薪知識型工作者與高度不平等的情況下，出現了「富豪化」。

　　第三，Florida 觀察到所有城市之間日益嚴重的空間不均等、隔離與分類，創造出了新的「拼貼大都市」型態（patchwork metropolis）。

　　第四個面向強調了都市貧窮向郊區的蔓延。

　　第五個面向關注了發展中國家的危機，即都市化並未帶來預期的生活水準的改善。

　　總之，此一「新都市危機」是因為都市群聚的根本矛盾而引起的：群聚是創新與經濟成長的源頭，但是，同時卻也引發了空間上的競爭。在Florida 的「贏者全拿」的都市主義中，有錢有勢的人幾乎總是名列前茅。

　　針對「新都市危機」的解決方案，Florida 在《*The New Urban Crisis*》這本書中的最後一章「Urbanism for All」提出了七項策略，他把這七項策略稱為建構一個「市民全贏」都市（Urbanism for All）的「七根關鍵支柱」。包括：(1) 土地使用分區；(2) 稅收；(3) 基礎設施投資；(4) 住屋；(5) 收入；(6) 社區授權營造、權力下放；以及 (7) 全球合作。其中，及時有效的解決方案，例如改良土地稅以鼓勵人們對都市土地進行生產性使用，在市中心區提供更多可負擔的住屋，提高服務工作者的薪水，以及全球性地一起改善都市生活品質。詳言之：

　　1. 改革土地使用分區與建築法規及稅收，以確保群聚性工作機會能夠讓全民分享。

　　2. 投資基礎設施，以鼓勵緊密發展與群聚效果，並且限制高成本且無效率的蔓延。

　　3. 在市中心區建造市民負擔得起的出租住屋。

　　4. 轉移低薪服務業到足以維持全家生計的工作機會，以擴大中產階級。

　　5. 政府投資在需要的「人」（people）與「地方」（places）上，以有效處理正逐漸集中的貧窮問題。

　　6. 努力於全球合作，一起改善都市生活品質，以建立更強大、更繁榮的都市。

　　7.「賦權社區」（empower communities），授權給城市與社區領袖，並且「給予市民力量」，強調社區營造的重要性，以期能夠強化地方經濟，同時克服「新都市危機」的挑戰。

　　然而，這些策略措施付諸實踐，仍然具有挑戰性，例如治理與影響都市發展的主角──國家、地方政府、社區團體與私營部門，是需要面對

混亂的政治環境，即決定誰從成長中受益，以及如何協調都市發展以使其更加公平與永續。所以，《The New Urban Crisis》這本書隱含了採取行動的必要性——顧名思義，危機需要干預，不能忽視。Florida 將這場危機概念化的方法，則是可以進一步透過「創意階層的崛起」來仔細研究各種假設並確定都市成功的框架。不論如何，儘管如此，上述提出的這些議程，仍將使得政府很難避免都市政策的分配影響，以及不平等發展的長期後果。

二 國內學者對於「創意城市」的悲觀態度與擔憂

邱淑宜與林文一（2014）研究臺北市在建構「創意城市」的過程與問題後，得到結論如下：當今流行的新自由主義與企業主義都市發展為主要論述的議程下，為了不想在全球創意城市的競逐中排名落後，臺北市政府也緊跟隨著這股潮流，學習並援用成為都市發展策略。其策略包含健康、生態、文化和創意的都市評比尺度、舉辦大型國際文化活動與多樣化的藝文活動、建立創意街區等，期待能夠將臺北市塑造成為 Florida所說的——吸引創意階級群聚的「閃亮的幸福之地」（這正是 Florida的《Who's Your City?》一書中第三部分第 9 章所定的章名），以及營造 Landry 所言的——創意城市氛圍和品牌形象，同時能夠呼應 Harvey（2001）所指出的企業主義式的都市治理策略，企圖迎合新自由主義的市場變遷、國際競爭與「世界主義」（cosmopolitanism）的發展型態。可惜，他們指出了目前以 Florida 與 Landry 為主流的創意城市與創意階級的論述，出現的負面效應包括：(1) 這種結合企業主義與新自由主義的都市發展策略，造成區域發展不均，並強化了貧富之間的社會和經濟不公；(2) 文化創意工作者扮演著吸引創意階級的象徵工具，也被視為都市仕紳化的前導者；(3)文化創意行銷城市策略，僅是營造短暫的海市蜃樓美景而已。

經過幾年，邱淑宜與林文一（2019）二人再度選定臺北市西門紅樓創意街區的文化真實性進行探討，發現：雖然臺北市政府想透過文創導向

的都市再生手法結合創意街區建構眞實性，表現出所期待的創意城市願景，只可惜在「文化眞實性」上存在了一些問題，甚至隱藏著危機，包括：西門紅樓販賣的文創商品，流於模仿複製且粗糙的藝術，而非美感；西門紅樓所欲建構的文化場域、建構新的空間、消費的眞實性，原本以爲可以重新詮釋在地文化時，卻不經意地排擠了一些有心卻無力的追求文創夢的年輕人，說明了文化社群之間發展機會與權力的不平等；更甚的是，對於所謂「眞實性」的追求，往往被扭曲成爲市場建構的眞實性，或者是商業化的歷史記憶或文化保存。以上在西門紅樓創意街區出現的問題，可能也會同樣發生在臺北市其他創意街區及臺灣其他都市中，值得警惕。未來我們應該選擇一條公平正確的道路作爲指導方針，如此才能讓「創意城市」創造多贏，讓全體市民與文創個人或團體感到「幸福」，進而邁向「幸福城市」。

　　很清楚的，「文創商品」是創造一座「創意城市」不可或缺的一環。筆者（2019b）在《創意 文化空間・商品》一書中（陳坤宏、林思玲、董維琇、陳璽任合著，2019 年，五南出版），主張：重新以「商品—文創—經濟」綜效性，思考臺灣的創意空間。質言之，以「文創經濟鐵三角——科技、創意與文藝」爲經，以「商品—文創—經濟」三者互動產生的綜效性爲緯，利用此「一經一緯」共同探索創意空間中的文創商品，以期待創造多贏。

　　前者，讓科技加上創意，再加上文藝觀點，正是文化創意經濟能夠成功的不變通則，也將會是人類社會追求的普世面貌。蘋果公司創始人賈伯斯（Steven Paul Jobs）主張高科技導入美學與簡約之設計理念，終於引領全球風潮，進而大大地改變了人類生活。只要科技先鋒加上文創的感受，必定能夠獲取廣大的應用科技市場。這或許也將會是未來的產品設計呈現的面貌。

　　後者，就舉臺灣爲例，2007 年臺北故宮與義大利 ALESSI 公司合作發表「當東方故宮遇上西方 ALESSI」，該公司的設計師爲故宮全新創作

「The Chin Family—清宮系列」，以乾隆皇帝年輕畫像爲靈感，設計出一系列充滿清朝貴族王室與中國符碼意喻的文創商品，一時造成時尚風潮，爲故宮賺取了極大的經濟收入。由此看來，「The Chin Family—清宮系列」的產品，具備了「文化」、「創意」與「經濟」三項要求，完全滿足了以「商品—文創—經濟」綜效性爲緯的設計宗旨，因此，它可說是一個成功的案例。

● 「三生」或許是推動文化創意產業的新思維。

周德禎等人（2016）主張以「全球性、在地性與創意」作爲突顯之核心文化價值，並且從多元角度說明文化創意產業中必須具備的「三生」重點。所謂「三生」是：(1) 生活：生活型態、在地文化特色、傳統與流行、創意生活與美感品味等元素；(2) 生產：有效的整合資源，將無形的文化與創意元素轉化成文化商品；(3) 生意：運用通路行銷與經營管理的策略，創造具有永續性的產業產值。環顧當前情勢需要，以及如何讓文創產業能永續經營，「三生」或許是目前推動文化創意產業的新思維。

● 「創意官僚」能爲組織建立更多創意方面的自信，造就創意、流動、彈性的政府效能。

劉舜仁（2018）認同 Styhre（2007）所提出的「我們需要從另一種角度來重新省思『創意官僚』（Innovative Bureaucracy）的可能性」的呼籲，企圖在「創意」與「官僚」二個看似衝突矛盾的觀念結合在一起的主張下，在過去四年來，以臺南市政府部門爲個案操作場域，讓部門人員能善用設計思考作爲政策發想與規劃的工具，藉此期待能夠漸漸帶動組織的轉變，其結果獲得市長的讚賞及政府部門的迴響。之後，劉舜仁（2018）亦出版專書，書名爲《大象跳舞：從設計思考到創意官僚》，記錄了從主題探討到個案操作的過程與豐碩成果，值得一讀。

1.2.4 第四個理由

國內現有大學文創產業相關課程名稱,未有同時出現「創意」與「幸福」之間關聯的字眼,所以,這本書取名為「創意‧都市‧幸福感」,將成為國內第一本問世的著作。

經筆者查詢過教育部的課程資料,以及國內幾間大學文創產業相關科系的課程架構,與這本書性質相近的課程名稱如下:

- 都市文化創意
- 創意文化空間
- 創意思考與表現
- 創意思考與文化產業
- 社區營造與地方文化產業
- 文創產業企劃實務
- 創意商品設計
- 歷史空間保存與創意再生
- 城市文化空間
- 文創商品設計開發(一)、(二)
- 文創園區經營
- 文化經典創意再現
- 文化遺產創意營銷

- 文化創意城市
- 商品設計
- 商品設計實務
- 商品開發與企劃
- 商品製造程序
- 商品形象設計
- 文化創意產業
- 設計方法與創意思考
- 文化創意設計
- 文化商品設計
- 創意城鄉
- 創意城市個案

1.3 全書邏輯與摘要

● 書名：創意・都市・幸福感——驅動區域創新及經濟成長

● 全書的邏輯思維　　　　　　　　　　　第 1 章導論　陳坤宏

➤ 理論回顧

都市發展、區域創新與經濟成長的動力理論：

A. F. Marshall	聚集經濟理論
M. E. Porter	產業群聚理論
R. Putnam	社會資本理論
E. Glaeser	人力資本理論
R. Florida	創意資本理論
本書	都市幸福理論（？）

➤ 全書中心思想

思想 1：從「創意城市」到「都市幸福感」。

思想 2：創意・都市・幸福感

Creativity・Urban・Happiness

➡ （正面）驅動區域創新及經濟成長

➡ （負面）產生新的都市危機

一 全書摘要

主要有四項：

● 「創意群聚的力量」造就了「尖峰都市」與「超級區域」。

「尖峰都市」（spiky city）的概念是 Richard Florida 於 2008 年的
《*Who's Your City*》一書中所提出，主張全球化趨勢下，在 (1) 人口數；

(2) 科技創新能量 / 專利 / 頂尖科學家 / 工程師；以及 (3) 創意活動等三因素的群聚結果，塑造了「超級區域」（mega-region），終於形成「尖峰」（spiky world）與「低谷」（valley world）二個世界。在臺灣，尖峰都市在地理空間發展上的體現會是如何？以及它們又呈現出哪些理論意義？

> **本書的理論假設**

臺灣的「尖峰都市」的形成因素有三項：

1. 人口數、家庭所得收入、地方稅收。

2. 就業者教育程度、專利（patents）、區域科技創新能量（innovation）。

3. 創意活動（creative activity）。

● **「創意城市」不完全是樂觀的，從「創意城市」到「都市幸福感」理論典範的轉向（paradigm shift）。**

Florida（2002, 2005）對於創意城市策略的問題亦有自我省思，他觀察到美國創意城市前二名的奧斯汀與舊金山，以及臺灣的創意經濟蓬勃發展之後，提出了防患未然的警告（如本章第一節 1.1.2 內容所列舉）。

他於 2017 年出版一本新書：《*The New Urban Crisis: How Our Cities Are Increasing Inequality, Deepening Segregation, and Failing the Middle Class and What We Can Do About It*》，對於先前的創意城市的樂觀或地方發展主義導向看法，有了一些修正與新的論述，甚至提出解決對策。這是否說明了從「創意城市」到「都市幸福感」理論典範的轉向。

● **都市地點（place）－個性（personality）－幸福感（happiness）之三角關係。**

- 快樂的人比較會賺錢。
- 幸福能刺激創造力，但創造力不一定能帶來幸福。

・地點是提供生活中興奮感或創意動力的主要來源。

・超越馬思洛的城市：「美的溢價」與「開放城市」。

➤ **Sam Gosling 與 Jason Rentfrow「個性地圖」**

全美五大人格類型分布圖：(1) 外向型；(2) 合作型；(3) 敏感型；(4) 認真型；(5) 開放型。

Kevin Stolarick：全美都會區三類個性聚落：(1) 外向區；(2) 傳統區或盡忠職守區；(3) 體驗區。

檢視個性、居住地點及快樂三者之間的關係。

結論是：住在一個周遭人個性跟自己相似的地方，會比較快樂。

➤ **R. Florida 分析：個性是否影響區域創新或經濟成長？**

利用貝氏線性估計，找出個性、創新、人力資本、創意階級、收入及經濟成長之間的關係。

結論是：

1. 面對新經驗時，開放態度是唯一與區域經濟發展呈現正相關的個性面向。

2. 「開放」與二個特別的因素有關：一是「美感」，二是「好奇心」。

3. 創意城市與謙遜、感恩、靈性、團隊合作、親切及公平這些優點之間，存在負向關係，原因很可能是創意城市聚集了許多個性較自我中心的人。

4. 區域創意及創新與多元化及開放有關，但與社會資本無關。

5. 多元化妨礙了社會資本（R. Putnam 最近的研究發現）。

6. 個性開放者群聚是區域創新及經濟成長的驅動因素。

7. 我們可以開始想想：一個地方的社會氣氛、經濟條件及可用的資源，如何與當地個性特點互動，以影響區域成長。

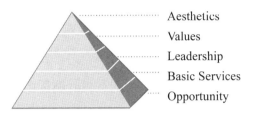

圖 1.3　地點金字塔
資料來源：Florida, 2008, p.294.

● **面對都市可能的不幸福感，未來都市規劃與政策應該如何因應。**

➤ **地點金字塔**（如圖 1.3）

目標：住在一個在金字塔從上到下都符合自身需求及偏好的地點。

➤ **「地方與幸福大調查」發現**

「美學」與「活力」是決定人們是否滿意自己居住地點，以及感到幸福的二個最重要因素。

「創意城市」帶來的正面效果

・性格　　　　　　　　　　第 2 章　都市幸福感
　　　　　　　　　　　　　彭渰雯、洪綾君

・都市空間型態　　　　　　第 3 章　創意城市與尖峰都市區域的形成
　　　　　　　　　　　　　林漢良

「創意城市」可能產生的負面效果

・都市內部的危機　　　　　第 4 章　創意菁英與都市發展的樂觀與悲
　　　　　　　　　　　　　趙子元　觀？

・都市之間的競合　　　　　第 5 章　創意經濟與都市發展的樂觀或悲
　　　　　　　　　　　　　洪于婷　觀？

未來都市規劃與政策

- 文創給都市老人帶來　　第 6 章　創意設計與都市空間治療
　幸福　　　　　　　　　陳亮圻

- 讓創意提升都市形象　　第 7 章　創意設計與都市意象
　　　　　　　　　　　　陳璽任

二 全書邏輯思維

　　茲將上述全書的邏輯思維，進一步詳加闡述如下，共分成四部分。

　　第一部分：全書的邏輯思維，包括：理論回顧、全書中心思想與全書摘要，均會在這本書的第 1 章「導論」中加以闡述。

　　第二部分：「創意城市」帶來的正面效果，包括：創意地點（place）—個性（personality）—幸福感（happiness）之三角關係，以及造成都市空間型態可能的優勢，將分別在第 2 章「都市幸福感」與第 3 章「創意城市與尖峰都市區域的形成」中加以論述。

　　第三部分：「創意城市」可能產生的負面效果，包括：都市內部的危機及都市之間的競合，將分別在第 4 章「創意菁英與都市發展的樂觀與悲觀？」與第 5 章「創意經濟與都市發展的樂觀或悲觀？」中加以論述。

　　第四部分：未來都市規劃與政策。如果「創意城市」帶來正面效果，固然是好的，全體市民受惠，相反的，如果「創意城市」產生了負面效果，那麼，市民將不再有幸福感。所以，需要透過未來都市規劃與政策，創造出「幸福都市」（happy city）。這本書即分別以文化創意設計結合都市空間治療理論，並融入長期照護，給都市人帶來幸福，以及讓創意提升都市意象為個案，進行研究，將分別在第 6 章「創意設計與都市空間治療」與第 7 章「創意設計與都市意象」中加以論述。

　　關於第一部分裡的理論回顧與全書中心思想，已於本章第一節及第一節中「創意群聚與創意街區」此段中加以闡述，故此處不再贅述。

　　關於第二部分「創意城市」帶來的正面效果，尤其是創意地點（place）─個性（personality）─幸福感（happiness）之三角關係，已於本章第二節「為何要撰寫《創意・都市・幸福感》這本書」中的第二個理由中進行簡單的鋪陳，但是，基於考量此一關係應該會成為這本書的主軸與亮點，因此，底下將再詳細闡述。

　　關於第三部分「創意城市」可能產生的負面效果，包括：都市內部的危機及都市之間的競合，已於本章第二節「為何要撰寫《創意・都市・幸福感》這本書」中的第二個與第三個理由中加以闡述，因此，底下僅再進行補充。

● **關於第二部分「創意城市」帶來的正面效果中，創意地點（place）─個性（personality）─幸福感（happiness）之三角關係，此處進一步詳細闡述。**

　　Richard Florida 在他 2008 年的《*Who's Your City? How the Creative Economy is Making Where to Live the Most Important Decision of Your Life*》一書中，不時地提到大多數人一生中有三個重要的選擇：事業、人生伴侶、居住地。第三個「居住地」尤其重要，住在哪裡與可以找到的工作種類愈來愈有關聯，也決定了我們將遇到什麼樣的人、如何遇到、怎樣相處等。「place matters」一直是本書論述的重點，從一開始談到的尖峰世界、群聚力量、超級明星城市、幸福城市、人生不同階段的居住需求等，這些主題搭配相關的數據、地理資訊與調查，不斷提醒讀者要慎選居住之地。回到臺灣人找房子這件事上，「location」（地點）一直是選擇準則，與 Florida 強調的「place matters」有異曲同工之妙，差別的是，臺灣人是較少考慮該地點可能帶來的幸福感、美學或開放性。

　　其中，這本書中的第三部分，即討論「選擇居住地點、事業與生活型

態之間的平衡」此一議題，Florida 與蓋洛普合作完成一份大規模調查，共有 2 萬 8,000 位受訪者，調查發現：居住地點對於一個人幸福的影響程度，絕不亞於工作、財富與人際關係。因為創意，城市也有性格、也有魅力，當然會給人們帶來幸福。第三部分包括第 9、10、11 共三章（如下列），由第三部分取名為「幸福地理學」，可以初步判斷 Florida 對於「幸福都市」（Happy City）的關注，或許它也將成為這本書的重心所在，因此，值得我們詳盡介紹。

PART 3　The Geography of Happiness（幸福地理學）

　　Ch9　Shiny Happy Places（閃亮的幸福之地）

　　Ch10　Beyond Maslow's City（超越馬思洛的城市）

　　Ch11　Cities Have Personalities, Too（因為創意，城市也有性格）

➤ **在第 9 章「閃亮的幸福之地」中**

　　1. 在「發現幸福」裡，Florida 借用 M. E. P. Seligman 與 Edward Diener 的研究，得到結論是：「快樂的人比較會賺錢。」「幸福的人的確比不幸的人更有能力提升收入。」

　　2. 在「與地方的關係」裡，根據 Florida 與蓋洛普公司合作完成的「地方與幸福大調查」，Irene Tinagli 發現：「地點是提供生活中興奮感或創意動力的主要來源。」具有創造力的地方，例如布魯克林藝術景觀或矽谷的高科技重鎮，都是很多偉大的人一邊工作，一邊接收來自外面生氣勃勃的文化刺激。

　　3. 哈佛商學院教授 Teresa Amabile 就發現：「幸福能刺激創造力，但創造力不一定能帶來幸福。」正向心情能製造創意思考，刺激工作上的創新，反之，創新也能帶來正向心情。

　　4. Irene Tinagli 發現：能夠找到讓人開心的地方，對於居民的「活化」能力有很大的影響，而「活化」的能力絕大部分來自於地方所提供的視覺美學與文化刺激，例如公園、開放空間與文化活動等，她稱之為「象徵設施」（symbolic amenities）。象徵設施帶給居民刺激，提高創作能量，以

此一誘因吸引高能量的人從別處移居過來，造就更高程度的創新、經濟繁榮與生活水準，如此產生優質的循環。

> ➤ **在第 10 章「超越馬思洛的城市」中**

　　1. Florida 在「地方與幸福大調查」中，涵蓋幾十項社區特性，將它整合成五大類：(1) 人身安全與經濟安全；(2) 基本服務；(3) 領導力；(4) 開放程度；以及 (5) 美學。結果發現，超越馬思洛的城市：「美的溢價」與「開放城市」是二項關鍵性的要素，值得特別強調。

　　2.「開放」是波特蘭強烈吸引人之處，成為獨立搖滾樂的發源地，搖滾樂手齊聚波特蘭的最可能原因，就是開放、創意靈感、接納多樣性，以及平價的不動產與美感特性。

　　3.「美感」與「開放」正是紐奧良市民回答「地方與幸福大調查」的答案。「城市之美及外觀環境」與「有公園及綠地」是居民需求項目的前二名。具有南方魅力與純真，最重要資產之一的夜生活，最熱鬧的 Bourbon Street 讓人輕鬆自在，人們可以在此會面、談話、聯絡交誼。即使像紐奧良這樣一個種族及社經地位極為分歧的都市，因為「美感」與「開放」發揮了作用，也能把所有居民的素質拉平。

> ➤ **在第 11 章「因為創意，城市也有性格」中**

　1. 全美五大人格類型分布

　　德州大學心理學家 Sam Gosling 與劍橋大學心理學家 Jason Rentfrow 利用一個多項網路研究、受測者超過 60 萬人的大型資料庫，探討各種個性聚落在美國各州的分布，結果證實了某些州開放程度高、某些州合作性高、某些州較敏感……，而且，這些個性面向也與當地受測者主要的社會及經濟條件有關。Sam Gosling 與 Jason Rentfrow「個性地圖」——全美五大人格類型分布圖：(1) 外向型；(2) 合作型；(3) 敏感型；(4) 認真型；(5) 開放型。從他們二人的研究得知，在州這個層次，地點與個性明顯相關。圖 1.4 亦顯示出：每一種個性面向都出現在不同的地點，其分布型態令人驚奇。由圖 1.4 可以知道，「我的城市是什麼顏色？」茲分別詳述：

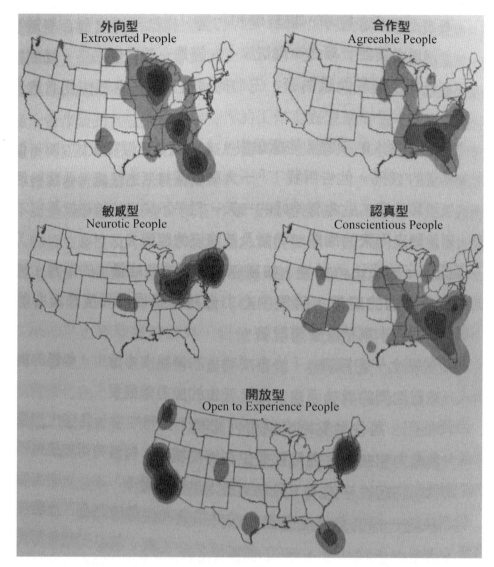

SOURCE: DATA FROM JASON RENTFROW AND SAM GOSLING; ANALYSIS BY
KEVIN STOLARICK; MAP BY RYAN MORRIS.

圖 1.4　全美的五大人格類型分布圖

資料來源：Florida (2008). *Who's Your City*, p.196.

外向個性地圖顯示，外向者主要集中在一條斜軸上，從大芝加哥市南方到聖路易、路易斯維爾、納許維爾、曼菲斯，再往南方，經亞特蘭大、伯明罕、紐奧良，到佛羅里達州南部。而最集中的地區是以芝加哥為中心呈喇叭狀展開，北到密爾瓦基、明尼亞波里斯，西到奧馬哈、威奇塔和堪薩斯市，東到克里夫蘭和匹茲堡。

合作型及認眞盡責型人的地圖則顯示，二者分布的軌跡一致。這二種個性的人顯然主要居住在有「陽光帶」（sunbelt）之稱的地方，二張地圖上的主要聚居地點從維吉尼亞州的里奇蒙往南，經過北卡羅萊納州的夏洛特，到亞特蘭大，再往南到佛羅里達州的奧蘭多；西到紐奧良，西北到密西西比州的傑克森，北到曼菲斯，再往東折回田納西州的諾克斯維爾。合作型的人最主要集中地區較外向型的小，是在大底特律市附近、明尼亞波里斯和奧馬哈。認眞盡責型人的最主要集中地區也較小，出現在聖路易、底特律、奧馬哈、鳳凰城、鹽湖城、阿布奎基和聖塔費等地附近。

敏感型性格的分布地圖，則顯示他們非常集中在紐約大都會地區及中西部工業重鎭，從匹茲堡、克里夫蘭、底特律、芝加哥，再往南到辛辛那堤，穿越印第安那州、西維吉尼亞州及肯塔基州的一部分，以及威奇塔、突沙及奧克拉荷馬市。

上述 4 種個性的人在居住地點上看起來是有地區群聚情況，而個性上屬**開放面對新經驗**的人則較散居全國，主要集中在東北部波士頓到華盛頓特區之間；西南部邁阿密及佛州南部；德州的休士頓、達拉斯和奧斯汀；還有丹佛市及西岸的大洛杉磯市、舊金山灣區、波特蘭及西雅圖。這種地理上的分布型態反映了個性開放的人很可能居住在大城市。因此，他們很可能會找出提供各種新經驗的特定區域且在其中聚居。相反地，認眞盡責型和合作型的人都不太愛冒險，且與傳統人際關係連結得較緊密，多半從他們目前居住的地方擴散出去。

2.全美都會區三類個性聚落

但是，地區的個性並非只是單一類型，例如紐約市除了個性開放面

對新經驗的人,還有哪些個性組合可以界定整個區域的個性?紐約市的個性與芝加哥、洛杉磯或鹽湖城有什麼不同?爲了解決這個問題,Kevin Stolarick 針對個性調查中的數十萬資料點進行因素分析,找出全美各類個性者的主要群聚地區。他的分析發現,全美都會區大致上可分成以下三種:

第一種聚落,Florida 稱爲**外向區**。這些區域的居民高度外向,但在神經敏感、認眞盡責和開放程度上皆低,而在合作性上特別低。在這類城市中帶頭的是芝加哥和明尼亞波里斯,其他還有舊工業區的匹茲堡、克里夫蘭、密爾瓦斯及底特律,以及陽光帶的中心如鹽湖城、沃夫茲堡、聖安東尼、奧蘭多及西棕櫚灘。

Rentfrow 說,外向地區很可能相當適合喜愛社交的外向人士,他們喜歡團體活動和盛大集會,喜歡團隊運動,還喜歡置身於人群之中。外向地區不太可能吸引那些喜歡人際關係緊密、積極參與社區事務的人,或總是需要多一點選擇、熱衷嘗試新事物的人,前者是合作性高者常見的偏好,後者則是開放程度較高者的偏好。

第二種聚落,Florida 稱爲**傳統區**或**盡忠職守區**。這類型區域在合作、認眞盡責及外向程度上都高,但開放及敏感程度皆低。在此類中脫穎而出的主要是陽光帶城市:亞特蘭大、鳳凰城、夏洛特、洛利、格林史寶拉、曼菲斯、納許維爾、坦帕、勞德岱堡、傑克森維爾、邁阿密、印第安那波里斯及奧勒岡州的波特蘭。

Rentfrow 說,盡忠職守區最適合努力工作、友善、信任、能幹且富有同情心的人。就某些方面來說,你可以把這些城市當成模範公民的最理想居住地點,最適合想循規蹈矩融入社會且外表和價值觀皆屬傳統的人,他們尊重現狀、遵守法令,多半不會越軌。在這種地方,人們彼此信任,不輕易挑戰權威或是起衝突,在生活中及工作上都很勤奮,且符合別人對他們的期待。如果外向區適合喜歡社交的人,那麼盡忠職守區就適合較喜歡跟少數親朋好友及家人來往的人。這種區域不適合創造力及藝術性

豐富、總是需要嘗試新鮮事的人。

第三種聚落是**體驗區**。這類型的地點在開放及敏感程度上都很高，但在認眞盡責、外向及合作程度上都很低。這類地點包括一些大城市，例如紐約市及周邊，舊金山灣區的舊金山、聖荷西、奧克蘭、洛杉磯、聖地牙哥、波士頓、西雅圖、華盛頓特區、巴爾的摩、丹佛、奧斯汀、達拉斯、拉斯維加斯、水牛城、路易斯維爾及紐奧良。

體驗區非常適合無須與他人爲伍的人，他們質疑權威，追求智識、創意、情緒上的強烈經驗，甚至在生理上追求極限運動經驗。Rentfrow說，這類聚落有趣的是，很可能相當適合那些創意十足但也許懷才不遇、受到社會孤立、愛唱反調或長年生活在壓力、焦慮和不穩定中的人。體驗區不適合以下這些人：喜歡與新朋友會面且很容易結交朋友、保有傳統價值觀、傾向維持現狀、喜歡在穩定的職位上及標準任務上工作的人。

結論是：地區與人一樣，也有與眾不同的個性，大多數人還是處在與自己個性相契合的地方，會比較快樂且較滿意。Stolarick 的分析結果，檢視了個性、居住地點及快樂三者之間的關係。

3. 個性是否影響區域創新或經濟成長？

Florida 爲了回答這個問題，研究團隊比對了手上有關創新、人力資本及經濟成長的資料庫、Rentfrow 與 Gosling 的個性類別資料，以及Seligman 與 Peterson 的心理特徵資料，進行一系列的統計分析，包括利用貝氏線性估計，找出個性、創新、人力資本、創意階級、收入及經濟成長之間的關係。

結論是：

(1) 面對新經驗時，開放態度是唯一與區域經濟發展呈現正相關的個性面向。

(2)「開放」與二個特別的因素有關：一是「美感」，二是「好奇心」。

(3) 創意城市與謙遜、感恩、靈性、團隊合作、親切及公平這些優點之間，存在負向關係，原因很可能是創意城市聚集了許多個性較自我中心

的人。

　　(4) 區域創意及創新與多元化及開放有關，但與社會資本無關。

　　(5) 多元化妨礙了社會資本（R. Putnam 最近的研究發現）。

　　(6) 個性開放者群聚是區域創新及經濟成長的驅動因素。

　　(7) 我們可以開始想想：一個地方的社會氣氛、經濟條件及可用的資源，如何與當地個性特點互動，以影響區域成長。

● **關於第三部分「創意城市」可能產生的負面效果，包括：都市內部的危機及都市之間的競合，已於本章第二節「為何要撰寫《創意・都市・幸福感》這本書」中的第二個與第三個理由中加以闡述，此處僅再進行補充。**

　　Florida 在 2017 年出版《*The New Urban Crisis: How Our Cities Are Increasing Inequality, Deepening Segregation, and Failing the Middle Class and What We Can Do About It*》，延續《*Who's Your City*》這本書，仍以美國作為主要研究地區。

➤ **在第 3 章「菁英之城」與第 4 章「仕紳化所引起的不滿」中**

　　1. 在書中，Florida 認定所謂的「新都市危機」，主要來自於不平等與高房價的現象愈演愈烈，其原因為種族與社會階級的基本差異，並且舉例在社區中隨著黑人居民比例的增加，社區仕紳化的可能性下降。Florida 依然持續強調，雖然菁英城市（紐約、洛杉磯、倫敦等）存在著較高的不平等與階級對立，但仍然提供較佳的機會脫貧，它們因此才會繼續吸引大量人口集中。

　　2. 此二章說明，由於創新產業與高科技行業移轉至都市內部及其周邊地區，開始提供了工作機會，並吸引人才湧至市區內，進而造成房租與房價提升，沒想到卻導致了原來的居民、弱勢團體等流離失所，其中，包括藝術家、音樂家及創作者等，收入較不穩定且對空間需求大之族群。Florida 透過其收入與租金之間的相關性，並與其他職業比較，以驗證出

此族群不但受到租金波動影響，而且也受到新興產業所帶來的外部成本波及。然而，趙子元（2019）認為，因為都市內任何職業類群皆有其蓬勃發展而得到利益的時刻，是以，不能為某族群冠上莫須有的罪名。更重要的是應該要釐清，在都市動態演變過程中，長久持續呈現貧窮且退化的地區，才是我們都市規劃者必須去加以關注的。另外，有關「仕紳化」問題，Florida 指出工業區或者在勞工階級居住區這二種類型的社區，發生仕紳化的可能性要比在長期貧困集中，且伴隨著社會問題的社區要高的論點，趙子元也認為，在臺灣或世界各地的現象並不盡相同（陳坤宏，2019a）。

3. 筆者對於「仕紳化」的評論：英國社會學家 Ruth Glass 在 1964 年的著作《London: Aspects of Change》中提出「仕紳化」（gentrification）這個名詞，用以描述中產階級逐漸在都市取代勞工階級居民的現象。Ruth Glass 在英國倫敦觀察到的中產階級入侵到原先由工人階層居住地區，導致該地區建築物獲得整修及美化，原先破敗地區因而復甦，社會階級也因而改變，直至所有原本的勞工階層居住者都遷出後，整個社區面貌就徹底地改變了，這種現象被稱為「仕紳化」。由於這種現象與反都市化或郊區化迥異，因此，引起了國際對於都市仕紳化的大量研究，甚至被視為是一個國際性的現象。對於「仕紳化」現象，正反面評價均有。正面觀點包括：物業價值上升、業主可以得到較高的貸款、租金提高、居民可享有較佳的居住環境、吸引外來者前來投資、犯罪率下降，以及可活化社區。反面觀點包括：未能負擔的低收入者被迫搬離本社區，原有社群及人際關係就此瓦解，社區特色面臨消失。同樣情況也會發生在傳統商店。

在臺灣，大家熟知的大稻埕似乎已面臨「仕紳化」現象的負面效應。因為近年來觀光客逐漸增加，帶來地方產業的改變與可能的仕紳化課題，已經成為地方不能迴避的問題。人潮雖然多了，但是，量還不足以支撐社區內部的老行業與新行業的經營，房租卻已逐漸高漲，已成為今天或未來街區發展的隱憂。易言之，租金上升的問題、老店家與傳統產業消失

的問題、新開太多咖啡店與酒館的風潮，以及可能的民宿鬆綁等議題，都是當今「仕紳化」產生的負面效應，我們必須要去小心處理才行。所以，身為都市規劃師的當務之急，在於：都市如何防止仕紳化？以及思考傳統街區未來的命運。

近年來，仕紳化的研究從都市延伸至鄉村，不過，鄉村仕紳化的研究相對較少，並且集中在西方先進國家。李承嘉、戴政新、廖麗敏、廖本全、林欣雨（2010）曾經以宜蘭縣三星鄉為個案，觀察臺灣鄉村仕紳化的情形。研究發現：三星鄉已具有初步仕紳化現象，而且，其形成原因具有多元性，包括個人偏好、不動產市場及機關制度因素等，同時，初步的仕紳化也顯示出對當地產生一些衝擊，包括土地使用與地景的改變，以及原居民和新遷入者之間的人際關係較為疏離等，這些問題，可能就是未來鄉村必須要去加以回應的。

➤ **在第 7 章「『拼湊式』的大都市」中**

1. Florida 在《*The New Urban Crisis*》這本書中，區分三個不同的階層：高薪的創意階層、低薪的服務階層，以及逐漸萎縮的工人階層。這本書在美國（另外包括加拿大、倫敦）大都市地區針對這三個階層進行了經濟地理學的深入研究，並制定了一系列指標來衡量不平等與種族隔離——根據收入、教育程度與社會階級，其研究結果即寫成了第 7 章「『拼湊式』的大都市（patchwork metropolis）」。

2. 研究結果：以創意階層為主的空間類型，大致上可分為以下四種類型：

(1) 都市中心區。

(2) 市中心外圍第一圈。

(3) 零散的市中心區（創意階層）、零散的郊區（服務業階層）。

(4) 自給自足的小島。

第一種形式：因應返回城市運動風潮，造成都市富者愈富，郊區貧者愈貧。例如：紐約（圖1.5）、倫敦、芝加哥、多倫多、舊金山、波士頓。

第二種形式：創意階層居住在郊區現象。例如：華盛頓 DC（圖 1.6）、亞特蘭大、達拉斯、休士頓、底特律、匹茲堡。

第三種形式：創意階層與非創意階層分別占據都市或大都會的一半。此形式介於第一種與第二種之間，創意階層亦會聚集在地鐵附近，但密度不若第一種形式，也有創意階層居住在郊區現象，甚至多過於第二種形式。例如：溫哥華（圖 1.7）、奧斯汀、費城。

第四種形式：創意階層居住在獨立的島嶼，或是橫跨都市與郊區的群島。創意階層占據了良好的居住空間、自然環境的濱水區，以及大學、知識中心或市中心區域。例如：洛杉磯（圖 1.8）、邁阿密。

綜言之，Florida 透過在美國、英國與加拿大等國家大都市的研究後，發現有四種基本空間形式存在。創意階層有喜歡居住在市中心區者，也有喜歡住在郊區者；有些地方呈現大規模的群聚現象，有些則是破碎化現象。但是，研究結果告訴我們，不管是創意階層或是服務階層，都是散布在市中心區與郊區，這二個階層與藍領工人階層居住的空間，明顯呈現對比狀態，因此，Florida 稱之為「拼湊式」的大都市（patchwork metropolis），採用「Patchwork」此一用詞加以描繪與形容，非常貼切。（容底下再作延伸補充，並參見表 1.11）。

該研究並且發現創意階層會與同類型（收入與教育）比鄰而居，但卻會與服務階層及藍領階層分開。這種新的階層空間分布，嚴重破壞經濟與社會紋理，創意階層占據較佳的居住空間，並有較佳的經濟機會、優良教育學區與圖書館、優良的公共設施、居住舒適性等，讓他們的下一代具有較佳向上的移動機會。然而，另外的階層則只能往犯罪率高、較差學區、移動性低的地方居住。換言之，富者可擇地居，貧者僅能隨遇而安（the rich live where they choose, and the poor live where they can）。隨著貧窮的人們往郊區移動，郊區衍生的不公平、犯罪率、社會問題等，此時此刻這種現象正挑戰著「美國夢」。

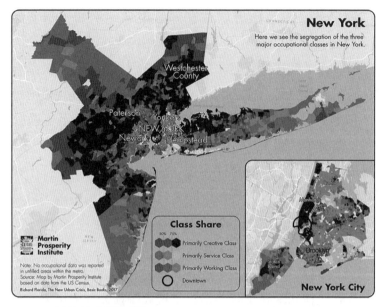

圖 1.5　紐約的空間型態

資料來源：Florida (2017). *The New Urban Crisis*, p.129.

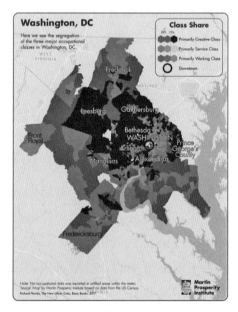

圖 1.6　華盛頓 DC 的空間型態

資料來源：Florida (2017). *The New Urban Crisis*, p.136.

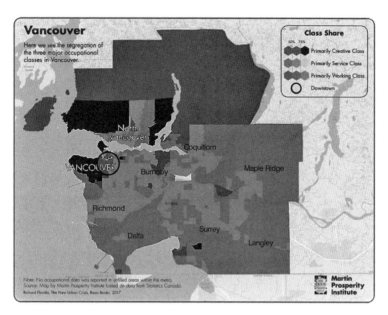

圖 1.7　溫哥華的空間型態

資料來源：Florida (2017). *The New Urban Crisis*, p. 143.

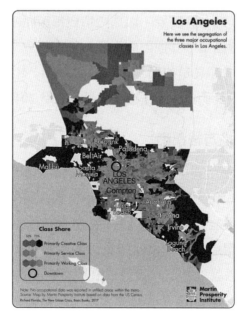

圖 1.8　洛杉磯的空間型態

資料來源：Florida (2017). *The New Urban Crisis*, p.147.

　　3. Florida 在本章中，指出目前中產階級正逐漸在大都會區消失，取而代之的是創意階層，因其經濟與教育的優勢，進而引入更多宜居的設施與設備，造成「贏者全拿」（Winner-Take-All Urbanism）的局面。而居住在大都會區內的另一批人們（服務階層與藍領工人階層），卻僅能依附在創意階層的生活環境周遭，或其不想居住之貧困環境中，因此，衍生出許多不公平現象或是社會問題。幸運的是，當今的都市計畫是鼓勵創新與創造財富，同時創造良好的就業機會、提高生活水準，為每個人創造更好生活方式的地方，許多研究指出需要打破貧富差距的壁壘，方才是治本之道。當然，不例外的，Florida 在這本書的最後一章第 10 章「市民全贏」中，針對「新都市危機」的解決方案，提供了七種策略，包括：(1) 土地使用分區；(2) 稅收；(3) 基礎設施投資；(4) 住屋；(5) 收入；(6) 社區授權營造、權力下放；以及 (7) 全球合作。Florida 的最終目標在於透過制定新的國家都市政策，以重建中產階層，創造所謂「市民全贏」的都市（Urbanism for All）。

　　只是，洪于婷（2019）質疑，因為國情與都市脈絡不同，中產階層真的無法存在於大都會區嗎？其他不同規模的都市也會產生如此現象嗎？那麼，臺灣的大都市情況又是如何？也會像這樣嗎？中產階層真的不見了嗎？這些問題都值得我們進一步去觀察（陳坤宏，2019a）。

三　拼湊都市與中性方格都市

　　由表 1.11 拼湊都市與中性方格都市之比較得知，此二種空間型態的都市之間的差異，係源自於長久以來「拼湊」與「科學」之間的辯證，並經後人反覆的援用與論述而來，這其中當然包括都市規劃師與建築師此一關鍵人物，最終塑造了我們目前所見到的各國家大都市的空間格局及其呈現出來的都市意義。所以，我們必須肯定 Florida 進行「拼湊式」大都市（patchwork metropolis）的研究成果，尤其在空間型式的分類上，對於人們掌握各大都市的面貌與意象幫助很大，具有學術上的貢獻，可

說是繼 1970 年代 Kevin Lynch 提出都市意象五元素後，最能讓人掌握都市空間結構的一項理論。同時，Florida 採用「Patchwork」此一用詞加以描繪與形容，非常貼切，令人讚賞。Rowe 與 Koetter 二人在其 1984 年的《Collage City》一書中，特別指出：一個「拼湊都市」是具有未來性的，因為它可用來對付傳統或烏托邦的根本問題，透過維持烏托邦不變的幻想景象，以碎片的方式，將現實性賦予變化、動感與歷史，讓都市更加現代、夢幻、新殖民化、多元化。由此，似乎看出他們二人對於「拼湊都市」是如此的理解，也非常接近當今若干大都市空間的真實面貌，他們採用「Collage」此一詞彙加以描繪，更顯逼真。

表 1.11　拼湊都市與中性方格都市之比較

拼湊匠 Patchwork、Collage、Bricole	藝術家、建築師 Art	科學家、工程師 Science、Project、Engineering
（古代含意） 指稱一些不相關的運動	介於拼湊與科學之間	
（古代意義） 擅長做一大堆不同的工作，不會侷限於原材料與工具，採用任何隨手可得的東西。		有多少種類的工程，就有多少種類的材料與工具。
與人類遺留下來的東西進行對話		向宇宙提問
用事件來創造結構		透過結構創造事件
關注被遺棄事物的一種方法，可保持完整性並賦予尊嚴的一種方法，可融合具體事件與思想的一種方法。		為人類建立一個有秩序、一致、簡單、明確、永恆的未來世界。
作為一種習俗，以不可預料的方式進行操作。		作為追求本質的工具，依照工具性組合、系統方法、可預測的方式進行。

拼湊匠 Patchwork、Collage、Bricole	藝術家、 建築師 Art	科學家、工程師 Science、Project、Engineering
未來性： 用來對付傳統或烏托邦 —— 瑞士行政區、新英格蘭村、岩石圓頂神殿等 —— 的根本問題，因為透過維持烏托邦不變的幻想景象，以碎片的方式，將現實性賦予變化、動感與歷史。		
拼湊都市 例如： 羅馬（一個破碎倫敦的版本） 倫敦、休士頓、洛杉磯（像是「拼湊」的羅馬）：更加現代、夢幻、新殖民化、多元化。 都市意義： 一堆衝突中的碎片，混合呈現，後現代都市。		笛卡爾座標都市、自由平等的中性方格都市 例如： 曼哈頓：2,000 個街區，每一個為 200 英尺寬，無法突顯地方性細節。 紐約：理性的秩序、有固定邊界的區域、少了一點感性。 都市意義：完全和諧呈現。
Le Corbusier 在巴黎的 Ozenfant studio 是一個典型的拼湊過程的結果，充滿了許多隱喻與暗示，滿足物質上、視覺上、心理上的愉悅感。		

資料來源：陳坤宏自行整理（2020）。參閱 Rowe and Koetter（1984）。

四 拼湊都市與都市可能性

「其實，都市充滿各種可能性。」筆者說的這句話，在後現代或後殖民的今日都市中，尤其是高度可能。後殖民都市主義認為都市應該放在世界尺度下，探討城際之間的各種連結，不贊成明確的一對一因果關係，而是多重決定與偶然的連結。這類觀點其實隱含著部分拼湊理論的觀點，亦即說明了：都市是存在著多元可能的。筆者就以亞洲都市為例，所謂「全

球化都市」概念的彼此影響與比較之下，都市之間的競逐乃蔚為風潮，都市中心一直以來都是全球化的關鍵場域。在此一都市發展脈絡下，我們就會發現：印度與馬來西亞國內重要都市，經常會以新加坡作為都市發展的典範，期望能夠晉升成為世界城市；或者，開發熱潮下的中國都市經常從其他都市學習發展經驗，並委請香港、臺灣與新加坡的顧問公司協助都市規劃。如此規劃手法經幾十年後，這些國家的都市就很有可能變成東拼西湊的「拼湊都市」，再也自然不過了。

　　如果從「都市」的角度來看，「拼湊」是用來描述與分析社會、政治、經濟與文化等異質元素，如何關聯性地結合在一起，而產生超乎規矩，甚至不可預測的都市可能性，說明的是其作用過程，即真實與可能之間的互動，最有可能之一是以創新的方式相互交織在一起。舉例巴西聖保羅的一棟房屋為例，這棟房屋的屋頂是由被丟棄的塑膠碎片、舊的鞋子、鐵、兒童的玩具、馬克杯、廚房的器具構成，內部的牆壁與天花板是由奇形怪狀、五彩繽紛的岩石材料拼裝而成，其結果可能就是：上述各種物件組合起來而被賦予一個新的定義，超越原本它們各自的功用，成為一個新的可能性、新的拼湊體。試問：這樣「創新的」、「新的可能性」，甚至「具有新意義」的「全新拼湊都市」，都市規劃師會接受嗎？都市居民會喜歡嗎？答案則有待觀察。

五　狐狸與刺蝟

　　最後，筆者借用希臘寓言：「狐狸知道很多事情，但刺蝟只知道一件大事。」這個故事，來強調都市如何作出貢獻。從「狐狸與刺蝟」的故事隱喻到都市空間的創造，讀者可先參見表 1.12。

　　根據希臘寓言：「狐狸知道很多事情，但刺蝟只知道一件大事。」狐狸是一種狡猾的動物，能夠設計無數複雜的策略，偷偷向刺蝟發動進攻。狐狸從早到晚在刺蝟的巢穴四周徘徊，等待最佳襲擊時間。狐狸行動迅速，陰險狡猾，看上去是贏家。而刺蝟卻毫不起眼，走起路

表 1.12　狐狸與刺蝟

	狐狸（Fox）	刺蝟（Hedgehog）
希臘寓言	狐狸知道很多事情	刺蝟只知道一件大事
偉大人物代表	Aristoteles William Shakespeare Alexander Pushkin Pablo Picasso Giulio Romano Edwin Lutyens Le Corbusier 是假裝成刺蝟的狐狸 Lev Tolstoy 本質上是狐狸，但被看作是刺蝟	Plato Dante Alighieri Piet Mondrian Andrea Palladio Frank Wright Albert Einstein Charles Robert Darwin
人格特質	陰險狡猾，表面上看似贏家	一步一腳印，作出最大貢獻
作事風格	機關算盡，把事情複雜化	把複雜的世界單純化
對於都市空間的啟示	多變化的個人空間	簡單的公共空間

資料來源：陳坤宏自行整理，（2020）。

來一搖一擺，整天專心尋覓食物和照料牠的家，不管別的事。但是，每當刺蝟意識到了危險，立刻會蜷縮成一個圓球，渾身尖刺，指向四面八方，保衛自己，狐狸看見了刺蝟的防禦工事，只好停止進攻。事實上，世界上具有重要影響力的人都是刺蝟，Albert Einstein 提出「相對論」，Charles Robert Darwin 提出「物競天擇論」，因為他們都是把複雜的世界單純化，一生只專注一大件事，最後對人類作出最大貢獻，就好像刺蝟身上的尖刺指向四面八方，影響力擴及到世界上每一個角落，這正是所謂「刺蝟精神」，發揮了刺蝟的價值。對企業而言，一定要建構刺蝟原則，才能找到有利的商業競爭位置；成功的企業家，更是因為掌握了刺蝟原則，才能抓到重點，以有限資源投入，創造出對社會服務的最大貢獻。企業如此，而讀者們，您們要選擇當狐狸，還是當刺蝟呢？

　　筆者淺見，都市計畫常常會面臨如此選擇，但是，如果單純一點來想，只要找對了大事，相信一個都市也能夠爲人類社會作出重大改變，不論是公共空間的改造，或者是個人空間的營造，都是一樣。

● **Jane Jacobs ── 都市計畫界的刺蝟**

　　Jane Jacobs 是美國著名的都市計畫學者，她曾經被《紐約時報》讚譽爲當代最具影響力的都市規劃家，她的著作《*The Death and Life of Great American City*》（1961）至今仍然影響世界各地的都市觀點。因爲她多次在書中提及紐約格林威治村的經典面貌，似乎也建立了一個理想的都市模型，爲一個都市展現該有的多元性與細膩度，所以，她才獲得國際都市計畫界的一席之地，受人尊敬。筆者爲什麼說 Jane Jacobs 是刺蝟呢？因爲她在生前，多次以具體行動對抗 1960 年代幾個具有爭議性的大型都市開發案，她的理念與當年崇尚大型開發的都市發展，是截然不同的。其中，紐約上西城區的都市更新案，後來雖來不及搶救而失敗，卻也成爲著名的歷史故事。但在格林威治村，由於她的號召與努力奔走，成功地保衛同樣被貼爲貧民窟的幾個街廓免遭怪手剷除的命運。經過她的重新規劃下，紅磚民宅前階梯、轉角的舊書店、書報攤，成爲居民與外來者交談的空間，可說是活化都市公共空間的觸媒。商店主人也都希望能爲曼哈頓的黃金地段保留一點慢活步調，以及屬於自己的個性、驕傲與細膩度。我們可以這麼說，Jacobs 的都市思想，已烙印在格林威治村居民與店家老闆的心中，所以，居民爲了感念她，她過世後，2006 年她曾居住過的街道也更名爲「Jane Jacobs Way」（黃金樺，2014）。從這一個故事可看出，一個一生堅持自己的都市思想，沒有政治力與大財團支持的人，同樣可以對都市發揮很大的影響力及偉大貢獻，這就是所謂「刺蝟精神」。

1.4 本書的結構

本書分為七章，第 1 章「導論」、第 2 章「都市幸福感」、第 3 章「創意城市與尖峰都市區域的形成」、第 4 章「創意菁英與都市發展的樂觀與悲觀？」第 5 章「創意經濟與都市發展的樂觀或悲觀？」第 6 章「創意設計與都市空間治療」，以及第 7 章「創意設計與都市意象」。

在第 2 章「都市幸福感」中，作者彭渰雯與洪綾君提問：「哪一個國家人民最幸福？」「哪一個城市最幸福？」我們偶爾會從媒體上看到這類針對居住生活地點與民眾幸福感之間的關係之調查報告，學術上也有所謂「幸福地理學」（geography of happiness），來探討地方與空間（place and space）如何影響人民的福祉。在臺灣，幸福地理學的相關研究很少，雖有媒體針對縣市居民幸福感進行評比調查，但往往只在意縣市排名，對於調查結果缺少交叉分析，因此，很難了解是哪些空間地理因素影響了各縣市居民的幸福感。本章第一節將先介紹「幸福」的定義與範疇，包括國際間討論幸福指數的客觀與主觀指標。第二節介紹「幸福地理學」的國內外研究概況，以及「創意城市」與幸福的關係。第三節進入臺灣資料的次級分析，除了分析《經濟日報》「縣市幸福指數大調查」8 年來數據反映的趨勢變化外，也針對本書主軸，加入各縣市的創意產業活動為自變項，了解都市創意產業發展與居民幸福感之間的關係。最後一節提出結論。

在第 3 章「創意城市與尖峰都市區域的形成」中，作者林漢良論及 Richard Florida 對於「尖峰都市」的觀念主張：創意階級崛起與全球化趨勢下，科技創新能量、專利、頂尖科學家、工程師，以及創意活動的群聚效應，使得世界的人口分布產生了超級都市區域明顯的「尖峰」與「低谷」地理型態（geomorphology）。更重要的，創意階級的生產創新、高生產力、財富創造，是與文化創意城市的崛起具有密切關聯。臺灣在尖峰都市的體現研究中，使用縣市尺度資料。首先，檢視臺灣人口「峰與谷」

的地理型態。其次，分析人口與家庭財富創造、地方稅收的關係，再就人口、財富與創意階級的教育程度、專利數、區域科技創新力的相關性進行解析。最後是創意活動的表現。研究目的在於建構臺灣 22 縣市的尖峰都市地理型態雛型，以及說明尖峰都市在臺灣地理空間發展上的體現，並進一步解讀尖峰都市的理論意義及與都市幸福感之間的關係。

　　在第 4 章「創意菁英與都市發展的樂觀與悲觀？」中，作者趙子元主張，自日據時代正式導入都市規劃以來，臺灣當代的都市發展模式多以配合經濟成長導向為主，隨著都市發展的成熟化或去工業化，便有都市空間定位的改變、轉用及再生等的需要，以維持都市的永續活力（vitality）。2000 年以後，創意產業在國內外逐漸成為城市發展轉型的契機，所謂的「創意菁英」亦成為城市新貴。然而，城市不僅是產業的落腳處，更是人們的居所與生活場域，人們願意留在讓他們感到幸福的城市，但是，城市經濟正向活力似乎不能直接推論人們幸福感的提升，而處於不同轉型階段的城市，例如仍在萎縮（shrinking）的城市人們的幸福感是否必然下降？因此，本章主要以二個城市轉型現象：「仕紳化現象」與「萎縮現象」——其與城市居民的幸福感之間的觀察為主，透過臺北市及高雄市二大指標性城市的案例實證，進一步思考「城市的幸福」與「居民的幸福」之間的複雜關係。

　　在第 5 章「創意經濟與都市發展的樂觀或悲觀？」中，作者洪于婷主張，在地球村發展概念中，城市是否脫穎而出，成為頂尖都市，則是依賴於她能否營造城市特色，吸引創意人才，得以成為創意經濟的中心。Florida（2002, 2005）強調知識和創意，已成為都市主要創造財富和經濟成長的動能，然而，強調創意城市下的經濟競爭模式，對都市發展呈現何種樣貌與影響，亦為當代都市研究與創意城市的主要議題。是故，在第 5 章主要係探討創意城市在空間規劃上的激盪，首先，以創意經濟為主軸，探究創意經濟在都市發展與經濟成長中理論與現實的連漪。其次，在創意掛帥的旗幟之下，城市地區與鄉村地區將會呈現何種型態。最後，針

對全球創意都市化下的可能存在或面臨的危機，進行城市地區與鄉村地區未來發展之描繪與闡述，期待作為建構創意城市路途中的超前布署建議與基礎。

在第 6 章「創意設計與都市空間治療」中，作者陳亮圻主張「空間治療」（environmental therapy）一詞最早應用在心理學研究上，探討人與空間互動產生之變化，用以分析不同空間對於個體甚至族群的影響。研究指出，適當且友善的環境，與人們的心理及生理健康之間的關係，往往呈現高度正相關。隨著現代化都市發展日趨完善、空間創意設計逐漸成熟，都市人口能否從中受益，甚至高齡族群及失智高度風險族群能否舒服且自在地與都市空間共處，都是本章欲探討之重點。首先，欲客觀分析創意都市空間的成效，須先初步了解何謂「創意設計」及「都市空間治療」。再者，借鏡國外案例並反思國內現行成果，期能為讀者及相關從業專業人員提供參考及有所助益。隨著國內高齡人口比例逐年增長，長期照顧服務扮演不可或缺的角色，而創意設計及創意空間如何能為長期照顧服務產生加分效果，本章將提供相關成功案例加以闡明。最後，本章末段著重於討論都市空間如何治療失智症患者，並提供其適當生活環境，同時，回顧現行創意空間設計作法，期待能夠應用於預防輕度認知功能障礙族群，並希冀提供現代化都市中居民更佳生活品質，提高都市幸福感。

在第 7 章「創意設計與都市意象」中，作者陳璽任主張這是一個「以小見大」的章節，嘗試從企業識別建構的角度來看待都市意象。在企業識別設計中，「識別」指向企業自身輪廓，而「形象」則是外界對該企業的感受與認知，形象是識別的投影，也是自我展現的結果，二者互為表裡，都市意象形塑亦可道理相通。在此脈絡下，與一個都市有關的所有人物，都將成為利害關係人與協作者，共同影響甚至創造意象。在本章最後，筆者將透過一些案例介紹，來說明創意設計是如何運用在各個角落，藉此營造一個都市意象。

參考文獻

中文部分

大紀元。2019/12/19。

中央社。2019/4/5。

天下雜誌社（2019）。天下雜誌，681 期。

李承嘉、戴政新、廖麗敏、廖本全、林欣雨（2010）。鄉村仕紳化——以宜蘭縣三星鄉三個村為例。臺灣土地研究，13（2）：101-147。

周德禎主編（2016）。文化創意產業：理論與實務（第 3 版）。臺北：五南。

祁政緯（2012）。創意群聚效應對都市區域再生的影響——以中山雙連創意街區為例。臺北：國立政治大學科技管理與智慧財產研究所碩士論文。

邱淑宜、林文一（2014）。建構創意城市：臺北市在政策論述上的迷思與限制。地理學報，72：57-84。

邱淑宜、林文一（2019）。臺北市西門紅樓創意街區的真實性修補及其治理。都市與計畫，46（1）：1-31。

洪于婷（2019）。主講：「『拼湊式』的大都市」。108 年度科技部人文社會科學研究中心補助經典研讀班「創意經濟與都市幸福感」計畫，2019. 12. 22，第 13 場次。

皇尚企業股份有限公司（2012）。夕遊出張所安平分室簡介。

陳坤宏（2012a）。文化與創意：臺南古蹟再生的未來。「臺灣文化大學——2012 夏季學校」研習課程專輯。臺南：臺南市政府文化局、國立成功大學歷史學系、南瀛國際人文研究中心。

陳坤宏（2012b）。都市——空間結構。高雄：麗文。

陳坤宏（2013）。城鄉關係理論與教育。高雄：麗文。

陳坤宏（2015）。104 年度科技部人文社會科學研究中心「補助經典研讀班」計畫——「勞動空間分工、文化創意經濟與新都市理論」經典研讀班，行政院科技部成果報告（科技部計畫編號：MOST104-2420-H-002-016-MY3-SB10409）。（主持人）

陳坤宏（2016）。新都市理論。收錄於陳坤宏、林育諄、陳建元、凃函君、周士雄、吳秉聲、陳瀅世、蘇淑娟著，都市理論新思維——勞動分工、創意經濟與都會空間，第 7 章。臺北：巨流。

陳坤宏（2017）。106 年度科技部人文社會科學研究中心「補助經典研讀班」計畫——「文化創意經濟與都市」經典研讀班，行政院科技部成果報告（科技部計畫編號：

MOST104-2420-H-002-016-MY3-SB10601）。（主持人）

陳坤宏（2019a）。108 年度科技部人文社會科學研究中心「補助經典研讀班」計畫——「創意經濟與都市幸福感」經典研讀班，行政院科技部成果報告（科技部計畫編號：MOST107-2420-H-002-007-MY3- SB10801）。（主持人）

陳坤宏（2019b）。導論。收錄於陳坤宏、林思玲、董維琇、陳璽任著，創意 文化空間・商品，第 1 章。臺北：五南。

陳坤宏、林育諄、陳建元、凃函君、周士雄、吳秉聲、陳瀅世、蘇淑娟（2016）。都市理論新思維——勞動分工、創意經濟與都會空間。臺北：巨流。

陳坤宏、林思玲、董維琇、陳璽任（2019）。創意 文化空間・商品。臺北：五南。

陸洛（2007）。華人的幸福觀與幸福感。心理學應用探索，**9**（1）：19-30。

彭錦鵬、黃東益（2012）。幸福指數指標建構之研究。臺北：財團法人臺灣民主基金會編印。

黃金樺（2014）。紐約人的城市翻轉力：紐約舊街區十年觀察。臺北：遠流。

經濟日報。2019/11/21。

漢寶德（2014）。文化與文創。臺北：聯經。

臺北市政府文化局（2009）。臺北市 98 年文化創意產業聚落調查成果報告。臺北。

臺南市政府（2008）。e 代府城 臺南市刊，第 29 期。

趙子元（2019）。主講：「菁英之城，仕紳化所引起的不滿」。108 年度科技部人文社會科學研究中心補助經典研讀班「創意經濟與都市幸福感」計畫，2019. 11. 24，第 12 場次。

劉舜仁（2018）。大象跳舞：從設計思考到創意官僚。臺北：白鷺鷥基金會、遠流。

英文部分

Amabile, T. et al. (2005). Affect and creativity at work. *Administrative Science Quarterly*, *50*: 367-403.

Bianchini, F. (1993). Remaking European cities: The role of cultural policies. In: Bianchini, F. and Parkinson, M. (eds.), *Cultural policy and regeneration: The western European experience*, pp.1-20. Manchester: Manchester University Press.

Chen Kung-Hung & Chang Tsen-Yao (2010a). Re-imaging the Ex-Tainan State Magistrate Residence as a creative city by cultural and heritage branding in Taiwan. *Journal of International City Planning*, *1*: 685-699.（國際期刊）

Chen Kung-Hung & Chang Tsen-Yao (2010b). *Re-imaging the Ex-Tainan State Magistrate*

Residence as a creative city by cultural and heritage branding in Taiwan。2010 年臺日韓都市計畫國際學術研討會，日本，奈良市：Nara Women's University。

Chang Tsen-Yao, Chen Kung-Hung, & Huang Kuo-Li (2011). *Developing cultural products to promote local culture: A marketing design for the former Tainan State Magistrate Residence*, DesignEd Asia Conference 2011－Education into Industry: Collaboration, Transition, Mutation。香港：香港理工大學設計學院 Convention & Exhibition Centre。（Chen Kung-Hung：通訊作者）

Chang Tsen-Yao, Chen Kung-Hung, & Huang Kuo-Li (2012). *Shaping a case in cultural product design for city marketing: product storytelling for the former Tainan State Magistrate*, 2012 Design Research Society (DRS) Biennial International Conference。泰國曼谷：Chulalongkorn University。（Chen Kung-Hung：通訊作者）

De Propris, L. & Hypponen, L. (2008). Creative cluster and governance: The dominance of Hollywood film cluster. In: Cooke, P. and Lazzeretti, L. (eds.), *Cultural cities, cultural clusters and local development.*

Diener, E. & Seligman, M. E. P. (2004). Beyond Money: Toward an economy of well-being. *Psychological Science in the Public Interest*, 5(1): 1-31.

Drake, G. (2003). This place gives me space: place and creativity in the creative industries. *Geoforum, 34*: 511-524.

Florida, R. (2002). *The rise of the creative class: And how it's transforming work, leisure, community and everyday life.* New York: Basic Books.

Florida, R. (2005). *Cities and the creative class.* New York: Routledge.

Florida, R. (2007). *The flight of the creative class: The new global competition for talent.* New York: Harper Collins Publishers.

Florida, R. (2008). *Who's your city? How the creative economy is making where to live the most important decision of your life.* New York: Basic Books.

Florida, R. (2017). *The new urban crisis: How our cities are increasing inequality, deepening segregation, and failing the middle class and what we can do about it.* New York: Basic Books.

Florida, R. & Gates, G. (2001). *Technology and tolerance: The importance of diversity to high-tech growth.* Washington DC: Brookings Institution, Center for Urban and Metropolitan Policy.

Galway Arts Festival Press Office (2006). Galway arts festival press release 17th June 2006.

http://www.galwayartsfestival.com/news.php?id=53

Glaeser, E. (2000). The new economics of urban and regional growth. *The Oxford Handbook of Economic Geography*. Oxford: Oxford University Press.

Grabher, G. (2001). Ecologies of creativity: The village, the group, and the heterarchic organisation of the British advertising industry. *Environment and Planning A, 33*: 351-374.

Grodach, C. & Silver, D. (eds.) (2013). *The politics of urban cultural planning*. Abingdon and New York: Routledge.

Hall, P. (2001). Global city-regions in the twenty-first century. In: Scott, A. J. (ed.), *Global city-regions: trends, theory, policy*, pp.59-77. Oxford and New York: Oxford University Press.

Harvey, D. (1989). *The Condition of postmodernity*. Oxford: Blackwell.

Harvey, D. (2004). From managerialism to entrepreneurialism: The transformation in urban governance in late capitalism. In: Harvey, D. (ed.), *Spaces of capital towards a critical geography*, pp.345-368. Edinburgh: Edinburgh University Press.

Hospers, G. J. (2003). Creative cities: Breeding places in the knowledge economy. *Knowledge, Technology & Policy, 16*(3): 143-162.

Hutton, T. (2008). *The New Economy of the Inner City: restructuring, regeneration and dislocation in the twenty-first-century city*. Abingdon and New York: Routledge.

Hutton, T. A. (2016). *Cities and the cultural economy*. London and New York: Routledge.

Jacobs, J. (1961). *The death and life of great American city*. New York: Random House.

Jacobs, J. (1984). *Cities and the wealth of Nations: Principles of Economic Life*. New York: Random House.

Kratke, S. (2011). *The creative capital of cities: Interactive knowledge creation and the urbanization economies of innovation*. Chichester: John Wiley & Sons.

Landry, C. (2000). *The creative city: A toolkit for urban innovators*. London: Comedia.

Landry, C. (2008). *The creative city: A toolkit for urban innovators* (2nd Edition). London: Earthscan Publications Ltd.

Markusen, A. & Schrock, G. (2006). The artistic dividend: urban artistic specialization and economic development implications. *Urban Studies, 43*(9): 1661-1686.

Marshall, A. F. (1890, 1919). *Principles of economics*. London: Macmillan.

Molotch, H. (1996). LA as design product: how art works in a regional economy. In: Scott, A. and Soja, E. (eds.), *The city: Los Angeles and urban theory at the end of the twentieth century*. University of California Press, Berkeley and Los Angeles.

Molotch, H. (2002). place in product. *International Journal of Urban and Regional Research*, *26*: 665-688.

Okano, H. & Samson, D. (2010). Cultural urban branding and creative cities: A theoretical framework for promoting creativity in the public spaces, *Cities*, *27*: S10-S1.

Porter, M. E. (1990). *The competitive advantage of nations*. London: Macmillan.

Porter, M. E. (1998). Clusters and the new economics of competition. *Harvard Business Review,* *76*(6): 77-90.

Porter, M. E. (2000). Location, competition, and economic development: Local clusters in a global economy. *Economic Development Quarterly*, *14*(1): 15-34.

Pratt, Andy C. (2004). Creative clusters: towards the governance of the creative industries promotion system? *Media International Australia*, *112*: 50-66.

Pratt, Andy C. (2008). Creative cities: The cultural industries and the creative class. *Geografiska Annaler: Series B－Human Geography*, *90*(2): 107-117.

Putnam, R. (2000). *Bowling alone: The collapse and revival of American community*. New York: Simon and Schuster.

Rantisi, N. M. (2004). The ascendance of New York fashion. *International Urban and Regional Research*, *28*(1): 86-106.

Rentfrow, P. J., Gosling, S. & Potter, J. (2005). The geography of personality: A theory of emergence, persistence, expression of regional variation in personality traits. *Perspectives on Psychological Science*.

Rowe, C. & Koetter, F. (1984). *Collage city*. Cambridge and London: The MIT Press.

Sasaki, M. (2003). Kanazawa: a creative and sustainable city. *Policy Science*, *10*(2): 17-30.

Sasaki, M. (2004). Creativity and cities: the role of culture in urban regeneration. *Quarterly Journal of Economic Research*, *27*(3): 29-35.

Sasaki, M. (2007). Towards an urban cultural mode of production: a case study of Kanazawa, Japan. In: Nadarajah, M. and Yamamoto (eds.), *Urban Crisis: Culture and the Sustainability of Cities,* pp.156-174. Tokyo: United Nations University Press.

Scott, A. (1997a). The cultural economy of cities. *International Journal of Urban and Regional Research*, *21*: 323-339.

Scott, A. (1997b). Cultural products industries and urban economy development: Prospects for growth and market contestation in global context. *Urban Affairs Review*, *39*(4): 461-490.

Scott, A. J. (2006). Creative cities: conceptual issues and policy questions. *Journal of Urban*

Affairs, 28: 1-17.

Scott, A. (2008). *Social economy of the metropolis: Cognitive-cultural capitalism and the global resurgence of cities*. Oxford: Oxford University Press.

Storper, M. (1997). *The regional world: Territorial development in a global economy*. New York: Guilford.

Storper, M. (2013). *The keys to the city: how economics, institutions, social interaction, and politics shape development*. Princeton. NJ: Princeton University Press.

Styhre, A. (2007). *The innovative bureaucracy: Bureaucracy in the age of fluidity*. Abingdon: Routledge.

Weber, A. (1909). *The theory of location of industries*. Chicago: University of Chicago Press.

Weber, A. (1929). *On the location of industries*. Chicago: University of Chicago Press.

日文部分

佐佐木雅幸（2009）。文化多樣性と社會包攝に向かう創造都市。佐佐木雅幸、水內俊雄編著，創造都市と社會包攝。東京：水曜社。

都市再生本部（2010）。**都市再生基本方針**。東京：都市再生本部。

作者陳坤宏本人與女兒，在號稱「臺南市第一個低碳生態社區」──安南區九份子重劃區上，騎乘電動機車 gogoro，號召大家一起來「創新環保愛地球」。
攝於 2020 年 8 月

作者陳坤宏本人
攝於 2020 年 7 月

第 2 章

都市幸福感

彭渰雯、洪綾君

2.1 以幸福為目標

「幸福」（happiness）並不是一個新的學術概念。數千年前的哲學家，不論是中國的孔、墨、道家，或是西方的亞里斯多德，其對於「好的生活」之辯證，都類似今日對幸福感的討論（Ballas & Dorling, 2013），也持續影響著千百年後的思潮與文化，更在近十年來成為國際間與各國政府的發展目標。本節先從關於「幸福」的定義與研究開始談起，再說明幸福如何成為衡量各國發展成果的主軸。

2.1.1 定義「幸福」

「幸福」看似一個毋須解釋的日常詞彙，但若進一步追問，其實大家對於「幸福」的定義不盡相同，甚至 happiness 這個英文要翻譯成「幸福」還是「快樂」，可能也有不同主張，或是直接翻譯為「幸福／快樂」（例如陳伊琳，2014）。教育部《國語辭典》對「幸福」的定義是「平安吉祥，順遂圓滿」，對於「快樂」的定義則是「愉悅歡樂」，可以看出前者指涉的是比較長期的成就感，後者則偏向即時的愉悅感，而這二種感受其實都包含在 happiness 的定義中。因此本文不特別區隔「幸福」與「快樂」，但是在用語上採用「幸福」一詞，主要因為它在常民認知上較能兼顧長久與即時的感受（例如流行語中的「小確幸」就偏向當下的愉悅），也是目前較常用的中文詞彙。

在英文文獻中也有類似的用詞模糊性。最常見的就是 happiness 與 well-being（中文常翻譯成「福祉」）二詞的交互使用。有些學者，例如陸洛（2007）認為 happiness 較貼近日常用詞，well-being 則比較是學術用語，不特別區分二者；Seligman（2011）及 Theobald 和 Cooper（2012）則認為 happiness 是較為短暫的正向情緒，而 well-being 是比較長久的一種良好生活狀態；Delle、Brdar、Freire 和 Wissing（2011）又傾向以

happiness 爲實際研究與測量幸福感的用語，而將 well-being 視爲更廣泛、涉及面向更多的概念。不過，多數文獻對於二者仍採混合、交替使用的方式，本文也因此不特別區隔，但若有原文同時使用 happiness 和 well-being 時，則視需要翻譯爲「幸福與福祉」。

　　儘管用詞不盡然統一，但無論從古希臘哲學到當代哲學，或是從東方到西方，對於幸福的主張——也就是所謂的幸福觀——恆常地分爲二大派。「享樂派」（hedonic well-being）強調愉悅和歡樂、趨樂避痛，幸福是一種當下、瞬間的情緒（transient emotion），例如戀愛的甜蜜感、看完一場電影的感動、金榜題名或獲得升遷時的感受等。「生命意義派」（eudaimonic well-being）則認爲幸福來自於追求與達到自己期待的人生或生活，又可區分爲個人層次——幸福就是自我實現、有意義感和個人成長，以及社會層次——幸福是對於社會共享的目標與價值之承諾與實踐（Delle Fave, et al., 2011；Brulé, 2015；周永明，2010）。

　　也有愈來愈多學者認爲這種二選一的侷限是不必要的，幸福應當將「享樂」和「意義」二層次觀點都包含在內。例如美國「正向心理學」（positive psychology）權威學者 Martin Seligman，在 2002 年的專書《眞正的幸福》（*Authentic Happiness*）中，指出幸福可包含三個元素／面向：愉悅（追求正向情緒）、參與（全心投入自己專長的活動）和意義（爲更大的目標服務付出）。雖然他認爲後二者才接近他所謂「眞正」的幸福，但也指出愉悅爲生活帶來的正向情緒也是重要的，活出這三種面向，才算擁有完滿的生命。到了 2011 年的《持續的幸福》（*Flourish: A Visionary New Understanding of Happiness and Well-being*）書中，Seligman 增加了二個幸福面向：人際關係（relationships）和成就感（accomplishment）。從心理學界的演變趨勢可以看出，單一面向或層次的幸福觀已經過時，現在討論幸福感應當涵蓋多重層次、面向的評估與感受。

　　值得注意的是，因幸福的感受牽涉到社會共享的價值，許多研究發現對「幸福感」的問題與回答，往往有文化與語言上的差異。例如在重視

謙虛低調的社會，人們傾向「低報」自己的幸福程度；而在鼓勵個別差異與個人主義的社會，則相對會「高報」自己的幸福（Ballas & Dorling, 2013）。如同陸洛（2007）指出的，幸福的感受與一個社會文化的「自我觀」有很大關係。華人世界重視「角色責任」，這與西方較為強調「個人負責」與「主動追求」的自我觀有一定差距，因此以西方觀點建構的幸福衡量指標，有時候並不適合用於跨文化的幸福感比較。

不過，在全球化時空壓縮的今日，所謂東方與西方、傳統與現代的自我觀或「理想生活」，亦受到各種論述交錯影響而並存，因此陸洛也提出「折衷自我」（composite self）的概念，來理解今日華人的自我認知，包括如何評價自己是否幸福，已不全然根據文化原型中的「關係中的自我」，也非完全採用西方的「獨立自足的自我」，而可能是兼採二種元素、持續調整的動態歷程。

2.1.2 國民幸福總值

前一節有關「幸福」的討論，多屬於個人、心理層次的感受，但從 1970 年代起，「國民幸福總值」（Gross National Happiness，以下稱 GNH）這個概念被提出，提醒國際與各國政府檢討當代人類發展模式，不應只重視經濟面向的國內生產毛額（Gross Domestic Product, GDP）等指數，而應注重與環境、社會、文化和人民心靈生活的平衡，自此開啟了全球性的「幸福」運動。許多文獻都將 GNH 概念的提出者，歸功於南亞小國不丹（Bhutan）的第四代國王 Jigme Wangchuck（GNHC, 2017；彭錦鵬、黃東益，2012；黨云曉等，2014）；不過，也有一說指最早在 1972 年提出此概念的人，是時任歐盟委員會（European Commission）的主席、荷蘭政治家 Sicco Mansholt，而不丹據傳只是媒體與政界過度炒作的產物（GNH Institute, n/d; IIM, n/d）。

無論真正的「始祖」是誰，可以確定的是到了 21 世紀，GNH 的概

念逐步進入各國政府的政策議程，也呼應著 18 世紀功利主義思想家邊沁（Jeremy Bentham）所主張的政府角色：促成「最大多數人的最大幸福」（引自陳建綱，2017：539）。例如加拿大政府自 1999 年起展開幸福指標研究；法國、英國政府分別於 2008 與 2011 年，由總統或總理宣布新的發展指標會納入幸福指數（彭錦鵬、黃東益，2012）。不丹也在 2008 年，將原本的規劃委員會（Planning Commission）重新改組爲「國民幸福總值委員會」（Gross National Happiness Commission），由總理與各部會首長擔任委員，確保持續穩定地觀察國民幸福處境，並且針對不夠「幸福」的部門或政策，發展改善計畫（GNHC, 2017）。

　　更具里程碑意義的發展，是聯合國大會於 2011 年通過 65/309 號決議「幸福：邁向全人的發展途徑」（Happiness: towards a holistic approach to development），指出「幸福」應當被視爲一項人類社會基本目標，也體現聯合國「千禧年發展目標」（Millennium Development Goals）的精神，因此呼籲各國政府應當採取具體指標，來掌握與改進人民的幸福與福祉現況（UN, 2011）。2012 年，聯合國 66/281 號決議進一步通過每年的 3 月 20 日爲國際幸福日（International Day of Happiness）（UN, 2012）。在此之後，包括 OECD 與歐盟等國際組織及許多國家，也開啓了「幸福指數」或「美好生活指數」的調查或研究。我國是在 2012 年，由前總統馬英九宣布將發布臺灣的幸福指數，行政院主計總處遂於 2013 年 8 月首次發布我國「國民幸福指數」，並連續 4 年出版《國民幸福指數年報》。不過 2017 年起改名爲《福祉衡量指標統計表》，發布於主計總處網站，不再出版國民幸福指數年報。（註1）

　　那麼世界各國都是怎麼衡量幸福的呢？前一節提到的心理學權威學者 Seligman（2002）曾提出一項爲人熟知的「幸福公式」（happiness formula）：H = S + C + V。其中 H（Happiness）是個人持久的幸福程度，其來自三個元素：S（set range）是個人天生的快樂程度（態度、人生觀）；C（circumstances）是個人的生活環境與條件；V（voluntary control）則是個人可以自主控制的因素。也就是說，雖然幸福會受到個人天生的快樂程度（例如樂觀、悲觀等）所影響，但是外部環境的各面向因素，也是判斷人們是否幸福的基準。然而對國家治理者來說，這三個元素中又以「生活環境和條件」，是政府較能著力改善或給予承諾之處。因此，多數國際組織或政府測量幸福的指標，多半以外在環境和生活條件的測量為主。

第一項正式以衡量 GNH 為目標的指數，應是由總部在美國的智庫組織「國際管理學院」（International Institute of Management，以下稱 IIM）於 2005 年提出的「國民福祉總值」（Gross National Well-being，簡稱 GNW）指數。他們將測量人民幸福的面向分為七項，分別是（IIM, n/d）：

1. 心理及情緒福祉（mental & emotional well-being）：指標包括主觀的生活滿意度及情緒調查；客觀的心理健康與疾病統計。

2. 身體與健康福祉（physical & health well-being）：指標包括主觀的身體健康感受、對生命的風險感受；客觀的體能健康統計、疾病、死因統計、就醫費用等。

3. 職場與收入福祉（workplace & income well-being）：指標包括主觀的工作及薪資滿意度；客觀的勞動統計如薪資水平、購買力、失業率、勞工申訴或法律訴訟等。

4. 社會關係福祉（social relations well-being）：指標包括主觀的與親戚、朋友、同事或重要他人的關係及滿意度；客觀的教育品質與程度、歧視、離婚率、家暴求助率、家事事件訴訟、犯罪率等。

5. 經濟及退休福祉（economic & retirement well-being）：指標包括主觀的可支用（支付必要開銷後的剩餘）金額、退休後可支配金額；客觀的消費者債務、薪資物價比、貧富差距等。

6. 政治與政府福祉（political & government well-being）：指標包括主觀的對政治公民權、隱私、自由等的滿意度，以及對政府施政效能的滿

意度；客觀的政治自由、政府效能統計、國內與國際衝突等。

　　7. 生活環境福祉（living environmental well-being）：指標包括主觀的對於都市規劃與設施、環境品質的滿意度；客觀的環境統計如汙染、噪音、交通等。

　　IIM 提出的這項幸福指數架構，可以說結合了心理學界對於個人幸福的來源，以及原本世界各國就有的社會經濟發展指標。前者如 Seligman 強調的心理愉悅（可對應心理及情緒福祉）、參與和成就感（可對應職場與收入福祉）、人際關係（可對應社會關係福祉）；後者以聯合國開發計畫署（UNDP）提出的人類發展指數（Human Development Index, HDI）為例，其關照的三個面向包括長壽健康的生活（可對應身體與健康福祉）、知識（可對應社會關係福祉）、良好的生活水準（可對應經濟及退休福祉、生活環境福祉）。因此其涵蓋面向頗為完備，並且兼顧主觀與客觀的評估。後續的國際與各國指標，在此基礎上雖有修正調整，但大致上不出這些面向。

2.1.3　主觀 VS. 客觀幸福感

　　「國民幸福總值」的概念與測量方式，在政策學習與擴散的作用下，可以說影響了後續許多國際與各國的指標發展，特別適合用來進行跨國、跨區域或跨城市的比較。尤其因為同時採用了主觀與客觀指標，因此在幸福的衡量上，可以看見人民的感受、反映在地價值（而非僅由客觀指標來判斷人們的幸與不幸）；但另一方面，也有相對客觀的整體表現數字，可作為跨時間與空間的比較參考，而不至於過度民粹地或唯心論地認定「人民滿意就是好」。

　　不過好奇的讀者可能會問，如果主觀指標與客觀指標測驗出的「幸福感」不一樣，那何者算數呢？

　　如果要回答這個問題，我們應當先認知到，相對於「客觀幸福感」的

數字具有一定穩定性與中立性，「主觀幸福感」則類似民意調查，可能受許多因素影響或者因某些事件、時間點而改變。例如第一節曾提到，主觀幸福感可能有文化差異。例如在一個社會內部不平等的國家，明明人均壽命客觀數字比社會較平等的國家來得低，但民眾對自我的健康評估（self-rated health）卻比較高，這跟不平等社會內的人民需要不斷自我宣稱「健康」來強調其競爭力有關（Wilkinson & Pickett, 引自 Ballas & Dorline, 2013）。因此，在進行跨國比較時，對於文化造成的影響應特別注意。

　　類似的文化影響，也在幸福經濟學領域內的「伊斯特林悖論」（Easterlin Paradox）中出現。這個悖論（或譯為「弔詭」）是由美國經濟學家理察・伊斯特林（Richard Eastelin）在 1974 年提出，他發現在同一個國家內，富人的主觀幸福和快樂水平通常高於窮人，但如果進行跨國比較，窮國的幸福水平與富國幾乎一樣高，例如美國和古巴的人民幸福感指數非常接近。此外，他也發現在一段時間後，所得雖持續增加，但幸福感增長遲緩，且有下降趨勢。後續也有許多研究，藉由不同國家的資料反駁或支持這個論點（Rojas, 2019）。總體而言，愈多的財富不一定帶來愈高的幸福感。

　　心理學家是從人類「適應」和「比較」的心理機制對此提出解釋。所謂「適應」也就是我們常說的「習以為常」，是指人們對於收入增加所帶來的更好生活水準或物質享受，剛開始也許有愉悅、快樂感，但習慣之後，就不再有剛開始的快樂感。而「比較」則類似心理學與經濟學結合提出的「展望理論」（prospect theory），意思是人們對自己的幸福與否，往往基於不同的參考位置而有不同評價。因此個人的主觀幸福感，會與「鄰居的所得」呈負相關——當隔壁鄰居愈有錢，你會對自己的生活愈不滿意（彭錦鵬、李俊達，2014）；或是如 Clark 以英國家戶長期追蹤資料庫所做的次級分析，得出「失業讓人痛苦，但如果你周圍的人也都失業，則痛苦會減輕一些」的結論（引自 Ballas & Dorling, 2013: 473）。以此理論來解釋古巴人民的幸福感為何與美國不相上下，可能就是因為資訊封鎖

下缺少比較的對象，反而不會有「相對剝奪感」，並且在長年適應物質較爲匱乏的生活方式下，就不以此爲苦。

除了前述文化和心理機制外，既有研究也發現有其他因素，會影響人們對於生活各面向的幸福感（或稱滿意度），其中比較明確的因素包括有二。（註2）一是「關係歸屬」，這包括了一個人的家庭生活、婚姻、友誼或其他社會聯繫（例如社團、宗教等）的穩定度，也就是人際關係的和諧。有些早期研究特別指出已婚者比未婚者擁有較高的幸福感，但是較晚期的研究則認爲這會因文化背景的不同而異。也就是說，在傳統重視婚姻與集體傳統的社會，已婚者可能感覺自己完成了重要使命，因此感覺「幸福」。但若在比較開放並尊重差異的社會，則單身者的關係支持不一定需要來自婚姻，因此結婚與否對幸福感的影響力就自然下降。

另一個通常被指出會影響主觀幸福感的因素是生活條件，這又可分爲經濟與環境面向。就經濟面向而言，雖然前述「伊斯特林悖論」主張收入的提高並不一定會帶來更高的幸福，但是如果經濟條件無法滿足基本生活所需，日常生活能力受挫，特別是收入的突然減少（例如失業、生意失敗、大蕭條等）而造成原本生活條件的惡化，則勢必很難感到幸福。另一個面向則是外部環境條件，也就是居住生活環境的宜居性（habitability）。這個面向已經超越個人層次所能改變，往往與社區、城市甚至國家的施政作爲有關。例如，如果一出門就要面對嚴重的交通亂象或空氣汙染，相信您也很難感到幸福。下一節「幸福地理學」對此將有進一步討論。

前述的回顧讓我們在看到有關「主觀幸福感受」的調查結果時，可以有更高層次的分析能力，不一定輕易地認爲「多數居民滿意就表示很好」，而可以提出脈絡化的理解或詮釋。但既然主觀幸福感指標受到這麼多其他因素影響，那爲什麼不專注於「客觀」指標就好，還要調查主觀感受呢？一個非常務實的理由就是政府施政首要還是需要知道「民意是否支持」，如果「客觀」指標顯示政府做得很好，但主觀指標卻顯示民眾滿

意度很低，政府可能需要去探究「哪裡出了問題？」是缺少政策宣導？還是客觀數字有虛妄不實之處？特別在環境議題上，我們常會聽聞居民被工廠或畜舍排出的汙染氣味熏到快要暴動，但是環保單位前來使用「專業儀器」檢測結果卻依然是「沒有超標」。因此，透過主觀幸福感的調查與揭露，我們也得以檢視反思所謂的「客觀」指標，是不是有所疏漏、偏狹，以致無法反映問題嚴重性的效度問題。

此外，其實多數研究還是指出客觀與主觀幸福感的預測是高度相關的（Western & Tomaszewski, 2016）。也就是說，客觀指標（例如生活環境福祉、經濟與退休福祉等）的分數若較高，通常意味著生活滿意度等主觀指標分數也較高。這意味著政府並非完全不能影響民眾的「主觀幸福感」，而是可以藉由改善「客觀幸福感」來努力。

2.2 幸福地理學

「哪一個國家人民最幸福？」「哪一個城市最幸福？」我們偶爾會從媒體上看到這類針對居住生活地點與民眾幸福感之關係的調查報告。「幸福地理學」（geography of happiness 或 geography of well-being）除了讓我們看見幸福感的地區差異外，更重要在於從地方（place）與空間（space）角度解釋這些差異。本節將先介紹幸福地理學的意涵與相關研究，接著回應本書主題，闡述「創意」、「城市性格」與幸福感的關係。

2.2.1 幸福與地方的關係

Richard Florida（2008）的暢銷著作《*Who's Your City: How the Creative Economy is Making Where You Live the Most Important Decision of Your Life*》一書，中文版書名譯為《尋找你的幸福城市：你住的地方決定你的前途》（任卓、馮克芸譯，2009），並沒有完全依照原文標題翻

譯。這個「調整」或許反映了臺灣讀者對於幸福城市這個主題的興趣，也就是「地點」如何影響人的幸福。Florida 開宗明義指出，選擇居住地點，就和選擇畢生的職業及配偶一樣重要，因爲它會「影響工作、教育、愛情的發展；可能幫你開啓另一扇窗，但也可能搞砸一切。」（ibid. 22）

「幸福地理學」的重點並不只是將「城市」、「國家」當成變項之一，去衡量或評比哪些城市的幸福感較高或較低而已。更重要的，如同 Ballas 和 Dorling（2013）說的，在於解釋爲什麼會造成這些差異？他們認爲幸福地理學應聚焦於揭露與理解「地方」（place）與「空間」（space）如何影響人們的主觀幸福感，前者指的是物理與文化環境，例如空氣品質、綠地公園、公共空間、住宅品質等；後者則偏向於空間的社會經濟意涵，例如可移動性、房價、居住者組成的異質性等。

有一些研究針對單一城市內的居民進行幸福感調查，但因爲加入了空間角度的分析，仍可定位爲幸福地理學的研究。例如黨云曉等（2014）進行北京居民的主觀幸福感調查，其與地點、空間有關的發現包括：(1) 家庭收入愈高者，生活滿意度並不一定愈高，但「相對收入」愈高者（與周邊人相比，個體對自身收入滿意度愈高者），其對生活滿意度也愈高；(2) 單程通勤時間愈長者，生活滿意度愈低；(3) 擁有北京戶口者，比外地人的生活滿意度顯著較高；(4) 擁有私人住房者，其生活滿意度顯著高於居住在「保障性住房」和單位宿舍者，也高於租屋者；(5) 從居住穩定性來看，近 5 年內搬家過 1 次者，對生活的滿意度與沒搬家者相比，並無顯著影響，但搬家 2 次者，則有顯著正面影響，而搬家 3 次及以上者，則有顯著負面影響。作者們對此的解釋是，搬家 1 或 2 次，可能是爲了改善居住環境和生活品質，因此可提高生活滿意度；但搬家 3 次及更多者，則可能降低了對社區的融入感和歸屬感，反而降低生活滿意度。

更多的研究則是進行跨城市、跨區域的幸福感比較。例如陳嘉鳳等人於 2008 年進行的研究，將臺灣 25 縣市的問卷受訪對象 1 萬 9,517 人，劃分爲北、中、南、東、離島五個區域，進行主觀幸福感的比較分析。在 1

到 7 分的量尺取平均分數來看，離島地區（M = 4.79）與東部地區（M = 4.65）的民眾，顯著比南部（M = 4.42）、中部（M = 4.40）及北部（M = 4.36）地區民眾要快樂。因此他們指出，經濟條件與主觀幸福感之間確實不一定是正向連結。每月固定收入的多寡雖然可能較影響到中低薪資者的快樂程度，但對月薪超過 7 萬元者而言，其邊際效益就減低了（引自陳嘉鳳、周才忠，2012）。類似地，彭錦鵬和李俊達（2014）引用臺灣競爭力論壇進行的「2012 臺灣幸福大調查」，也透過分層隨機抽樣臺灣 22 個縣市居民，完成 1 萬 6,864 位民眾的電話訪問。其中較特別的是，相對於既有文獻多指出女性比男性感到幸福，該研究卻發現男性主觀幸福感高於女性。該文也將臺灣各縣市分為北、中、南、東與離島四區進行區域差異分析，結果與陳嘉鳳等人的發現相似，以東部與離島居民感到幸福比例最高（80.5%），其次是南部（77.2%）、中部（76.5%）、北部（74.7%）。

　　前述研究多半僅在特定時間點，以線性角度檢證地理區域與主觀幸福感有無相關（yes or no），但若要進一步闡述地方如何（how）對我們的幸福造成關係，還是 Florida 的《*Who's Your City*》一書闡述的較為細緻，值得參考。他強調選擇居住地點不僅和各地方的屬性有關，也涉及人生不同階段的需要。各地發展走向多元與分殊化，不同地區所提供的工作機會、服務或公共財有所不同，稅金、房價和生活物價也有差距，但因為我們處在高度可移動的時代，因此民眾可以「用腳投票」，選擇最能符合自己能力與需求的地點落腳。

　　專書中主要的一手資料來自 Florida 與蓋洛普公司合作，先在 2005 年進行一項「地方與幸福調查」（Place and Happiness Survey），從全美 22 個城市回收 2,300 多份樣本，將幸福的來源分為四類：個人生活、工作、財務、地點。2006 年擴大調查規模到全美 8,000 個社區，受訪人數高達 2 萬 7,000 多人（ibid.138）。其研究發現，地點對於個人幸福的影響力居於第三，次於個人生活、工作，但排在財務之前。但什麼樣的地點提供的「個人生活」最令人滿意？並沒有標準答案。住在市中心的人在意的是都

市機能，但住在郊區的民眾則比較重視空氣品質和大自然美景。而且，該調查發現，將近七成的受訪者——不論是住在城市、郊區或鄉村者——對自己選擇的居住地都表示「滿意」或「非常滿意」，而且願意繼續住在現居地（ibid. 142）。

那麼，民眾為何願意住在現在住的地方？根據該研究 2 萬 7,000 多位受訪者意見，最主要的理由有二類，一是美學條件，二是基本服務。前者是經濟學家所稱的「美的溢價」（beauty premium），也就是人們會被賞心悅目的事物所吸引，並且願意多付出一些錢（ibid. 150）。後者說的基本服務，則以中小學、健康照護機構、工作機會多寡，分居前三名。就整體平均而言，交通、大眾運輸和房價對幸福感的影響重要性並不高，但是若在房價昂貴的都市，則這些項目重要性就顯著提升，因許多人都在居住地點和房價之間嘗試做出可以平衡的選擇。

根據該研究的分析，地點為人們帶來幸福的元素有三。首先，它是生活中興奮感或創意動力的主要來源，特別是提供了心理學者提到「愉悅」和「參與」等正向情緒。其次，地點是自我表現的途徑、場域，讓人民可以做自己、有成就感，因而感覺幸福。第三點和認同也有點關係，地點讓人們有歸屬感、榮譽感，有屬於「我群」的社會關係，因此是幸福的來源（ibid. 142-44）。簡言之，什麼樣的地方最符合民眾的美學和物質需求，其實也受到民眾不同的生涯階段、性格偏好、就業與家庭物質條件等變數所影響。

在這當中，Florida 特別強調「性格」的重要。他從「適配」（fit）的角度，指出地點能不能帶來幸福，關鍵在於能不能符合自己性格，因為性格影響了個人的認同、自我表達或愉悅來源。他利用 Sam Gosling 的「性格地圖」（The Geography of Personality）資料庫內蒐集到的 60 多萬筆資料，進行次級分析，將原本以「州」為層次的性格地圖，進一步以城市、社區為層次畫出性格地圖，顯示出不同性格的人們，確實有不同的居住傾向。

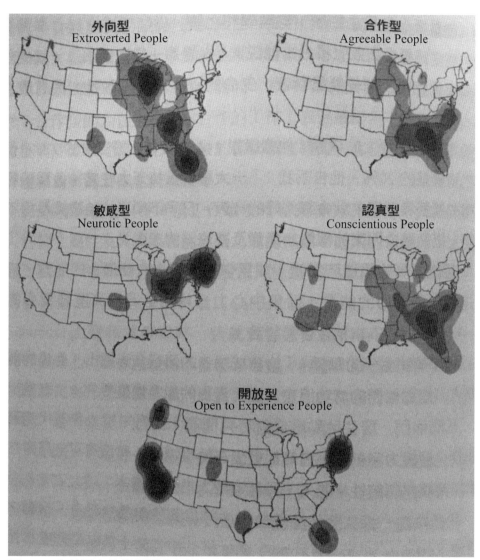

圖 2.1　全美五大性格類型分布圖
資料來源：任卓、馮克芸譯（2009），頁 174。

　　圖 2.1 即是根據心理學常見的五大類型性格分類——**外向、敏感、合**
作、認真、開放型，描繪出不同性格者的群聚樣態。例如「外向型」的
受訪者最集中的地區，是以芝加哥爲中心呈喇叭狀展開的幾個大城；「合

作」和「認真」型的受訪者則主要居住在有「陽光帶」之稱的地方；而「開放型」的美國人比較散居全國的各「大城市」（ibid. 174-77）。

由於每一地區的性格並非只有單一類型，因此 Florida 想進一步找出每個城市有哪些不同的「性格組合」，進而依照每個人的性格、特質差異，找出最適合其居住的城市。他和同事再次利用前述資料庫進行因素分析（factor analysis），將全美都會區大致分為三區。

第一類是「外向區」，其居民高度外向、較不會神經敏感，但在合作性上較低，這類城市包括芝加哥，以及舊工業區的匹茲堡、克里夫蘭、底特律等。這類區域適合喜愛社交的外向人士，他們喜歡團體活動、集會、運動。但這一區不大適合喜歡積極參與社區事務的人（較屬於合作性格），也不適合喜愛嘗試新事物的人（較屬於開放性格）。

第二類是「傳統區」或「盡忠職守區」，其居民在合作、認真盡責及外向程度都高，但開放及敏感程度都低。此類城市主要是陽光帶城市，包括亞特蘭大、鳳凰城、波特蘭、邁阿密等。這個區域適合努力工作、信任而富有同情心的人，適合在外表和價值觀上皆屬傳統，喜歡跟家人與少數親友來往的人。但較不適合創造力及藝術性豐富，需要嘗試新鮮事之人。

第三類是「體驗區」，其居民開放性和敏感性程度都很高，但在認真、外向、合作程度較低。一些大城市如紐約、舊金山、波士頓、西雅圖、華盛頓特區、拉斯維加斯等，都屬於此區。此區適合質疑權威、追求創意與刺激，或者愛唱反調、常感到社會孤立之人。但較不適合價值觀傳統、傾向維持現狀之人。

基於前述分類，Florida 說「城市也有性格」，並且指出多數人還是住在契合自己性格、周遭人性格多半和自己相似的地方，會比較滿意且感到幸福。即使住在一個並未完全符合自己性格的大城市內，也可以設法找到性格相對適合自己的鄰里社區，因為這會影響日常生活的幸福感（ibid. 176-78）。

2.2.2 創意與幸福城市

　　儘管「世界是平的」這種說法一度成為顯學，意思是隨著全球化與資訊時代的來臨，只要有雄心壯志與能力，在哪裡都不會擔心被邊緣化。但是 Florida（2008）認為，「地點」仍是這時代發展的主軸，甚至對全球經濟和個人生活的影響，比過去大得多。因為人才、創新與創意等影響知識經濟發展的重要元素，並非平均分布在全球各地，而是集中在某些特定地區。在「創意經濟」時代，真正的經濟成長有賴人才的群聚和集中，因為這批人既能幹又精力充沛，這樣的群聚力量（clustering force）能夠讓該區域的生產力跟著提升。

　　因此，延續前一節他對於區域性格及「同類性格者群居效應」的分析，Florida 指出美國舊工業區維持現狀的傾向和地方氛圍，可能不只抑制了區域內的創造力和創新，還會造成區域內性格開放的人外移，失去具有創新創意能量的人才。如此一來，這些工業區域的轉型也更為困難。

　　經濟地理學者經常從社會與產業政策等角度探討如何促進地方經濟發展，但過去很少從心理學角度思考「性格」可能影響創新與經濟。基於此，Florida 和同儕針對性格、創新、人力資本、收入和經濟成長等變項之間的關係進行分析（ibid. 186）。結果發現，在五類性格當中，只有「開放型」性格與創新、經濟成長呈現正相關，其餘四種性格多半無相關（例如外向、合作），甚至負相關（例如認真、敏感）。進一步分析，他指出開放性格者有二種特長，一是美感，另一是好奇心，與城市的創意發展有正相關性。換言之，一個具有美感與活力的城市，能吸引個性開放者的聚集居住與活動，而成為區域創新及經濟成長的驅動因素。

　　但是前述發現對於城市治理者的意涵是什麼？乍看之下，Florida 的論點似乎有些弔詭。一方面，他強調不同性格的居民要選擇適合自己個性的地方居住，才較能夠感受幸福。另一方面，卻又明示暗示著如果一個地方無法吸引或留住具有創意潛力的「開放」性格人才，則在發展上可能愈

來愈僵化、遲滯，產業無法與時俱進地創新轉型，進而經濟下滑。那麼個性屬於「傳統」、「認眞」的居民怎麼辦？難道適合他們個性居住的地方，就註定是逐漸蕭條、沒落的地方？畢竟，一個城市的「性格」可能根植於其歷史與產業結構（例如工業大城），並不容易改變；而且如果每個城市都營造面貌相似的「美感」與「活力」，變成適合個性開放者的「體驗區」，那又如何讓不同性格的居民感到幸福、自在呢？

　　事實上，不只是個性的差異，在書的後半段，Florida 也討論到人生階段的差異，並且指出，因爲不同的人生階段——剛畢業進入職場、成家與養育子女、子女離家後，以及退休養老等階段——有著不同的生活重心和設施需求，但多數地點也只適合在特定階段的人生居住。不過，也有少數城市能夠同時滿足多個人生階段的需求，從各面向指標看來都很傑出，不同人生階段的人，都可以在這些城市中滿足自己的需求、感受幸福。這些城市類似 Jane Jacobs（珍雅各）所說的「鄰里邦聯」（federation of neighborhoods），是眞正偉大的城市。這樣的多元共存的城市願景，對於前述弔詭提供了一道出路。

　　簡言之，城市或地方的治理者，應當看見居民的異質需求與期待，在城市內營造各種不同特色的鄰里社區，不僅讓開放、有創意的人才喜歡住下來、業者願意進駐發展，同時也讓不同性格、人生階段的居民，都能找到適合自己的鄰里社區。事實上，我們也應當用更爲寬廣的態度定義「創意」。如同 Florida（2005）在另一本著作《*Cities and the Creative Class*》（城市與創意階級）內所言，創意不一定等於高科技，規劃者不需要預先設定哪一種新興產業是未來的「贏家」，因爲沒有人能預知什麼樣的創新會成爲未來的大熱門。作爲城市治理者或規劃者，最好的策略就是整體營造一個有利於新概念、多元人才安居與工作的創意支持環境。

2.3 臺灣各縣市幸福感調查與分析

在回顧了城市幸福與性格、創意的關係之後，我們要拉回臺灣各縣市，來看看哪些城市居民最具有幸福感。本節資料來源是《經濟日報》從2012至2019年持續進行的「縣市幸福指數大調查」結果，藉由次級分析，了解臺灣縣市幸福指數在此期間的變化，以及構成幸福指數的主觀及客觀指標之各種關係，最後說明城市創意力與城市幸福間的關係。之所以採用這份調查而非行政院、主計總處的國民幸福指數調查，主要原因是《經濟日報》的調查穩定性較高、規模夠大，且已持續進行8年。而主計總處的調查在2017年除了改變名稱為福祉指標，也縮小規模刪除一些主客觀指標，較不連續。因此，本研究決定採用前者進行次級分析。

2.3.1 哪個城市最幸福？8年來的趨勢變化

「縣市幸福指數大調查」的指數架構如圖2.2所示，其參考自OECD美好生活指數的架構與計算方法。調查結果不包括資料缺漏較多的金門及連江兩縣，故其結果為全臺的20個縣市之幸福指數。其中，客觀指標的數據來自前一年度的主計總處統計（例如2019年度的調查，其數據為2018年官方數據），將各縣市原始數值轉換為0-10分的指標分數，並算得與其他縣市的相對值而得。主觀指標數據則是在當年度由聯合行銷研究公司進行大規模民調（平均約有1萬6,000份有效樣本），電話訪問20歲以上民眾的結果，由民眾回答「滿意」和「非常滿意」的比例作為該指標滿意度分數。而幸福指數為客觀幸福力分數與主觀幸福感的平均數，代表縣市整體的幸福水準。

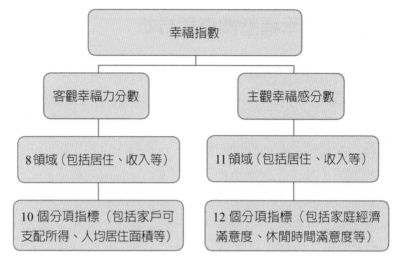

圖 2.2　「縣市幸福指數大調查」的指數架構圖
資料來源：《經濟日報》（2019：2）。

表 2.1　《經濟日報》縣市幸福指數大調查──主客觀指標

領域	主觀指標	客觀指標
居住	平均每人居住面積（坪／人）	居住條件滿意度
	家戶連網比例（%）	
收入	平均家戶可支配所得（千元）	家庭經濟滿意度
	平均家戶儲蓄比例（%）	
就業	15-64歲有酬工作者占同齡人口比例（%）	工作狀況滿意度
社群關係	平均每人志工服務時數（小時／人）	親友支持滿意度
教育	15 歲以上大專及以上學歷	教育成就滿意度
環境品質	懸浮微粒（PM10）年平均濃度	環境綠化與汙染防治滿意度
政府治理	-----	政府施政作為滿意度
健康	零歲平均餘命（歲）	健康狀況滿意度
生活滿意度	-----	生活現狀滿意度
安全	暴力犯罪發生率（件／10 萬人）	人身安全滿意度

領域	主觀指標	客觀指標
工作與生活平衡	-----	睡眠時間滿意度 休閒時間滿意度

資料來源：本研究整理自《經濟日報》（2019：1）。

一 總體幸福指數的變化

　　表 2.2 列出 2012 至 2019 年臺灣縣市幸福指數的排名變化，表 2.3 則是依據表 2.2 進行的此 8 年期間曾得到臺灣縣市幸福指數排名前五名的次數統計。由表 2.3 可知，新竹市在這 8 年中有 5 年奪冠，且位列前五名的次數有 7 次，表現最爲亮眼。不過，接下來幸福指數較高的縣市則多半非都會區。例如花蓮縣及新竹縣有 6 次的評比在前五名，而澎湖縣則是有 5 次，且其實這 5 次都在前三名，表現也算出色。一般認知上資源豐富的臺北市，則是在 2019 年的評比才首度登上第一名的位置，但 8 年來有 4 次位列前五，比起其他直轄市都好許多。桃園市及臺南市各有 2 次及 1 次位列前五名，新北、臺中和高雄市則是在 8 年來都沒有進入前五名。總之，從歷年的幸福指數排名可發現，幸福感與都市化程度並不一定有正相關，這也部分呼應了前述陳嘉鳳等人（2012）及彭錦鵬和李俊達（2014）的研究發現，也就是離島、東部地區的居民幸福感反而較高。不過，作爲臺灣科學園區重鎮的新竹市，爲何能夠多次拔得頭籌，卻是前述研究所未曾點出與解釋的，以下我們也將有所探討。

表 2.2　2012 至 2019 年臺灣縣市幸福指數排名表

排名	2012	2013	2014	2015	2016	2017	2018	2019
1	新竹市	新竹市	澎湖縣	花蓮縣	新竹市	新竹市	新竹市	臺北市
2	澎湖縣	臺北市	新竹縣	臺東縣	澎湖縣	澎湖縣	臺東縣	新竹市
3	新竹縣	新竹縣	苗栗縣	澎湖縣	花蓮縣	花蓮縣	新竹縣	桃園市

排名	2012	2013	2014	2015	2016	2017	2018	2019
4	花蓮縣	苗栗縣	花蓮縣	臺北市	臺東縣	臺北市	宜蘭縣	臺南市
5	苗栗縣	宜蘭縣	新竹市	桃園市	新竹縣	宜蘭縣	花蓮縣	新竹縣
6	桃園市	澎湖縣	桃園市	宜蘭縣	嘉義市	新竹縣	臺北市	澎湖縣
7	臺東縣	花蓮縣	宜蘭縣	嘉義市	臺中市	臺中市	嘉義市	宜蘭縣
8	臺北市	臺東縣	臺東縣	苗栗縣	宜蘭縣	桃園市	苗栗縣	臺東縣
9	嘉義市	嘉義市	臺北市	屏東縣	高雄市	嘉義市	桃園市	花蓮縣
10	彰化縣	桃園市	臺南市	新竹市	桃園市	苗栗縣	澎湖縣	嘉義市
11	臺中市	臺中市	嘉義市	新竹縣	臺北市	新北市	新北市	新北市
12	臺南市	臺南市	高雄市	臺南市	臺南市	臺東縣	臺南市	南投縣
13	宜蘭縣	高雄市	彰化縣	高雄市	苗栗縣	高雄市	臺中市	苗栗縣
14	新北市	彰化縣	臺中市	臺中市	新北市	臺南市	屏東縣	屏東縣
15	屏東縣	南投縣	屏東縣	彰化縣	屏東縣	屏東縣	彰化縣	高雄市
16	南投縣	新北市	南投縣	南投縣	彰化縣	南投縣	南投縣	臺中市
17	高雄市	屏東縣	新北市	基隆市	南投縣	基隆市	高雄市	彰化縣
18	嘉義縣	嘉義縣	基隆市	新北市	基隆市	雲林縣	基隆市	嘉義縣
19	基隆市	雲林縣	嘉義縣	嘉義縣	雲林縣	彰化縣	雲林縣	基隆市
20	雲林縣	基隆市	雲林縣	雲林縣	嘉義縣	嘉義縣	嘉義縣	雲林縣

資料來源：本研究綜合自《經濟日報》2012 至 2019 年調查報告。

表 2.3　2012 至 2019 年曾排名臺灣縣市幸福指數前五名縣市統計表

縣市	第一名	第二名	第三名	第四名	第五名	得到前五名的次數
新竹市	5	1	0	0	1	7
花蓮縣	1	0	2	2	1	6
新竹縣	0	1	3	0	2	6
澎湖縣	1	3	1	0	0	5
臺北市	1	1	0	2	0	4
臺東縣	0	2	0	1	0	3

縣市	第一名	第二名	第三名	第四名	第五名	得到前五名的次數
宜蘭縣	0	0	0	1	2	3
苗栗縣	0	0	1	1	1	3
桃園市	0	0	1	0	1	2
臺南市	0	0	0	1	0	1
屏東縣	0	0	0	0	0	0
高雄市	0	0	0	0	0	0
嘉義縣	0	0	0	0	0	0
嘉義市	0	0	0	0	0	0
雲林縣	0	0	0	0	0	0
彰化縣	0	0	0	0	0	0
南投縣	0	0	0	0	0	0
臺中市	0	0	0	0	0	0
新北市	0	0	0	0	0	0
基隆市	0	0	0	0	0	0

資料來源：本研究綜合自《經濟日報》2012 至 2019 年調查報告。

　　圖 2.3 幸福指數變化圖，也很明顯地讓我們看到各縣市的 8 年變化趨勢及整體高低。有些縣市在這 8 年間的變化不大，例如桃園市、雲林縣、嘉義市、嘉義縣及花蓮縣等，有的縣市看起來變化的幅度比較大，例如新竹市、新北市、臺東縣、彰化縣、臺南市、臺北市等；有些縣市 8 年間的幸福指數看起來的趨勢是往上，即愈來愈幸福，例如臺北市、臺南市、宜蘭縣、新北市等，但有些縣市的趨勢則是往下，例如臺中市、花蓮縣、苗栗縣、澎湖縣等。不過整體而言最明顯的，應當算是幾個數值偏低的城市，包括雲林縣、嘉義縣、基隆市等。下一節將進一步檢視這些分數高與低的城市，究竟是受到主觀還是客觀指標的影響。

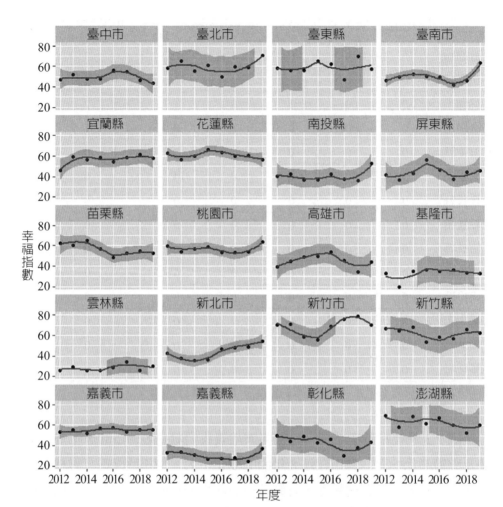

圖 2.3　2012 至 2019 年臺灣縣市幸福指數變化圖

資料來源：本研究綜合《經濟日報》2012 至 2019 年調查報告後繪製。

二　客觀幸福力及主觀幸福感的變化 （註3）

　　圖 2.4 列示出 2012 至 2019 年臺灣縣市客觀幸福力及主觀幸福感的分數趨勢變化，圖中的虛線為客觀幸福力的分數，實線為主觀幸福感的分數。由圖 2.4 可看出，臺灣各縣市在這 8 年期間，主觀幸福感幾乎都是上

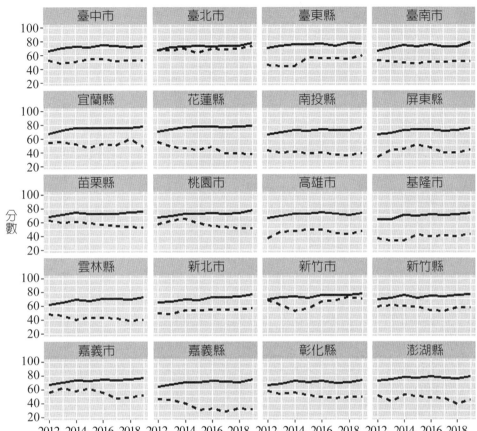

圖 2.4　2012 至 2019 年臺灣縣市客觀幸福力分數趨勢圖

資料來源：本研究綜合《經濟日報》2012 至 2019 年調查報告後繪製。

升狀況，但客觀幸福力則較有不同的變化，有些往上，例如臺北市、新北市及臺東縣等，有些呈現持平，例如臺中市、臺南市及南投縣等，而不少縣市出現朝下的趨勢，例如宜蘭縣、花蓮縣、嘉義縣、嘉義市、彰化縣、桃園市、雲林縣及澎湖縣等。

　　表 2.4 則是統計 2012 至 2019 年間，各縣市得到幸福指數排名前五名

表 2.4　2012 至 2019 年臺灣縣市在各種幸福指數排名前五名的次數統計表

縣市	幸福指數	客觀幸福力	主觀幸福感
新竹市	7	6	6
新竹縣	6	6	4
花蓮縣	6	0	8
澎湖縣	5	0	8
臺北市	4	8	1
苗栗縣	3	5	0
宜蘭縣	3	1	4
臺東縣	3	3	5
桃園市	2	3	1
臺南市	1	0	2
基隆市	0	0	0
新北市	0	3	0
臺中市	0	0	0
南投縣	0	0	0
彰化縣	0	1	0
雲林縣	0	0	0
嘉義市	0	4	1
嘉義縣	0	0	0
高雄市	0	0	0
屏東縣	0	0	0

資料來源：本研究綜合自《經濟日報》2012 至 2019 年調查報告。

的次數，並分別統計各縣市主觀、客觀幸福感分數名列前五名的次數，以
更能呈現各縣市排名是受到主觀還是客觀得分的結果。從表 2.4 可看出，
有些縣市在主觀幸福感及客觀幸福力上較為平衡，以排名第一的新竹市為
例，前面提到它的總幸福指數多次得到全臺各縣市第一名，這裡則可看出

其主觀幸福感和客觀幸福力在 8 年中也各有 6 次排名前五名，也就是二者均獲得高分。

但也有些縣市的主觀幸福感及客觀幸福力的指標卻有著不小的落差，例如臺北市，雖然客觀幸福力 8 年來穩定排名前五，但主觀幸福感卻只有一次排名前五，二者有脫勾的現象，反映出臺北市雖然占有首都優勢，擁有全臺最多資源裝備其基礎建設與軟硬體環境，但居民卻沒有相對應的幸福感受。相反地，花蓮縣和澎湖縣雖然在客觀幸福力的指標表現沒有其他縣市來得出色，但主觀幸福感卻一直穩定地排名前五，這也部分呼應了「伊斯特林悖論」（Easterlin Paradox）的看法，即幸福感的來源不見得完全根據物質的豐足。

由於有的縣市雖然客觀幸福力高，但主觀幸福感卻低，反之亦然，故下一小節進一步檢視主觀幸福感及客觀幸福力的相關程度。

2.3.2 幸福指數、客觀幸福力與主觀幸福感的關係

一 幸福指數、客觀幸福力與主觀幸福感的關係

圖 2.5 利用雷達圖的形式展現各縣市 2012 至 2019 年平均幸福指數、客觀幸福力與主觀幸福感的樣貌，由圖示可看出各縣市的主觀幸福感的平均分數差異不大，但客觀幸福力分數差異狀況較大。然由於平均數看不出年度間的變化及其相關程度，接下來將利用相關分析來檢視這些指標在統計上的相關結果。

表 2.5 列出幸福指數與客觀幸福力分數、主觀幸福感分數的相關分析，其結果顯示，幸福指數和主觀幸福感的相關度較大，有 68.3%，但幸福指數和客觀幸福力的相關度也有 60.8%；然而客觀幸福力與主觀幸福感的相關度為 17%，僅能說為弱相關，這也呼應了前面的分析，即各縣市的客觀幸福力與主觀幸福感的走向不盡相同。

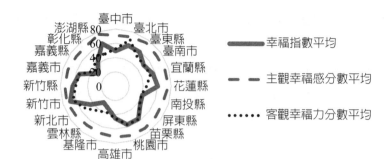

圖 2.5　各縣市 2012 至 2019 年平均幸福指數、客觀幸福力與主觀幸福感雷達圖

資料來源：本研究綜合《經濟日報》2012 至 2019 年調查報告後繪製。

表 2.5　各指標之相關係數表（n = 160）

指標	幸福指數	客觀幸福力	主觀幸福感
幸福指數	1	0.608**	0.683**
客觀幸福力	―	1	0.176*
主觀幸福感	―	―	1

** P ＜ 0.01 *P ＜ 0.05

資料來源：本研究統計。

二　客觀幸福力及主觀幸福感與其構成要素間的關係

　　因為客觀幸福力分數及主觀幸福感分數都是由許多因素構建而成，接下來進一步觀察是哪些因素與客觀幸福力分數及主觀幸福感分數關聯程度較高。與客觀幸福力分數有較高度顯著正相關的因素前三名為：平均家戶可支配所得（51.5%）、大專以上學歷比例（44.5%），以及平均餘命（44.5%），而最會減損客觀幸福力分數的則為暴力犯罪發生率。另一方面，與主觀幸福感分數有較高度正相關的因素前三名則為：生活現況（92.8%）、居住（89.7%）及收入（87.1%），由表 2.6 可以看出，這些次指標和主觀幸福感分數的相關度至少都有六成。這樣的相關分析可以提

供下列數項觀察：

　　首先，表 2.6 及表 2.7 的次指標相關分析呼應了生活條件會影響幸福感的說法，經濟條件是基本生活所需，這在客觀幸福力及主觀幸福感上都得到印證，家戶的所得或收入指標與其都有極大的顯著相關。其次，社會聯繫與主觀幸福感有著近七成的顯著相關，也可說明「關係歸屬」的確也和個人的主觀幸福感分數有極大的關係。最後，近年來環境議題已逐漸成為大眾關心的議題之一，由相關數據可看出，「懸浮微粒 PM10 年平均濃度」與客觀幸福力的相關度只有不到二成的負相關，也就是說，客觀幸福指標不會因為「懸浮微粒 PM10 年平均濃度」的上升有太多的下降，主觀幸福感和環境品質也只有約六成的相關，可見不論是客觀或是主觀上，在環境議題的關注度似乎和目前的環境議題趨勢有所落差。「懸浮微粒 PM10 年平均濃度」是否能夠成為唯一衡量客觀幸福力的指標，應可再作思考。

表 2.6　客觀幸福力與其次指標之相關係數表（n = 160）

	平均每人居住面積（坪／人）	家戶連網比例（%）	平均家戶可支配所得（千元）	平均家戶儲蓄比例（%）	15-64 歲就業率（%）	人均志工服務時數（小時／人）	大專以上學歷比例（%）	懸浮微粒（PM$_{10}$）年平均濃度（微克／立方公尺）	零歲平均餘命（歲）	暴力犯罪發生率（件／10 萬人）
相關係數	-.192[*]	.353[**]	.515[**]	.030	.054	.197[*]	.445[**]	-.181[*]	.415[**]	-.202[*]

** P<0.01 *P<0.05

資料來源：本研究綜合《經濟日報》2012 至 2019 年調查報告後統計。

表 2.7　主觀幸福感與其次指標之相關係數表（n = 160）

	健康	工作生活平衡	教育	社會聯繫	公民參與政府治理	環境品質	個人安全	就業	收入	居住	生活現況
相關係數	.626**	.795**	.805**	.709**	.782**	.630**	.835**	.823**	.871**	.897**	.928**

** P < 0.01 *P < 0.05

資料來源：本研究綜合《經濟日報》2012 至 2019 年調查報告後統計。

2.3.3 創意產業與居民幸福感的關係

　　林漢良等人（2019）指出，創意城市已成爲當今許多國家大都市採用的都市理論，而文化創意產業已成爲各先進國家提升經濟產值，以及復甦都市再生的重要策略。由於創意氛圍是一種空間的概念（Landry, 2000, p.133），效法英國、美國等國家對於創意城市的作法，臺灣許多城市在承繼社區總體營造的成果下，亦開始經營文創產業，積極推動藝文活動與節慶營造創意氛圍，更試圖透過文創園區、藝術聚落等策略促進都市再生。這種經營空間的作法，符合本研究前述的討論，故本部分討論創意產業與居民幸福感的關係，試圖了解是否一個城市的創意產業愈多，居民會愈有幸福感受。

　　參考林漢良等人（2019）對城市創意力的定義，本研究以文化創意產業人均營業額來衡量城市創意力，並將此變數與前述的城市幸福指標進行相關分析，結果如表 2.8 所示。由相關係數表的結果可知，以文化創意產業人均營業額來衡量城市創意力與城市幸福指數有顯著的中度相關（45.3%），而創意力與客觀幸福力分數的相關爲中強度的相關（68.9%），與主觀幸福度也有中度的相關（62.8%）。就此結果而言，城市創意產業會出現在主客觀幸福指標都有一定績優表現的城市。因此回

到前一節 Florida 的呼籲，如果執政者希望發展城市創意產業、吸引更多創意人才，其實應當要同步關注與加強客觀和主觀的幸福感，缺一不可。

表 2.8　城市創意力與城市幸福指標間的相關係數表（n = 95）

	幸福指數	主觀幸福感分數	客觀幸福力分數
文化創意產業人均營業額（註 4）	.453**	.628**	.689**

資料來源：本研究綜合《經濟日報》2012 至 2019 年調查報告後繪製。

2.4 小結

　　本章從有關「幸福」的定義和元素談起，從個人層次的主觀幸福感受，到集體、社會層次的客觀幸福力，乃至於今日各國政府為了促成「最大多數人的最大幸福」，紛紛以提升「國民幸福總值」（GNH）為施政目標。而從地理區域角度進行的各國之間、區域或縣市之間的幸福感比較，也構成了關切都市幸福感的熱潮。例如近年來一些論文進行臺灣各區域居民的幸福感比較，多發現離島、東部地區居民的幸福感分數最高。

　　本研究則根據《經濟日報》2012 至 2019 年持續進行的「縣市幸福指數大調查」結果，進行次級分析。整體而言，本研究發現除了新竹市之外，其餘幸福指數排名前面的縣市，確實多位於離島或東部，與前述文獻發現類似，反映出都市化程度並不一定帶來居民幸福感。本研究也進一步指出，雖然縣市的整體「幸福指數」與主觀和客觀的幸福指標都有顯著相關性，但還是可看出主觀幸福感的相關程度略高於客觀幸福力。此外，主觀指數與客觀指標之間，僅有低度相關性。這些數據或許正呼應了 Florida 所提醒的「性格適配性」，也就是有些縣市雖然客觀指數表現並非最佳，但因為符合居民的期待與需要，因此，居民主觀的滿意度仍是高的。

　　不過，由於國內尚缺乏如 Florida 一書中結合心理學與地理學途徑，

對「城市性格」與「幸福感」關係進行探究的大規模調查，因此，究竟
居民的幸福感受是不是與其性格、歸屬感與認同有關，有待後續進一步
研究。不過，以本書所關切的創意產業而言，至少從本章的分析可以得
知，城市規劃與管理者若希望吸引更多創意產業的進駐，需要同步關注客
觀與主觀幸福指數的表現。例如擁有國內規模最大科技園區的新竹市，雖
說得利於園區的設立，使其具有吸引高科技人才居住與生活的優勢，但其
本身在歷年的幸福感調查中多次獲得全國第一名，且不論主觀或客觀幸福
指標的表現都很傑出。這個「超越六都」的奇蹟如何產生？如何維繫，也
值得未來都市研究或規劃者進一步了解。

註釋

1. 根據行政院主計總處（2017）的網頁說明，綜合成本效益、需求性及必要性考
    量，2017 年起停止編製「國民幸福指數」，原本的指標改名爲「福祉衡量指
    標」，持續更新於主計總處網站。經本研究對照檢視前後指標項目，原本「國民
    幸福指數」11 個構面（領域）仍保留，但構面內的有些指標，可能因爲資料不易
    蒐集而取消，因此總指標數目從 2013 年的 62 項，到 2017 年改制時減爲 42 項。
2. 至於一般常見的性別、年齡、教育程度、族群等自變項，因爲對於主觀幸福感的
    影響，在不同研究有不同結論，並不一致，因此不在此列出討論。
3. 《經濟日報》的調查在主觀幸福感及客觀幸福力，都有原始分數及依原始分數轉
    換而成的指數分數，然本研究僅取得 2018 及 2019 年的主觀幸福感的指數分數，
    其餘皆爲原始分數，故以下的分析皆以原始分數進行。
4. 由於林漢良等人（2019）研究中，提供的文化創意產業人均營業額爲 2011 至
    2016 年，配合本研究的幸福指數年度，此相關分析的年份爲 2012 至 2016 年，
    總樣本數爲 100（20 縣市，5 年期間），然亦由於臺北市的文化創意產業人均營
    業額過高，與其他縣市的差距過大，不利相關分析，故刪除臺北市的 5 筆資料，
    最後的資料筆數爲 95 筆。

參考文獻

中文部分

任卓、馮克芸譯（2009）。尋找你的幸福城市：你住的地方決定你的前途。臺北：天下。

行政院主計總處（2017）。社會指標統計簡介。中華民國統計資訊網。網路資料，網址：https://www.stat.gov.tw/ct.asp?xItem = 16878&CtNode = 537&mp = 4（最後瀏覽：2020/5/22）。

邢占軍（2005）。對主觀幸福感測量的反思。本土心理學研究，**24**：301-323。

周永明（2010）。「幸福」在中國的不幸。二十一世紀雙月刊，**121**：34-38。

林漢良、古淑薰、趙子元、洪于婷、林思玲、陳坤宏（2019）。尖峰都市在地理空間發展上的體現：臺灣 22 縣市個案與理論意義。中國地理學會會刊，**64**：1-32。

陳伊琳（2014）。品格長處與德行在促成個體幸福／快樂中的角色：評介 M. E. P. Seligman 著《Authentic Happiness》。教育資料與研究，**115**：253-278。

陳建綱（2017）。效益主義的發軔：初探邊沁的政治思想。人文及社會科學集刊，**29**（4）：527-562。

陳嘉鳳、周才忠（2012）。臺灣民眾主觀快樂幸福感之樣貌與未來之發展方向。應用倫理評論，**52**：83-113。

陸洛（2007）。華人的幸福觀與幸福感。心理學應用探索，**9**（1）：19-30。

彭錦鵬、李俊達（2014）。影響主觀幸福感因素之研究。「**2014 臺灣政治學會年會暨『當前全球民主實踐的再思考：困境、挑戰與突破』國際學術研討會**」論文。臺北：國立臺灣大學社會科學院。

彭錦鵬、黃東益（2012）。幸福指數指標建構之研究成果報告。臺北：財團法人臺灣民主基金會。

經濟日報（2019）。2019 經濟日報縣市幸福指數大調查報告。網路資料，網址：https://money.udn.com/ACT/2019/happy/chart/2019.pdf（最後瀏覽，2020/6/25）。

謝明瑞（2007）。行為經濟學理論的探討。商學學報，**15**：253-298。

黨云曉、張文忠、余建輝、諶麗、湛東升（2014）。北京居民主觀幸福感評價及影響因素研究。地理科學進展，**33**（10）：1312-1321。

英文部分

Ballas, D. & Dorling, D. (2013). The geography of happiness. In: David, S., Boniwell, I. and Ayers, A. C. (eds.), *Oxford handbook of happiness*, Ch.36, pp.465-81. New York: Oxford

University Press.

Brulé, G. (2015). *Geography of happiness: A comparative exploration of the case of France.* Doctoral dissertation. Rotterdam: Erasmus Universiteit Rotterdam.

Delle Fave A., Brdar, I., Freire, T., & Wissing, W. P. (2011). The Eudaimonic and hedonic components of happiness: Qualitative and quantitative findings. *Social Indicators Research, 100*(2): 185-207.

Florida, R. (2005). *Cities and the creative class.* New York: Routledge.

Florida, R. (2008). *Who's your city? How the creative economy is making where to live the most important decision of your life.* New York: Basic Books.

GNH Institute (n/d). The Gross National Happiness origin. Online document, at http://gnh. institute/gross-national-happiness-gnh-origin.htm. Last visit: 2020/5/24.

GNHC (Gross National Happiness Commission, Bhutan) (2017). FAQs on GNH. Online document, at https://www.gnhc.gov.bt/en/wp-content/uploads/2017/05/GNH-FAQs-pdf. pdf. Last visit: 2020/5/24.

IIM (International Institute of Management) (n/d). Happiness economics & wellbeing public policy. Online document, at https://www.iim-edu.org/advisors/medjones/gross-national-wellbeing-happiness-gnh-gnw-index.htm. Last visit: 2020/5/24.

Landry, C. (2000). *The Creative City: A Toolkit for Urban Innovators.* London: Earthscan Publications.

Rojas, M. (ed.) (2019). *The economics of happiness: How the Easterlin Paradox transformed our understanding of well-being and progress.* Switzerland: Springer.

Seligman, M. E. P. (2002). *Authentic happiness: Using the new positive psychology to realize your potential for lasting fulfillment.* New York: Free Press.

Seligman, M. E. P. (2011). *Flourish: A visionary new understanding of happiness and well-being.* New York: Free Press.

Theobald T. & Cooper C. (2012). The relationship between happiness and wellbeing. In: *Doing the right thing*, pp.13-18. London: Palgrave Macmillan.

UN (2011). General Assembly resolution 67/309, *Happiness: towards a holistic approach to development*, A/RES/65/309 (19 July 2011), available from https://documents-dds-ny. un.org/doc/UNDOC/GEN/N11/420/70/PDF/N1142070.pdf?OpenElement.

Western, M. & Tomaszewski, W. (2016). Subjective wellbeing, objective wellbeing and inequality in Australia. *PLOS ONE, 11*(10): e0163345. doi:10.1371/journal.pone.0163345.

第**3**章

創意城市與尖峰都市區域的形成^(註1)

林漢良

3.1 尖峰世界 —— 都市區域的地理型態

3.1.1 論述

「The rise of the creative class」（創意階級的崛起）的首創者 Richard Florida 否定「世界是平的」此一主張，在他的 2008 年《*Who's Your City?*》一書中，提出所謂「尖峰都市」觀念，主張：縱使經濟全球化趨勢下，「地方」（place）仍持續扮演關鍵的角色，他透過人口與經濟實際數據的地圖，發現全球化與巨大區域的演化關係呈現高峰（peaks）與低谷（valleys）構成的地理型態（geomophology），並且定義此地理空間型態為：「尖峰世界」（spiky world）。此一理論主張：在人口數、科技創新能量、專利、頂尖科學家、工程師的群聚所生產的創意產業與活動的乘數效應下，產生了都市近鄰發展的現象而形成超級巨大的都市區域，而形成「高峰」與「低谷」的地理地景。

Florida 主張「尖峰都市」的形成與文化創意城市密切關聯，亦即：「創意城市—尖峰都市—超級區域」的循環且緊密的關係，足以闡述尖峰都市形成的動態過程。首先是頂尖科學家、藝術家、設計家等創意階級在生產與創造的空間聚集，而形成具有優勢經濟的創意都市，接著，因為聚集所產生的經濟乘數效果，加速了成長中心的形成與擴張。中心城市發展成巨型城市（mega-cities），並且在中心城市的發展軸線產生都市近鄰且群聚的巨大都市區域（urban regions）發展模式。此模式發生在全球許多區域而形成全球的「尖峰都市」地景。

Florida 此一新觀點對本研究提供了啟示：在臺灣的國土尺度，尖峰都市在地理空間發展上的體現會是如何？以及它們又呈現出哪些理論意義？此乃成為本文的動機所在。

3.1.2　創意城市與文化創意產業

　　創意城市已成爲當今新的都市理論之一，許多的成功案例驗證了文化創意產業締造全球化時代新經濟的論點。然而上述三者緊密的循環關係並不意味著「文創 ＝ 大都會 ＝ 高科技」的必然；但根據幾項研究結果，讓我們愈相信具備個性開放、多元化的創意城市，愈容易驅動區域創新及經濟成長。根據聯合國公布的《2008 年創意經濟報告書》顯示，1996 年全球創意商品國際出口貿易總金額是 2,274 億美元，2005 年是 4,244 億美元，每年成長率是 6.5%，足見創意經濟的重要性。英國是全世界最擅長運用創意產業的國家，創意產業的產值，2002 年約 1,125 億英鎊，占GDP 的 8%，並創造約 132 萬的就業人口，所占比例爲 6.64%，出口值爲 115 億英磅，占總出口值的 4.2%，成爲全世界推動文化創意產業成績最顯著的國家。美國表現其次，分別是占 7.8%（GDP）與 5.9%（就業人口），而臺灣是 2.8%（GDP）與 1.7%（就業人口），2015 年臺灣文創產業產值已達 8,339 億元，外銷 890 億元，未來仍有很大的努力空間。

　　以上是國家層級的表現，但若至都市層級，全球化潮流下，文化創意產業已成爲各先進國家提升經濟產值，以及復甦都市再生的重要策略。Landry（2000）建議，應該進一步評估如何將文化資產轉化成經濟優勢，此一建議值得都市計畫、地理、經濟等部門去努力實踐。因此，文創園區或藝術聚落等政策成爲促進都會區都市再生的重要論述，並在最近 10 年來成爲許多國家大都市相繼採用的都市理論。

3.1.3　超級城市區域的「不均」議題與挑戰

　　Florida（2005）認爲雖然創意經濟可以產生創新、高生產力、創造財富、就業機會，造就出尖峰都市或超級區域。但是，此一同時，卻產生了諸多社會問題，例如仕紳化、貧富不均、地理不均等發展的後果。面

對這些批評，他已在 2017 年出版一本新書：《*The New Urban Crisis: How
Our Cities Are Increasing Inequality, Deepening Segregation, and Failing
the Middle Class and What We Can Do About It*》，對於先前《*Who's Your
City?*》一書的樂觀或地方發展主義導向看法，有了一些修正與新論述，
甚至提出解決對策。

面對上述 Landry 與 Florida 的建議與擔憂，Pratt（2011）提出批評加
以呼應，認為創意城市論述已成為新自由主義的延伸，創意與文化支撐了
新自由主義的價值與發展。就以 Florida（2002, 2005）自己所發現的創意
城市所衍生的區域發展不均與社會不公問題顯示：美國的創意城市前二名
的奧斯汀與舊金山，恰是收入不平等最高的地區，創意城市造成房價飆
漲，紐約與波士頓迫使藝術家搬離社區，惡化了貧富差距。

此外，Florida（2009）認為超級區域也會面臨各種挑戰：當創新與移
居的全球流動速度加快，全球居於領先地位的超級區域，將主導更多關鍵
功能去吸引創意產業的人才以維持創新能量持之不墜。這個磁吸的作用是
一個全球超級區域間的競合，這也使得居於第二或第三級的超級區域的挑
戰更為險峻。這些地方腹背受敵，受到國際與國內各大城市內外夾攻，例
如美國的克里夫蘭與匹茲堡的商業功能被附近更大的芝加哥取代，國際生
產中心也轉移至上海等其他城市時，這二個城市維持持續成長或抑制衰退
的城市競爭壓力將愈來愈大。

3.1.4 尖峰城市理論的在地思考與臺灣體現架構

Florida（2007）在他的《*The Flight of the Creative Class*》一書中，
提及臺灣的創意經濟蓬勃發展，例如半導體與科技產業，但是對比臺
北市與其他縣市，則將會發現在所謂「3Ts —— Technology、Talent、
Tolerance —— 創意城市指標」上的區域表現並不是均質的，反而有社會、
經濟之間發展不公的矛盾。如同 Florida 所說的，在新自由主義的發展策

略下，往往有利於新興產業地區（例如內湖科技園區），而造成落後地區更大的壓力，如果沒有國家政策引領與預算補貼，則將可能淪爲全球競爭下的犧牲者；這樣的發展將導致臺北市夢想成爲創意城市過程中的一個夢魘。

因此，尖峰城市的臺灣體現探討，即以 Richard Florida 的尖峰都市發展的論述爲本，並說明所謂「尖峰都市」對於都市空間發展的作用，以及社會與經濟生活的意涵。臺灣尖峰都市 22 縣市個案在臺灣地理空間發展體現的實證架構，針對：(1) 人口數、家庭所得收入、地方稅收；(2) 就業者教育程度、專利（patents）、區域科技創新能量（innovation）；以及(3) 創意活動等三項指標，進行比較分析，並且建構臺灣 22 縣市的尖峰都市的雛型。

從上述本文提出影響尖峰都市形成的三項因素的理論假設，可以看出：代表高科技的區域科技創新能量，是與創意活動有差異的，分別屬於不同的影響因素。最後，藉由尖峰都市在臺灣地理空間發展上的體現結果，進一步探討其理論意義，例如：尖峰都市論述在不同縣市的發展上，缺乏在地化的反思；落後地區成爲新自由主義發展策略下的犧牲者，應如何彌補其損失？位處「低谷」世界的縣市，在所謂「3Ts 創意城市指標」上的區域社經不公之間的矛盾，應如何獲得解決？在臺灣，居於領先地位的尖峰都市如何維持創新能量，使之不墜？

3.2 尖峰都市成長理論

3.2.1 尖峰都市 VS. 世界是平的 —— Spiky or Flat？

經濟全球化持續發展下，全球城市的發展是尖峰化或是扁平化的爭議，並不是地景型態的爭議，而是「地方」是否仍是關鍵的爭議（Is place still the matter?）。

　　Friedman 列舉了柏林圍牆倒塌、網頁瀏覽器 Netscape 上市、電子文檔代替紙本文檔的工作流程軟體（workflow softwares）、線上上傳協作（uploading）服務與製造外包（outsourcing）、企業的製造或內部流程模組布局到其他國家的離岸外包（offshoring）、內包（insourcing）、供應鏈（supply-chaining）、資訊化（informing），以及商務／影音／娛樂等資訊在個人數位設備的編輯／操作／傳輸（The Steroids）等 10 個世界扁平化的因子，主要都是貿易壁壘消除，以及企業的組織與生產因素創新重構的技術與策略，都促使企業的內部連結更為多元且扁平化的結構，而愈扁平化的企業／經濟體，其內部的連結就愈緊密、相對的競爭力與優勢就愈高，這是由全球化下企業或公司全世界布局的組織連結型態（Stiglitz, 2007）。

　　然而，去貿易障礙、去資本、人才、資訊等流動障礙的扁平化，並不是沒有成本的，政府與企業對基礎建設的投入、政策的調整與組織再造，必須相對的存在並且是所有因素與時間競爭的過程。只有少數的企業與城市才能具備這些條件，而使得扁平化的連結架構只聚集在少數的企業／城市節點，而這些節點也就是發展尖峰城市的關鍵區位或關鍵地方。

　　Porter（2000）把全球化發展就認為區位不再重要的論點稱之為「區位謬論」（location paradox）。全球化發展至今的事實結果是企業產生如蘋果、三星、台積電、亞馬遜、Google、FaceBook 等大型企業，而居住於都市的人口愈來愈多，並且發展出如舊金山、洛杉磯、首爾、東京、上海、深圳等的巨型都市區域。

　　此外，Watts 與 Strogatz（1998）於《*Nature*》期刊所發表的小世界網絡模型，指出生物、技術和社交網絡的連接拓撲結構，既不是完全的規則網絡，也不是完全的隨機網絡，而是在這二種極端情況之間的小世界網絡。而小世界網絡模型的大者恆大的馬太效應（Matthew Effect），也說明結構扁平化的動態發展，企業規模與城市規模都有類聚，而尖峰化的趨勢造就了巨大企業及巨大都會區域的形成。

3.2.2 創意產業的乘數效應與群聚類型

　　關於尖峰都市與文化創意城市的關聯關係，在於尖峰都市的產業組成內容對於都市成長的影響。Robert Murray Haig 在 1928 年紐約區域計畫的工作中發現由於資料的匱乏問題，研究一個地區的產業產出和貿易流量是不切實際的。作爲替代方案，他提出了使用就業數據指認基礎和非基礎就業的概念而發展出經濟基礎法（economic base method）。分析並預測都市暨區域人口、土地使用與產業的格林勞萊模型，以及 DRAM & EMPAL 和 Putman 整合模型，都具有經濟基礎分析的雛型架構。經濟基礎法定義基礎產業是從該地區出口並從外部帶來財富的產業，而非基礎產業則是支持基礎產業，以及基礎產業扶養的家計部門的服務消費需求。因此，促成尖峰都市發展必須是基礎產業，而且必須是具有高乘數效應的產業。

　　在 Florida 的書中指出涵蓋美洲、歐洲及亞洲的巨型區域的高乘數效應產業，包括：金融商業服務、藝術文化、媒體、戰略情報、電影娛樂和流行文化、資訊技術、電信，和生物技術、教育、新創與電影工業等的核心產業。其中重要的發展典型有：美國東岸由紐約延伸到華盛頓地區將近 500 英里的 Bos-Wash 廊帶，其中：紐約在金融、商業服務及藝術和文化領域高度專業；華盛頓特區的媒體、戰略情報和生物技術聚集。美國西岸由舊金山灣區經洛杉磯到聖地牙哥的軸帶，舊金山灣區是 Stanford/UC-Berkeley/UC-San Francisco/UC-Davis 等的大學群與矽谷／Apple/Google/FaceBook 等世界級科技產業的巨型區域模式；洛杉磯則以電影、娛樂和流行文化的世界中心，也成爲金融、銀行和技術公司的主要目的地；聖地牙哥爲世界一流的地理資訊技術公司 ESRI 企業總部之所在，並有電信、生物技術與電子科技產品的製造中心。

　　歐洲部分的英國，從倫敦到里茲—曼徹斯特—利物浦再到伯明翰，形成一個巨大的全球創意階層的所在地，聚集大量的美國與外籍人士而成

為世界領先的金融及包括電影、戲劇和音樂的文化創意。德國包括斯圖加特、法蘭克福和曼海姆的巨型區域擁有 2,300 萬人，是金融和汽車等重工業製造業中心，這個由衛星夜間燈光地圖所定義的經濟區域，其產值達 6,300 億美元。義大利的米蘭到羅馬是時尚產業與工業設計的領先中心，大巴黎地區則是時尚和高級文化的權威中心。

這些尖峰都市典型的形成都和文化創意城市密切關聯。創意城市的相關論述結合創意階級與創意產業的發展，更是受到全球城市治理者的歡迎，其中《創意城市》（Landry, 2000）與《創意階級的興起》（Florida, 2002），更是許多城市規劃者與政策制定者奉為圭臬的重要參考著作。Landry 和 Florida 均強調，未來的城市要能在國際競爭中脫穎而出，創意和多元性是重要因素。

3.2.3 創意城市的要素

Florida（2002）認為當代城市的經濟成長與發展取決於三個條件——科技（technology）、人才（talent）、包容力（tolerance）。科技是一個地區中創新和高科技聚集的展現；人才是經濟發展的關鍵動力，指的是擁有學士學位及以上學位的人才；包容力則關乎一個地區或國家是否能夠開放，能夠具備調動和吸引人才的能力，包含開放性、民族、種族與職業的多樣性。因此，他主張透過聚集創意人才與高技產業，具備開放多元的生活空間，即是「創意城市」。此外，Florida（2007, 2009）提出「新創意地理學」（the new geography of creativity），指出藝術文化和創意是營造創意城市的酷魅力，進而吸引更多其他創意階級與人才的群聚。

3.2.4 創意城市與文化創意產業

相較於 Florida 強調創意階級，Landry（2000）指出城市發展的典範轉移：由於今日城市發展的模式已不同於過去，所有城市都必須重新思考

其經營管理的優先次序，從過去倚賴法令控制、強調投入產出效率，轉變成為重視實驗與創意，以謀求城市真正長遠的發展利益。他更加強調城市需要營造一種鼓勵創新與合作的「創意氛圍」（creative milieu）：

「創意氛圍」是一種空間的概念，可能指的是建築群、城市的某處，甚至整座城市或區域。它涵蓋了必要的先決條件，足以激發源源不絕的創意點子與發明的一切「軟」、「硬」體設施。這類環境是實質的，是一個讓關鍵多數企業家、知識分子、社運人士、藝術家、行政官員、政治掮客或學生等，得以置身其間運作的開放式國際環境，也是一個能面對面互動、激發新創意，並創造工藝品、產品、服務與機構等，繼而使經濟成功的地方（Landry, 2000, p.133）。

針對歐美許多舊工業區的脈絡城市，Landry（2000）倡議透過藝術文化和創意活動活化這些舊場域空間，並運用城市的文化資源帶動都市更新、街區活化、營造創意氛圍，打造城市品牌。Florida 及 Landry 的論述紛紛被許多城市採用，「創意城市」已成為當今新的都市理論之一，許多城市首長紛紛引進文創產業、積極推動藝文活動與節慶營造創意氛圍，更試圖透過文創園區、藝術聚落等策略促進都市再生。臺灣主要城市亦多次邀請他們來臺演講，例如臺北市更在 2012 年邀請 Charles Landry 擔任市政顧問，舉行多場創意城市工作坊，企圖打造臺北為國際重要的創意城市。

3.2.5　創意城市的批判

然而，「創意城市」的相關論述在近年來也受到許多質疑與批判（王佳煌，2010）。Pratt（2011）認為創意城市論述已成為新自由主義的延伸，創意與文化支撐了新自由主義的價值與發展。邱淑宜（2014）針對臺北市政府於大稻埕地區推動的一系列的藝文活動與策展計畫，透過田野訪談發現，這些藝文活動缺乏在地居民主體性參與的都市再生實踐，反而是基於臺北市政府政策制定者與部分文創工作者的菁英品味強制植入迪化

街，掏空了在地的主體性。邱淑宜與林文一（2014）根據晚近案例與文獻，指出創意城市策略常常導致高房價與仕紳化等問題，造成區域發展不均、擴大貧富不均與社會不公的問題。他們同時透過田野訪談，針對臺北市政府由上而下的創意城市政策進行分析，得到了「似乎在複製一種單方面的樂觀美夢，或讓臺北的都市發展策略，成為國際上之新自由主義化的創意城市論述的『後』殖民領域。」此一結論。

事實上，Florida（2002, 2005）對於創意城市策略的問題亦有自我省思，他觀察到美國創意城市前二名的奧斯汀與舊金山，恰是收入不平等最高的地區；創意城市造成房價飆漲，紐約與波士頓迫使藝術家搬離社區，惡化了貧富差距。此外，Florida（2007）亦提及臺灣的創意經濟蓬勃發展，如同 Florida 所說的，在新自由主義的發展策略下，往往有利於新興產業地區（例如內湖科技園區），而造成落後地區更大的壓力，如果沒有國家的補貼，則將可能淪為全球競爭下的犧牲者，反而導致臺北市夢想成為創意城市過程中的一個夢魘。

本文亦認為，針對國外「尖峰都市」與其相關的「創意城市」等論述，均需要更細緻、反思性及以實證研究為基礎做探討。基於此，作者希望透過前述理論的爬梳與反思，提出臺灣尖峰都市的實證研究。

3.3 尖峰都市的演算架構

3.3.1 Florida 尖峰城市的演算架構

由於沒有國家尺度以下的全球經濟活動數據，Florida（2009）的尖峰都市的全球地理分布，是使用夜間燈光的衛星影像來劃定巨型都會區域的範圍，他分析夜間燈光衛星影像的光閾值作為判定人口的地理連續（或非常接近連續），比對 Lang 與 Dhavale（2005）引用美國區域計畫協會研究美國巨型都會區域的成果為驗證（Regional Plan Association, 2006），

並延伸運用此光閾值於世界其他地區的夜間燈光數據，結果產生了覆蓋數千平方公里的最大的巨型區域，到小村莊和其他大約一平方公里的成千上萬個點亮的斑塊，代表了各種人口規模的聚落群聚，然後合併相隔不到2公里的發光區域而得到全球尖峰都市圖。

然而，使用夜間燈光足跡所定義的巨型區域會與邊界統計數據通常使用的政治和行政邊界沒有太大的相似之處。因此，Florida 建立經濟活動產值爲夜間燈光足跡的直接函數，並且利用美國市長會議（Global Insight, 2006）編制的美國 48 個州的 356 個大都市區的 2001 年 GDP 估算來校準模型，最後用以估計全世界每 30 秒經緯度網格（略小於一平方公里）的經濟活動，並將此指標稱爲光源區域產值（Light-based Regional Product, LRP）。

3.3.2 臺灣尖峰城市的演算架構

本研究的資料基礎在人口部分有最小統計區的人口資料、代表經濟活動績效的家庭所得、地方歲收與創意產業活動等，大多可以有縣市層級的統計資料爲基礎，所以並不需要建立如 Florida 的估計函數。圖 3.1 係以最小統計區的人口密度爲指標，並使用核密度分析法（Kernel Density Estimation, KDE）來建立臺灣的尖峰城市圖。

核密度估計是在已知樣本所屬的類別不確定，或不知道總體分布形式下，基於大樣本的性質，直接利用樣本估計出整個機率密度函式的非參數估計法（nonparametric estimation）。核密度的「核」指的是對所涵蓋樣本數據的權重函數，核密度的空間分析就是藉助一個移動的核函式放在每一個數據點的位置上，然後將核函式的作用效果疊加起來以獲得平滑的曲線／曲面。而權重函數的頻寬（bandwidth）是決定空間曲面樣態的另外一個重要參數；頻寬愈大，表示所涵蓋的面積範圍愈大，所涵蓋觀察到的資料點愈多，而在最終形成的曲線形狀中所占比重則愈小。

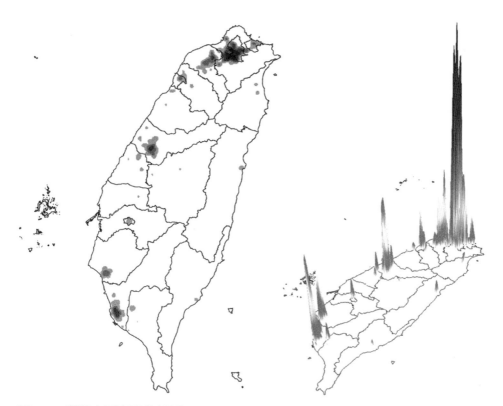

圖 3.1　臺灣人口密度尖峰圖

資料來源：本研究整理繪製自縣市重要統計指標查詢系統。中華民國統計資訊網，
　　　　　http://statdb.dgbas.gov.tw/pxweb/Dialog/statfile9.asp。

　　關於全臺灣的人口密度所構成的密度函數，由於缺乏先驗研究而無
法事先給出密度函式；在這種情況下，非引數估計的核密度分析就是一個
適當的考量。在權重函數的選擇方面，由於人口密度在地方尺度（local
scale）可視為單核心的對稱型態，因此，選擇常態分布的高斯函數來作
為權重函數。另外，頻寬的設定愈大，KDE 整體曲線因個別樣本的重要
性降低，而使得曲線愈平坦；頻寬愈小，觀察到的資料點在最終形成的曲
線形狀中所占比重愈大，KDE 整體曲線就愈陡峭。因此，頻寬的設定對
於尖峰城市的體現具有重要的影響。本研究則測試 1,000-4,000 公尺的級

距範圍，每 500 公尺檢視其都會區域形成的過程變化，並不斷檢視其中心都市位置變化的情形。圖 3.1 顯示以高斯權重函數，頻寬設定 3,500 公尺所得到的人口密度尖峰圖。尖峰所在由於是最小統計曲線的資料所形成，較小涵蓋整個都市行政轄區的範圍，是更精確地描述人口聚集的地理區位。以行政區的概念來說明的話，主要的尖峰在臺北市 + 新北市 + 桃園市，以及臺中市與高雄市等三個地區，而北部基隆市、新北市、臺北市、桃園市到新竹市的集中分散形成一個區域都會帶；次級核心則有新竹市與臺南市，再次級則是彰化縣、嘉義市、宜蘭縣與花蓮縣。因此，22 縣市的人口、經濟活動表現，則仍以縣市尺度的資料來加以說明，分別如下所述。

3.4 尖峰都市在臺灣地理空間的體現

3.4.1 人口數、家庭所得收入、地方稅收

根據本研究之理論假設，首先針對第一項之形成因素，以臺灣各縣市之尺度進行探討：分別為人口數、家庭所得收入及地方稅收。

一 人口分析

人口分析分別從人口總數、人口密度、戶數及戶量進行討論。首先於人口總數變遷的趨勢部分，詳見圖 3.2，可以發現歷年來，新北市就總人數增長幅度而言，是最為顯著的縣市（總人數 3,995,717，增長 947,683 人）；其他直轄市中，除了臺北市與高雄市是處於緩慢下降的趨勢外，其餘呈現穩定成長狀態，並又以桃園市成長幅度僅次於新北市。而其他縣市根據人口總數漲幅比例（詳見表 3.1），金門縣、連江縣、新竹縣與新竹市在民國 80 年至 107 年期間有一定人口遷入；另於其他縣市而言，其人口總數皆處於穩定、變動幅度不大的狀態。

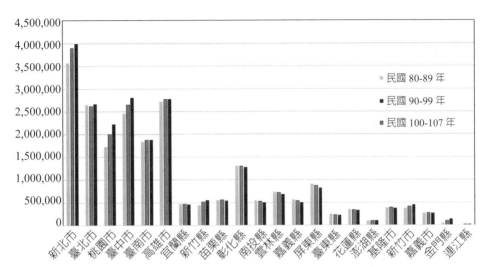

圖 3.2　全臺 22 縣市之人口總數歷年趨勢圖（民國 80-107 年）
資料來源：趙子元整理自中華民國內政部統計處提供（林漢良等，2019）。

表 3.1　全臺 22 縣市之人口平均成長率表（民國 80-107 年）

縣市	成長率	縣市	成長率	縣市	成長率	縣市	成長率
新北市	0.31	宜蘭縣	0.01	嘉義縣	-0.08	新竹市	0.37
臺北市	-0.02	新竹縣	0.49	屏東縣	-0.08	嘉義市	0.04
桃園市	0.64	苗栗縣	0.00	臺東縣	-0.15	金門縣	2.26
臺中市	0.39	彰化縣	0.03	花蓮縣	-0.07	連江縣	1.34
臺南市	0.10	南投縣	-0.07	澎湖縣	0.09		
高雄市	0.11	雲林縣	-0.09	基隆市	0.05		

資料來源：趙子元整理自中華民國內政部統計處提供（林漢良等，2019）。

　　就人口密度（詳見圖 3.3）而言，可以發現近 30 年來，各縣市在人口密度上的變化並不明顯。僅新北市的人口密度逐年穩定成長，到 107 年年底，逼近臺北市的人口密度之現象更爲顯著。

　　進而以民國 105 年人口總數與人口密度之狀況分析（詳見圖 3.4），首先，人口總數方面，各直轄市係處於領先狀態，並以新北市居首，而於人口密度部分，可以發現臺北市雖面臨人口總數減少的情形，然而仍居於

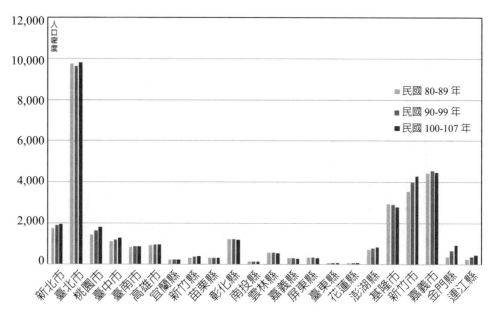

圖 3.3　全臺 22 縣市之人口密度歷年趨勢圖（民國 80-107 年）
資料來源：趙子元整理自中華民國內政部統計處提供（林漢良等，2019）。

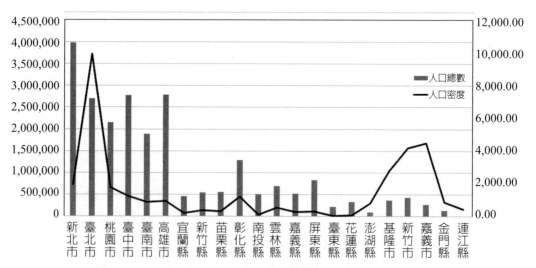

圖 3.4　全臺 22 縣市之人口總數、人口密度示意圖（民國 105 年）
資料來源：趙子元整理自中華民國內政部統計處提供（林漢良等，2019）。

全臺 22 縣市中人口密度最高的縣市，考量其本身為臺灣之首都，政治經濟的發展重心，資源豐富，因此，人口密度大幅領先其他縣市；而依序又為嘉義市、新竹市與基隆市密度較高，考量這些縣市之占地面積與其人口密度排序，依序為全臺面積小的縣市，因此，人口密度相較其他縣市密集且集中。

　　而由於近年來臺灣社會文化變遷緣故，年輕族群多希望自立門戶，致單身戶及核心家庭型態日漸增長，三代同堂的比例快速下降，因此戶數方面（詳見圖 3.5），多呈現正成長趨勢，並且又以新北市領先各縣市；而戶量（平均每戶人口數）方面（詳見圖 3.6），可以發現除連江縣呈現浮動狀態，金門縣於後期亦呈現成長趨勢外，其他縣市皆同樣呈現負成長趨勢，歷年遞減。

　　並且根據民國 105 年之資料，戶數方面（詳見圖 3.7），與人口總數相同，各直轄市係處於領先狀態，並以新北市居首；而戶量（平均每戶人口數）方面，各縣市多為每戶平均 2-3 人左右，僅有連江縣高達 4.74 人。

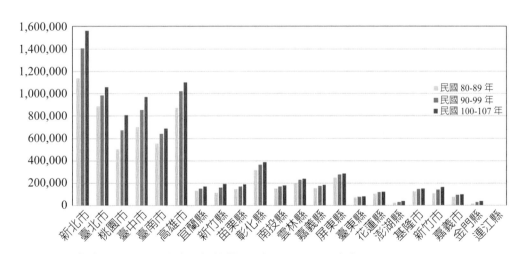

圖 3.5　全臺 22 縣市之戶數歷年趨勢圖（民國 80-107 年）
資料來源：趙子元整理自中華民國內政部統計處提供（林漢良等，2019）。

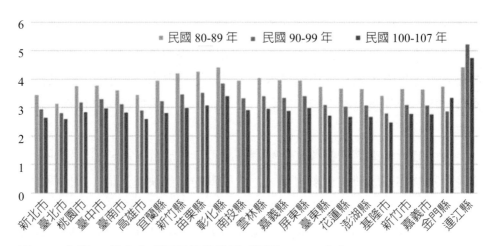

圖 3.6　全臺 22 縣市之戶量歷年趨勢圖（民國 80-107 年）
資料來源：趙子元整理自中華民國內政部統計處提供（林漢良等，2019）。

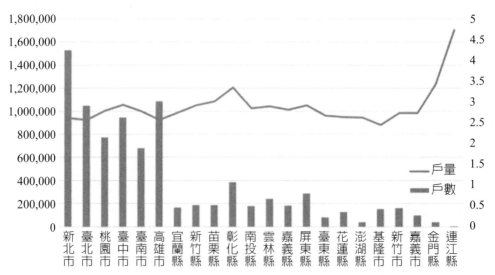

圖 3.7　臺 22 縣市之戶數、戶量示意圖（民國 105 年）
資料來源：趙子元整理自中華民國內政部統計處提供（林漢良等，2019）。

二 家庭所得分析

在家庭所得收入部分，以民國 105 年內政部統計處發布之綜合所得稅所得淨額申報統計資料作爲依據，首先於納稅單位方面（詳見圖 3.8），可以得知新北市領先各縣市，高達 1,143,526 戶，其次分別爲各直轄市：臺北市、臺中市、高雄市、桃園市與臺南市。

又以各縣市所得數額而言（詳見圖 3.9），可以發現臺北市、新竹市與新竹縣，雖納稅單位數並非最多，然而其所得平均數而言，依序領先其他縣市，居民收入水準較高；特別是新竹市與新竹縣，推測其與新竹科學園區的區位緊鄰，平均收入較優於傳統產業，反映於薪資上，拉抬其所得數額。

進一步將所得平均數與中位數進行比較，發現各縣市皆面臨二數值落差很大之情形，可以得知各縣市在所得分配上有很大的落差，由於有錢人數量相對較少，雖拉抬平均所得，卻拉大貧富差距。

另外，特別的是離島部分，所得平均數亦有領先其他縣市的表現，且貧富差距亦相對較少，考量由於離島人口相對較少，又因政府補助相對較

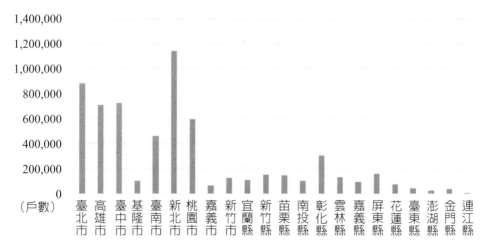

圖 3.8　全臺 22 縣市之家庭所得稅納稅單位示意圖（民國 105 年）
資料來源：趙子元整理自中華民國內政部統計處提供（林漢良等，2019）。

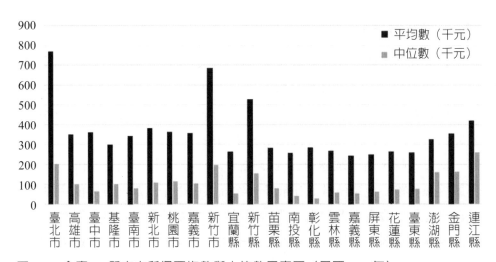

圖 3.9　全臺 22 縣市之所得平均數與中位數示意圖（民國 105 年）
資料來源：趙子元整理自中華民國內政部統計處提供（林漢良等，2019）。

多，因此在平均數額上表現不差，貧富不如都會地區懸殊，而連江縣又因為從事公務員人口比例高，所得水平明顯優於其他縣市。

三　地方稅收分析

　　另於稅收部分，主要以地方稅作為判斷，因其是由直轄市及縣（市）地方政府所屬的稅捐機關負責徵收，主要包括印花稅、使用牌照稅、土地稅（田賦、地價稅、土地增值稅）、房屋稅、娛樂稅、契稅與特別及臨時稅課。臺北市從民國 79 年以來，皆位居各縣市之首，且其他直轄市緊接於後。其他縣市根據地方稅收漲幅比例（詳見表 3.2），金門縣、連江縣、臺東縣與澎湖縣在民國 79 年至 107 年期間有一定地方稅收的增加；而其他縣市地方稅收較處於穩定、變動幅度不大的狀態。

表 3.2 全臺 22 縣市之地方稅收漲幅表（民國 79-107 年）

縣市	漲幅比	縣市	漲幅比	縣市	漲幅比	縣市	漲幅比
新北市	0.91	宜蘭縣	2.48	嘉義縣	1.74	新竹市	1.78
臺北市	0.60	新竹縣	2.47	屏東縣	1.63	嘉義市	0.77
桃園市	1.81	苗栗縣	1.01	臺東縣	2.64	金門縣	6.10
臺中市	2.53	彰化縣	1.90	花蓮縣	1.30	連江縣	6.19
臺南市	1.80	南投縣	1.30	澎湖縣	2.18		
高雄市	1.08	雲林縣	2.04	基隆市	0.87		

資料來源：趙子元整理自中華民國內政部統計處提供（林漢良等，2019）。

　　並且根據民國 105 年各縣市地方稅收徵收情形（詳見圖 3.10），各直轄市仍處於領先狀態，並以臺北市居首（75,321,808 千元），而其他縣市部分，主要以彰化縣（11,374,502 千元）、新竹市、新竹縣領先。

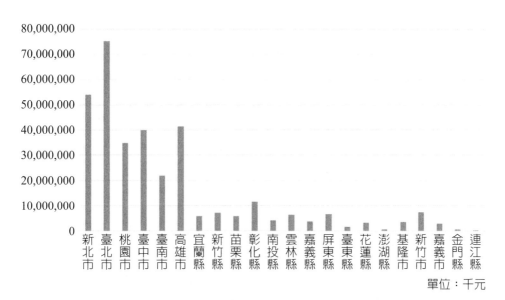

單位：千元

圖 3.10 全臺 22 縣市之地方稅收示意圖（民國 105 年）

資料來源：趙子元整理自中華民國內政部統計處提供（林漢良等，2019）。

3.4.2 就業者教育程度、專利、區域科技創新力

OECD（Organization for Economic Co-operation and Development）在 1996 年提出「科學技術與產業展望」報告，其認為生產力可不斷提升，因而使經濟持續成長的關鍵因素在於人力資本累積與技術蘊藏的「知識」，並指出在 OECD 主要成員國中，其知識的生產、擴張與應用相關者約占 GDP 一半以上（行政院經濟建設委員會，2003）。此外，2008 年學者 Florida 在《Who's Your City?》一書中，認為縱使在全球化趨勢下，世界各處將不會呈現均質發展狀況，而會因為人口數、科技創新能力、專利、頂尖科學家、工程師，以及創意活動等因素，塑造出超級區域，終而形成「尖峰」與「低谷」二個世界（Florida, 2008）。是故，本節將依研究假設二之科技創新能力進行三項指標的資料蒐集，探討臺灣尖峰都市的雛型，並且體現其在地理空間發展的狀況，進一步解讀理論意義。

雖然國際上對於技術創新研究已逾半世紀，但從相關研究文獻中得知，對於科技創新能力的定義與指標仍有眾多不同的見解與定義（Freeman, 1987; OECD, 1999; Jacobsson, et al, 1996; Coombs et al, 1998; Cooke, 2004），但大致上可以歸納為投入、產出，以及環境等三個面向。其中，投入面向計有員工教育程度、投入研發經費、研發創新支持經費等；產出面向則有專利數目、創新數目、生物安全法（Laws on Bio-safety, LBIO）等；環境面向計有政府或公眾支持創新計畫的程度、與其他企業或機構的合作創新程度等（Flor & Oltra, 2004）。此外，本研究希冀透過對臺灣 22 個縣市進行尖峰都市在地理空間發展上的體現，並與Florida（2009）對世界各國進行尖峰都市的研究接軌，因此，本研究在科技創新指標中，分別選取「就業者之教育程度」作為「投入面向」、「頂尖科學家、工程師」的指標；「專利數目」作為「產出面向」、「專利」的指標；財團法人資訊工業策進會（資策會 MIC）提出之「區域創新力指數」（陳文棠，2016）作為「環境面向」、「科技創新能力」的指標。

一 就業者之教育程度

學者 Jacobsson, et al（1996）指出，就業者的學歷背景應作為科技創新能力的指標之一，係因人力資源為產業投入的關鍵因素，是故，本研究採 15 歲以上人口高等教育程度（戶籍註記）比例，作為就業者之教育程度指標，意即 15 歲以上人口高等教育程度者占 15 歲以上人口百分率。其中，高等教育程度（戶籍註記）則為研究所、大學、2、3 年制專科及 5 年制專科後 2 年之畢業及肄業，於戶籍登記上有註記者。從圖 3.11 得知，當年度臺灣高等教育程度比例之平均值為 43.64，計有 9 個縣市高於此平均值。依序為臺北市、新竹市、金門縣、嘉義市、新竹縣、臺中市、連江縣、新北市、桃園市等，顯示臺灣高等教育人口聚集於此地區。

二 專利數目

專利係指由政府授權於創新者在一定期間內，對於某項創新產品、技術、物質或設計所擁有的獨占權利。學者 Grillches（1990）指出：專利統計為技術變革過程提供了唯一的來源，就數目質量、資料取得程度，以及詳細的產業與技術細節等而言，任何其他數據均無法與專利相媲美，因

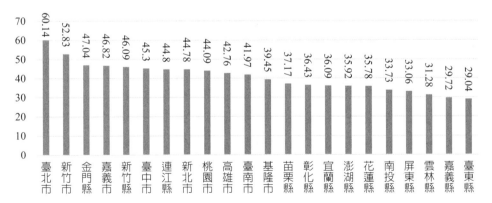

圖 3.11　臺灣各縣市 105 年就業者之教育程度比例
資料來源：洪于婷整理民國 105 年度縣市統計要覽提供（林漢良等，2019）。

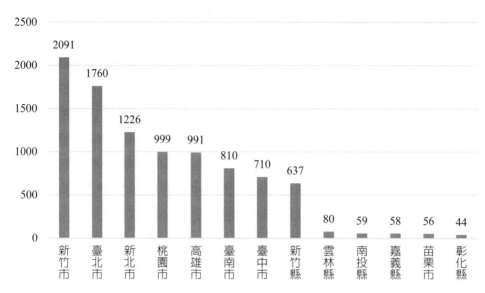

圖 3.12　民國 105 年本國法人專利申請百大排名

資料來源：洪于婷整理自經濟部智慧財產局提供（林漢良等，2019）。https://www. tipo.gov.tw/lp.asp?CtNode = 6722&CtUnit = 3232&BaseDSD = 7&mp = 1

此，專利數目可視為創新能力的產出。是故，本研究蒐集民國 105 年本國法人專利申請百大排名資料，如圖 3.12 所示。顯示當年度臺灣專利數量前 5 名依序為新竹市、臺北市、新北市、桃園市、高雄市；此外，臺南市、臺中市、新竹縣亦有突破 500 件數的專利數量，顯示該年度臺灣專利數量多集中於六都與北部城市。

三　區域創新力指數

　　區域創新力指數係由資策會 MIC 提出（2016），係以探討臺灣地方產業創新現況與趨勢，認為產學研單位可透過共同研究、委託研究等方式，創造知識與關鍵技術；並且藉由中介機構資源整合能力，透過垂直與水平的深度整合，媒合知識／關鍵技術、人力、資金之供需，部分中介單位更進一步提供孵化器、企業管理顧問等服務；再者，研發資金須充裕，

且創新研發所資不菲，因此，需要政府、基金會或創投公司的支持，創新基礎完備，可提高研究機構、產業及專業人才進駐的意願。是故，研擬「區域創新力指數」以作為探討地區創新之能量。該指標由三個部分組構而成，各占三分之一權重。第一部分為地方財政支應力，係指財政支應力分別由自有財源占歲出比例、公共債務成長率、人均負債金額組構而成。第二部分為區域創新能力，係指科技創新基盤與企業創新意願，其中，大專院校專利取得能力與每萬人科技論文影響力係為組成科技創新基盤之因子，投入研發工廠之平均研發經費與投入研發工廠比例為組成企業創新意願之因子。第三部分為智慧科技服務推動力，係指智慧服務推動分別由智慧科技服務類標案平均規模，與智慧科技服務類標案金額占歲出比等二個因子組構而成。

　　透過民國 105 年區域創新力指數之結果，如圖 3.13 所示。顯示當年度臺灣區域創新力指數排名前 5 名依序為臺北市、新竹市、桃園市、臺南市、臺中市，以上為推動相關服務環境較為成熟的都市，而六都中的高雄市與新北市則分居第 6、8 名。此外，新竹縣、苗栗縣、基隆市皆有高於全國平均表現。

　　從上述分析得知，臺北市與新竹市不論在高等教育就業者、專利或

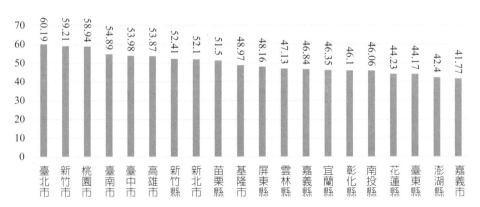

圖 3.13　民國 105 年區域創新力指數
資料來源：洪于婷整理自財團法人資訊工業策進會（資策會MIC）、陳文棠（2016）。

是科技創新能力等方面，皆爲臺灣首重之區域，顯示科技創新的投入、產出與環境在臺北市與新竹市皆爲較成熟的都市。此外，鄰近新竹市之新竹縣在此三個指標中，亦有亮眼的表現，顯示新竹縣市因地理區位相鄰之故，形成一個科技創新共同體。再者，六都除臺北市以外之都市，例如新北市、桃園市、高雄市、臺南市、臺中市，在此三個指標中亦皆爲前段的表現，顯示臺灣尖峰都市多座落於六都與新竹縣市。

3.4.3 創意活動

創意活動是尖峰都市的重要觀測面向，但官方或學界對「創意活動」尚未有具體定義與範疇。本研究主要關注尖峰都市的創意表現，因此，除參考《臺灣文化創意產業發展年報》的相關重要數據外，也關心各縣市在藝文活動與節慶數量的創意表現。同時，因爲創意活動除了民間參與投入外，官方的支持亦是促進創意活動發展的重要一環，因此，本研究亦關心人均文化支出在各縣市的比較。基於前述研究目的及當前文化部公開的統計數據，搜尋上主要以《臺灣文化創意產業發展年報》與「文化統計」官網上公開的各縣市藝文活動相關數據爲主。比較項目包括各縣市文化創意產業的廠商家數、營業額、人均營業額、LQ（區位商數），以及各縣市藝文活動數、節慶數與人均文化支出等。

臺灣自 2003 年起，每年出版《臺灣文化創意產業發展年報》，以記錄分析臺灣文化創意產業的發展現況。從出版的年報可以觀察到以下三項內容：(1) 分析臺灣文化創意產業發展概況；(2) 介紹臺灣文化創意產業主要政策與執行成果；以及 (3) 研析全球與臺灣文化創意產業重要議題。當年度出版的年報，內容爲前一年文化創意產業發展的成果。

目前僅有《臺灣文化創意產業發展年報》針對 15 加 1 項文化創意產業進行整合性調查，爲求 15 加 1 項次產業運用統一的資料來源，統整 15 加 1 項產業的重要指標，過去年報均採用財政部財政資訊中心之資料。雖

然稅務行業標準分類之六位碼的子類行業分類，已較工商普查的四位碼細類較爲細緻，可較爲精準地對應至 15 加 1 項文創產業，但財稅資料仍有其使用上的限制。例如在稅務行業標準分類上僅能部分對照；部分子類產業類別仍有跨產業共通的現象；產業化愈弱之產業，財稅資料難以詮釋；中小企業避稅措施；部分產業缺乏相對應之稅務行業分類；產業類別之歸屬爲個別廠商申報稅務時自行決定。因此，運用標準行業分類所能詮釋的文創產業發展可能被低估。再加上財政資訊中心進行臨場統計作業係根據已去識別化的資料進行統計，故無法了解個別產業實際包含哪些廠商，在產業發展的解讀上有一定的困難與限制 (註2)。雖然如此，本年報內容還是臺灣文化創業產業發展官方數據重要的代表。

一 2016 年文創產業發展重要指標

2016 年臺灣文化創意產業總家數爲 63,339 家，較 2015 年成長 0.72%，營業表現受到 2016 年全球經濟成長表現不佳影響，2016 年文創產業營業額爲新臺幣 8,072.5 億元，較 2015 年減少 3.42%。臺灣文化創意產業營業額主要來自於內銷收入，2016 年占總營業額的 88.53%，2016 年雖然全球經濟降溫，但臺灣文創產業外銷收入逆勢成長 4.51%。2016 年臺灣名目國內生產毛額成長 2.15%，文化創意產業之總營業額占名目國內生產毛額之比重爲 4.72%，文創產業總就業人數占全國就業人數比重爲 2.25%。雖然整體文創營業額與就業人數占全經濟的比重不是非常高，但根據英國的研究，文創產業的外部效益達本身產值貢獻的 2.64 倍，創造就業人數效果則是文創產業本身僱用的 2.44 倍。2016 年文化創意產業資本規模 500 萬以下之文創廠商家數占比 84.58%，顯示文創產業以微型企業爲主。新設文創廠商家數（1 年以下）占比約 6.52%、未滿 5 年之文創廠商家數占比 30.05%，與臺灣中小企業結構非常相近 (註3)。

二 各縣市文創產業發展概況

由廠商家數的面向來分析：2016 年臺灣文創產業廠商家數以六都直轄市最高（如表 3.3），依序為臺北市（18,654 家）、新北市（9,654 家）、臺中市（7,538 家）、高雄市（5,830 家）、臺南市（4,142 家）及桃園市（3,534 家），而其廠商家數合計共占整體文創產業家數的 77.92%，較 2015 年之占比增加 0.32%。此外，六都直轄市廠商家數除桃園市及臺南市衰退外，其他皆成長。六都直轄市之外的各縣市中，家數成長幅度最高者為嘉義市的 1.57%，其次為基隆市（1.38%）、臺東縣（1.15%）、新竹縣（1.00%）等，相較上年度表現，2016 年各縣市家數成長幅度趨緩，成長幅度皆未超過 2%；而家數衰退者，則以連江縣下滑 13.33% 最多（註 4）。

表 3.3　2016 年臺灣各縣市文化創意產業廠商家數及營業額（單位：家、千元）

縣市別	2016 年家數	年成長率	2016 年營業額年	年成長率
臺北市	18,654	1.83%	452,972,743	-3.42%
新北市	9,654	1.24%	112,369,551	-3.68%
桃園市	3,534	-1.51%	29,652,264	-1.37%
臺中市	7,538	1.78%	43,272,626	-1.27%
臺南市	4,142	-0.53%	22,399,072	-9.27%
高雄市	5,830	0.81%	41,190,262	-8.85%
基隆市	659	1.38%	3,135,867	12.09%
新竹市	1,096	-1.70%	20,220,262	5.50%
新竹縣	911	1.00%	16,011,668	14.26%
苗栗縣	1,095	-0.45%	3,927,129	-1.96%
彰化縣	2,049	-0.63%	8,394,523	3.01%
南投縣	970	-1.22%	5,933,143	4.19%
雲林縣	973	-2.99%	3,691,378	-3.95%

縣市別	2016 年家數	年成長率	2016 年營業額年	年成長率
嘉義市	840	1.57%	3,419,586	-6.74%
嘉義縣	560	-1.41%	2,791,032	-0.43%
屏東縣	1,563	-1.57%	4,661,015	-1.38%
宜蘭縣	1,032	0.68%	16,226,769	18.91%
花蓮縣	1,035	-2.73%	7,011,824	-23.58%
臺東縣	701	1.15%	8,724,302	-34.74%
金門縣	266	0.00%	717,164	-7.72%
澎湖縣	224	-3.03%	514,621	-7.62%
連江縣	13	-13.33%	12,440	-1.19%
合計	63,339	0.72%	807,249,241	-3.42%

資料來源：財政部財政資訊中心，2017 年 8 月。

　　其次，就營業額角度來看：同樣以六都直轄市最高，依序分別爲臺北市、新北市、臺中市、高雄市、桃園市及臺南市，其營業額合計共占整體文創產業營業額的 86.94%。值得注意的是，2016 年六都直轄市營業額皆呈衰退，占全國文創產業營業額比重下滑，由 2011 年 89.39% 下降至 2016 年 86.94%，顯示六都直轄市的文創產業發展已外溢到其他區域，近年來其他縣市之文創相關政策推動成果也逐步發酵，文創產業營業額表現漸漸擴散至各地區。六都直轄市之外的各縣市中，以宜蘭縣之文創產業營業額成長最高，爲 18.91%，其次則爲新竹縣（14.26%）；而營業額衰退者，則以臺東縣及花蓮縣分別下滑 34.74%、23.58% 最多，主要來自工藝產業在臺東縣及花蓮縣的營業額分別減少 46 億元及 20 億元所致（註5）。

　　另外，從 2011-2016 年各縣市文創產業人均營業額觀察（表 3.4），2016 年六都直轄市中，以臺北市人均營業額約新臺幣 16.8 萬元最高，其餘則依序爲新北市（2.82 萬元）、臺中市（1.56 萬元）、高雄市（1.48 萬元）、桃園市（1.38 萬元）及臺南市（1.19 萬元）。然而六都直轄市

表 3.4　2011-2016 年臺灣各縣市文化創意產業人均營業額　　　　（單位：千元）

縣市別		2011 年	2012 年	2013 年	2014 年	2015 年	2016 年
臺北市	人均營業額	170.6	168.15	170.57	171.19	173.4	168.04
	成長率		-1.43%	1.44%	0.36%	1.29%	-3.09%
新北市	人均營業額	36.63	29.54	29.74	29.51	29.38	28.24
	成長率		-19.36%	0.70%	-0.80%	-0.43%	-3.88%
桃園市	人均營業額	14.68	14.28	15.51	15.79	14.28	13.81
	成長率		-2.77%	8.66%	1.75%	-9.55%	-3.30%
臺中市	人均營業額	16.25	15.96	16.52	16.9	15.97	15.64
	成長率		-1.79%	3.48%	2.33%	-5.52%	-2.09%
臺南市	人均營業額	13.17	12.8	12.99	12.83	13.09	11.88
	成長率		-2.85%	1.50%	-1.26%	2.09%	-9.29%
高雄市	人均營業額	13.35	14.21	15.54	16.67	16.26	14.82
	成長率		6.47%	9.37%	7.21%	-2.43%	-8.86%
基隆市	人均營業額	6.32	6.16	7.91	7.02	7.52	8.43
	成長率		-2.57%	28.37%	-11.26%	7.17%	12.09%
新竹市	人均營業額	42.93	41.31	41.73	41.56	44.16	46.23
	成長率		-3.79%	1.02%	-0.40%	6.24%	4.70%
新竹縣	人均營業額	25.19	26	24.48	25.61	25.85	29.25
	成長率		3.20%	-5.87%	4.62%	0.96%	13.12%
苗栗縣	人均營業額	7.07	6.98	6.98	7.1	7.1	7.02
	成長率		-1.29%	0.03%	1.67%	0.08%	-1.13%
彰化縣	人均營業額	6.25	6.33	6.04	6.51	6.32	6.52
	成長率		1.26%	-4.47%	7.69%	-2.87%	3.16%
南投縣	人均營業額	9.31	9.85	9.71	10.83	11.18	11.75
	成長率		5.85%	-1.45%	11.54%	3.21%	5.09%
雲林縣	人均營業額	5.14	5.1	4.99	5.04	5.49	5.31
	成長率		-0.85%	-2.26%	1.05%	9.04%	-3.29%

縣市別		2011 年	2012 年	2013 年	2014 年	2015 年	2016 年
嘉義市	人均營業額	11.58	12.22	11.9	12.23	13.56	12.67
	成長率		5.46%	-2.57%	2.75%	10.88%	-6.57%
嘉義縣	人均營業額	4.68	4.68	4.7	5.11	5.39	5.42
	成長率		-0.01%	0.38%	8.68%	5.61%	0.44%
屏東縣	人均營業額	4.97	5.06	5.46	5.5	5.62	5.58
	成長率		1.91%	7.86%	0.72%	2.16%	-0.74%
宜蘭縣	人均營業額	28.77	32.28	30.68	32.61	29.79	35.47
	成長率		12.20%	-4.94%	6.29%	-8.67%	19.06%
花蓮縣	人均營業額	15.74	18.99	20.96	27.51	27.64	21.19
	成長率		20.68%	10.34%	31.28%	0.47%	-23.34%
臺東縣	人均營業額	13.62	23.14	30.67	51.75	60.09	39.51
	成長率		69.81%	32.55%	68.73%	16.13%	-34.25%
金門縣	人均營業額	4.18	4.31	4.04	4.39	5.85	5.31
	成長率		3.00%	-6.17%	8.62%	33.21%	-9.30%
澎湖縣	人均營業額	5.92	5.28	5.05	5.17	5.45	4.98
	成長率		-10.68%	-4.49%	2.46%	5.31%	-8.48%
連江縣	人均營業額	1.59	1.36	1.23	1.08	1	0.99
	成長率		-14.38%	-9.91%	-11.98%	-7.19%	-1.56%
合計	人均營業額	35.21	34.03	34.83	35.5	35.5	34.2
	成長率		-3.36%	2.35%	1.93%	0.01%	-3.67%

資料來源：財政部財政資訊中心及內政部戶政司，2017 年 8 月。

2016 年人均營業額均呈衰退，主因文創產業家數持續增加但整體營業額下滑所致。六都直轄市之外的各縣市文創產業人均營業額，以新竹市 4.62 萬元最高，其次為臺東縣（3.95 萬元）、宜蘭縣（3.55 萬元）、新竹縣（2.93 萬元）等；而人均營業額較低者則依序為屏東縣（0.56 萬元）、嘉義縣（0.54 萬元）、雲林縣（0.53 萬元）、金門縣（0.53 萬元）、

澎湖縣（0.5 萬元）及連江縣（0.1 萬元）。就人均營業額成長幅度來看，成長最多者為宜蘭縣 19.06%，其次為新竹縣（13.12%）、基隆市（12.09%），漲幅皆超過 10%。人均營業額呈現衰退者，則以臺東縣衰退 34.25% 為最高（註6）。

各縣市廠商家數及營業額區位商數（Location Quotient, LQ）（註7）指標方面（如表 3.5），2016 年廠商家數 LQ > 1 縣市中，以臺北市 1.80 最高，其次為臺東縣（1.20）、花蓮縣（1.13）及嘉義市（1.08）。營業額 LQ > 1 則以臺東縣 5.43 最高，其次為宜蘭縣（2.84）、花蓮縣（1.94）、臺北市（1.76）及新北市（1.19）。若從趨勢觀察，2013 至 2016 年，文化創意產業營業額區位商數呈現成長包含新竹縣、彰化縣、南投縣、雲林縣、嘉義縣、屏東縣、宜蘭縣等，顯示文化創意產業於上述縣市中之重要性逐年提升（註8）。

三 2016 年各縣市發展藝文活動重要指標

除了前述文創產業的發展外，2016 年全臺灣的藝文活動、重要節慶數量均有正向成長。2016 年全國藝文活動數（含視覺藝術、工藝、設計、音樂、古典與傳統音樂、流行音樂、戲劇、舞蹈、說唱、影片、影視廣播、民俗與文化資產、語文與圖書等）為 56,107 個，較前一年 53,908 個，成長 4%。全國各縣市重要節慶的數量亦有顯著成長，從 2015 年的 232 個成長到 2016 年的 266 個，增加了 14.6%。

每人平均分配之地方政府文化支出預算方面，根據文化部「文化統計」官網（https://stat.moc.gov.tw/StatisticsPointer.aspx）指出，2008 至 2014 年一直是明顯成長，從 869 元到 1,395 元。但 2015、2016 年則略為降低，2015 年每人平均獲得 1,388 元的文化支出預算，2016 年為 1,309 元。值得關注的是 2017 年則提升到 1,611 元，2015、2016 年的降幅原因還須另文探究，但從近 10 年的整體發展趨勢來看，則是顯著成長近二倍。2016 年各縣市藝文活動比較說明如下：

表 3.5 2013-2016 年臺灣各縣市文化創意產業廠商家數及營業額區位商數

縣市別	家數				營業額			
	2013 年	2014 年	2015 年	2016 年	2013 年	2014 年	2015 年	2016 年
臺北市	1.75	1.77	1.78	1.8	1.79	1.75	1.74	1.76
新北市	0.96	0.96	0.97	0.97	1.3	1.26	1.21	1.19
桃園市	0.74	0.73	0.73	0.7	0.43	0.44	0.41	0.42
臺中市	0.9	0.9	0.9	0.9	0.57	0.57	0.53	0.55
臺南市	0.85	0.85	0.85	0.84	0.51	0.49	0.51	0.49
高雄市	0.8	0.8	0.8	0.8	0.49	0.52	0.52	0.47
基隆市	0.8	0.78	0.78	0.79	0.81	0.73	0.78	0.88
新竹市	0.95	0.94	0.93	0.92	0.46	0.44	0.44	0.47
新竹縣	0.75	0.74	0.75	0.74	0.62	0.64	0.64	0.72
苗栗縣	0.93	0.94	0.93	0.92	0.24	0.23	0.23	0.24
彰化縣	0.67	0.65	0.65	0.64	0.27	0.29	0.29	0.31
南投縣	0.89	0.9	0.88	0.87	0.91	0.92	0.93	1.06
雲林縣	0.76	0.75	0.74	0.71	0.1	0.11	0.14	0.15
嘉義市	1.08	1.09	1.07	1.08	0.69	0.71	0.83	0.8
嘉義縣	0.61	0.62	0.61	0.6	0.44	0.47	0.48	0.48
屏東縣	0.97	0.95	0.92	0.9	0.58	0.58	0.59	0.59
宜蘭縣	0.84	0.83	0.82	0.83	2.41	2.54	2.31	2.84
花蓮縣	1.19	1.19	1.18	1.13	1.88	2.44	2.38	1.94
臺東縣	1.15	1.2	1.2	1.2	4.53	7.09	7.71	5.43
金門縣	0.3	0.3	0.3	0.3	0.43	0.5	0.64	0.61
澎湖縣	0.94	0.88	0.85	0.82	0.88	0.89	0.91	0.83
連江縣	0.4	0.35	0.37	0.31	0.15	0.14	0.14	0.12

資料來源:財政部財政資訊中心,2017 年 8 月。

● **藝文活動數**

由表 3.6 可得知，六都因資源較為豐沛、人口眾多，2016 年藝文活動數量占全國 22 縣市前六強，而且除了桃園市（3,219 個），其他五都一年藝文活動數均高達 6,000 個以上，可見藝文為主的創意活動於六都的群聚效應非常明顯，尤以新北市一年內共舉辦了 8,254 個各類藝文活動居首位，平均每天有 22 個藝文活動在新北市舉行。連江縣（154 個）、澎湖縣（362 個）與金門縣（529）等離島地區數量則最低。

● **各縣市政府主辦之重要藝術節慶活動**

藝術節慶已被視為是具有創意積累、創造產業綜效、打造城市品牌的重要方式之一（林富美，2012；邱坤良，2012；孫華翔，2014），亦是創意活動不可或缺的要角。由 2016 年的各縣市節慶活動比較得知（表 3.6），除臺北市外，六都節慶活動的舉辦數量高居全國的前五位，其中尤以新北市舉辦 35 個節慶，總天數 870 天獨占鰲頭，幾乎各區均有屬於自己獨特的藝術節慶，例如三峽藍染節、泰山獅王節、平溪天燈節、淡水環境藝術節、貢寮國際海洋音樂季等。臺北市總活動數雖僅有 12 個，居於第 10 位，但總天數高達 358 天，一年四季均有活動，而其他五都重要節慶總天數亦均有 300 天以上，呈現 2016 年這 6 個城市幾乎天天均有藝術活動。嘉義市（4 個）、宜蘭縣（4 個）與澎湖縣（3 個）的舉辦活動數目雖敬陪末座，但總天數卻都有 100 天以上。

● **每人平均分配之地方政府文化支出預算**

2016 年每人平均分配之地方政府文化支出預算為 1,309 元（文化部文化統計官網），從表 3.6 顯示，僅有 5 個縣市高於平均值。其中離島三縣市由於人口偏低，人均文化支出均在前五名。例如連江縣的人均文化支出居首，高達 8,805 元，是第二位臺北市（4,000 元）的二倍以上；金門縣以 3,758 元排名第三位、澎湖縣以 2,133 元居第四位，第五位則是桃園

表 3.6　2016 年臺灣各縣市文創活動統計表

排序	縣市	藝文活動		縣市	節慶活動		縣市	人均文化支出
		活動數	出席人次(千人次)		活動數	總天數		
1	新北市	8254	32003	新北市	35	870	連江縣	8,805
2	高雄市	6767	39588	高雄市	20	361	臺北市	4,000
3	臺北市	6753	55991	臺東縣	19	322	金門縣	3,758
4	臺南市	6458	21185	臺中市	19	517	澎湖縣	2,133
5	臺中市	6446	27393	桃園市	19	336	桃園市	1,626
6	桃園市	3219	26888	新竹市	16	448	宜蘭縣	1,254
7	彰化縣	2767	8854	臺南市	15	499	嘉義市	1,232
8	宜蘭縣	2082	5988	花蓮縣	14	419	臺中市	1,188
9	新竹市	1688	4506	雲林縣	13	146	臺南市	1,174
10	南投縣	1678	7112	臺北市	12	358	苗栗縣	1,104
11	臺東縣	1502	3703	嘉義縣	11	149	高雄市	854
12	花蓮縣	1465	5488	新竹縣	10	77	花蓮縣	836
13	屏東縣	1404	3133	彰化縣	9	74	新竹市	833
14	雲林縣	959	1808	基隆市	9	360	臺東縣	828
15	新竹縣	928	4026	屏東縣	9	523	雲林縣	794
16	苗栗縣	749	2015	南投縣	7	81	新北市	697
17	嘉義市	682	1681	金門縣	7	75	屏東縣	692
18	嘉義縣	641	3236	苗栗縣	6	31	基隆市	687
19	基隆市	620	1500	連江縣	5	39	新竹縣	665
20	金門縣	529	696	嘉義市	4	254	嘉義縣	566
21	澎湖縣	362	395	宜蘭縣	4	118	南投縣	520
22	連江縣	154	61	澎湖縣	3	102	彰化縣	303

資料來源：作者整理自文化統計，文化部。https://stat.moc.gov.tw/HS_UserCatalogView.
　　　aspx

市（1,626 元）。其他 17 縣市的人均文化支出均偏低，顯示地方政府對文化公共資源的投入有明顯差異，亦顯示六都除臺北市與桃園市外，其他四都的文化支出預算則是明顯不足；其他非六都地區，尤其嘉義縣（566元）、南投縣（520 元）與彰化縣（303 元），更是連平均值的一半都不到。然而此表仍可觀察到臺北市、桃園市政府官方的人均文化支出較高，有助文化創意活動的發展。

四 小結

綜合上述各縣市文化創意產業的四項指標，以及藝文活動、重要節慶與人均文化支出三項指標發現，六都不論在產業聚集與藝文活動、節慶上均呈現明顯的創意活動群聚，並與其他 16 縣市有明顯差距。六都也都曾以「創意城市」為未來發展目標，尤其是臺北市，各項指標均名列前茅，大致符合尖峰都市的形成與文化創意產業、創意活動密切相關的假設。

3.5 臺灣 22 縣市個案與尖峰都市的理論意義

綜整 Richard Florida 尖峰都市的三個特性：(1) 巨型區域現象的特徵為人口多、家庭所得收入也高；(2) 成長的能量來自科技創新與具專利創意階級的聚集；以及 (3) 創意階級的聚集與高所得族群促成相對高密度的文化創意活動，而產生充滿生產力、成長與文化活力的城市。然而，尖峰都市也容易產生所得不均、房價高漲等負面效應。因此，本文依照上述尖峰都市的三個特性，選擇都市規模、家庭所得、創意產業指標及文創活動的變數進行線性相關分析，以了解臺灣尖峰都市的總體現象關係，然後再選擇高相關係數的變項繪製 XY 散布圖，並在 XY 軸輔以變項的盒方圖（box-plot），以呈現 22 縣市在該 XY 雙變數的平面空間所呈現的敘述統計特性差異，來討論對臺灣 22 縣市的差異。此外，並考慮房價因素對實

質所得影響及與文創活動參與關係，來了解臺灣尖峰城市的負面影響。

　　因區域創新力指數並沒有連江縣與金門縣的評估資料，表 3.7 為臺灣 20 縣市 2016 年的人口數、戶數、平均每戶經常性收入、平均每戶可支配所得、扣除房貸之可支配所得（每戶）、區域創新力指數、藝文活動與文化創意產業營業額等八項變數之相互的共相關矩陣。其中，人口數與戶數為描述都市規模的變數，成高度相關，和其他六項變數的相關係數也接近，因此選擇一般常用的人口數為代表。平均每戶經常性收入與可支配所得的相關係數高達 0.998，而扣除房貸之可支配所得只有 0.542，因此在所得部分選擇每戶經常性收入，以及扣除房貸之可支配所得為說明縣市家戶財富的變數資料。最後，本研究假設生活壓力低的城市愈有能力／餘力參加並支持一個城市的藝文活動，並且其文創產值也會相對較高；就藝文活動與文化創意產業營業額二項間接變數而言，藝文活動數與都市規模

表 3.7　都市規模、所得、創新力指數與藝文文創活動變項之共相關矩陣

	人口數	戶數	經常性收入	可支配所得	扣除房貸之可支配所得	區域創新力指數	藝文活動數	文化創意產業營業額
人口數	1.000	0.997	0.405	0.401	-0.156	0.610	0.610	0.522
戶數	0.997	1.000	0.431	0.438	-0.040	0.699	0.937	0.569
經常性收入	0.405	0.431	1.000	0.998	0.549	0.786	0.365	0.599
可支配所得	0.401	0.438	0.998	1.000	0.542	0.776	0.366	0.612
扣除房貸之可支配所得	-0.156	-0.040	0.549	0.542	1.000	0.413	-0.131	-0.234
區域創新力指數	0.610	0.699	0.786	0.776	0.413	1.000	0.631	0.514
藝文活動數	0.610	0.937	0.365	0.366	-0.131	0.631	1.000	0.543
文化創意產業營業額	0.522	0.569	0.599	0.612	-0.234	0.514	0.543	1.000

資料來源：作者整理製作

及所得變項的相關較高，因此選擇該變數間接來討論臺灣城市的成長負面
效應。

3.5.1　人口數與家庭所得收入向度分析

　　檢視臺灣 22 縣市尖峰都市的現象，以下就都市規模與所得的關係、
戶量與所得的關係，以及戶量與可支配所得的關係，來分析各縣市的財富
與幸福感表現。

● **都市人口規模與所得的關係**

　　圖 3.14 為 22 縣市的人口數與平均每戶經常性收入的 XY 散布圖，並
輔以 X 軸與 Y 軸的平均數來進行相對比較分析。若以 H 代表高於全國平
均，L 低於全國平均，組合起來 22 縣市分別坐落於 H-H（高人口規模—

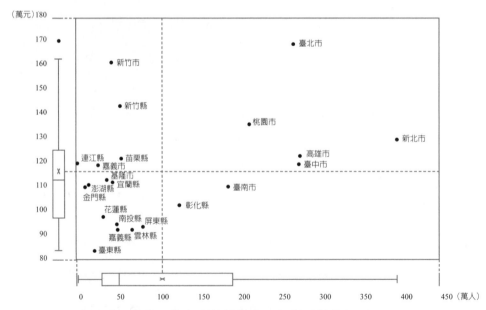

圖 3.14　22 縣市人口數與平均每戶經常性收入相對比較分析圖
資料來源：作者整理繪製。

高平均經常性收入）、H-L（高人口規模─低平均經常性收入）、L-H（低
人口規模─高平均經常性收入），以及 L-L（低人口規模─低平均經常性
收入）四個區域範圍。六個直轄市中除臺南外，其他都是 H-H 的類型；
新竹縣市、苗栗縣、連江縣與嘉義市的 L-H 發展模式在地方都具有明顯
的產業特性，並帶來較高的收入；在 L-L 類型的 10 個城市為離島、農業
縣或以觀光產業為主的縣市，因地理位置與產業的產值較不穩定，而使其
人口與所得的表現都比較弱。

● **都市人口規模與扣除房貸之平均每戶可支配所得的關係**

　　根據內政部營建署所發布的房價負擔能力指標的說明：房價所得比＝
住宅總價中位數／家戶年可支配所得中位數，另以 20 年期本利均等攤還
方式，貸款成數為七成，計算每月應償還本利，貸款負擔率＝住宅總價
的中位數貸款每月攤還額／家戶月可支配所得中位數。因此，以可支配所
得扣除房貸負擔率的部分，為各縣市平均每戶比較自主性的所得額度。圖
3.15 為將各縣市平均的房貸負擔比利用已修正平均每戶經常性收入，以

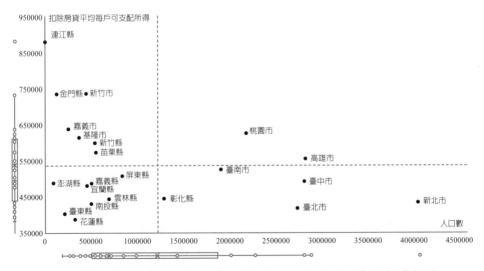

圖 3.15　22 縣市人口數與扣除房貸之平均每戶可支配所得相對比較分析圖
資料來源：作者整理繪製。

反應實際可應用於日常生活與提升生活品質的所得水準。結果 22 縣市的 XY 散布圖所屬的區域除臺北市、臺中市、新北市外並沒有顯著的異動，說明這三個直轄市的房價負擔對於可支配所得的影響顯著且明確。

3.5.2 就業者教育程度、專利、區域科技創新力分析

從前述 3.4.2 節之分析得知，臺北市與新竹市不論在高等教育就業者、專利或是科技創新能力等方面，皆為臺灣首重之區域。因此，圖 3.16 也顯示這二個城市高區域創新力指數和高平均每戶全年經常性收入的關係。此外，鄰近新竹市之新竹縣在此三個指標中，亦有亮眼的表現，顯示新竹縣市因地理區位相鄰之故，形成一個科技創新共同體。再者，六都除臺北市以外之都市如新北市、桃園市、高雄市、臺南市、臺中市，在此三個指標中亦皆為前段的表現，顯示臺灣尖峰都市多座落於六都與新竹縣市。

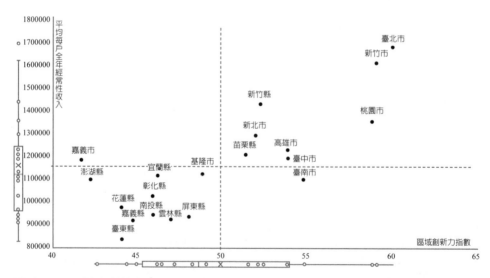

圖 3.16　22 縣市科技創新力指數與平均每戶經常性收入散布分析圖
資料來源：作者整理繪製。

3.5.3 城市的文化創意產業活動

　　前述臺北、新北與臺中之房貸負擔，會使得每戶的可支配所得降到全國平均之下。由於收入大幅支付於房價，使得關於提升生活內容與品質的活動會相對減少甚至被強烈剝奪。圖 3.17 是由每戶經常性收入與扣除房貸負擔率的可支配所得 XY 散布圖，由於其散布得更為分散，因此其分布輔以 XY 軸的 1/4 及 3/4 位數線，可以將 22 縣市分成九個區域的關係，以作為 22 縣市的經濟發展與可用於提升生活的資本分析。

　　扣除房貸負擔的可支配所得，在散布圖上落於可高投入生活品質改善的新竹市、新竹縣、桃園市、嘉義市、基隆市，其經常性收入較中位數值有 50 萬的落差；檢視縣市的產業特性其實有差異性，說明不一定要追逐

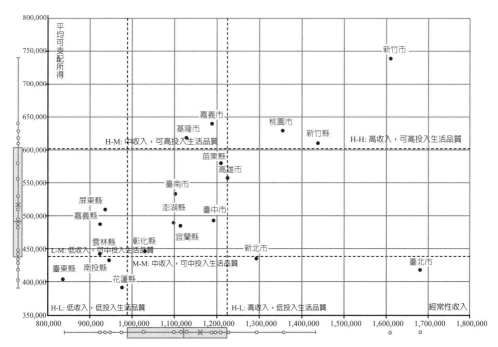

圖 3.17　22 縣市平均每戶經常性收入與平均可支配所得散布分析圖
資料來源：作者整理繪製。

相同的產業發展內容，也可以有相同的餘裕可以投資個別的生活內容與品
質。這可由 H-H 和 H-L 的比較更清楚的說明此一觀點：在 H-L 的臺北市
和新北市的平均經常性收入都位於前段，並且臺北市還高於新北市約 35
萬，然而扣除房貸負擔之後的可自主使用額度，新北市還要略高於臺北
市，這樣的落差說明高房價是形成工作在臺北市、居住在新北市的重要推
力，也造成了臺北都會區域持續的擴張。屬 L-L 的臺東縣、南投縣、花
蓮縣，以及在 L-M 邊緣的雲林縣，沒有顯示區位條件及產業的競爭力，
而使得其所得水準在投資生活品質的額度都在相對比較低的級距範圍。

　　圖 3.17 顯示改善生活品質的能力受房價負擔的影響情形，而八個變
數的共相關矩陣顯示縣市的創造力指標和人口數、所得及藝文活動等都呈
現中度相關以上的關係。因此，某種程度可以支持創意產業產生高所得的
就業機會，並造成人口集中的成長現象；在主要的人口聚集核心並產生高
房價的生活負擔，但人口規模與經濟規模的形成也促進藝文等文創活動／
產業的發展。圖 3.18 指出臺北、新北、高雄、臺中、臺南及桃園，都呈
現高創新力指數與高於全國平均的藝文活動，可視爲經歷此發展過程的案

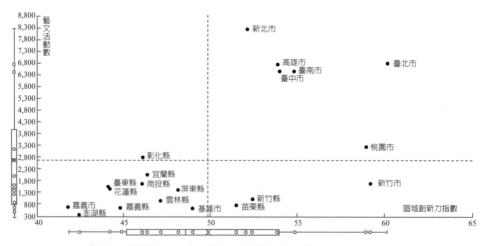

圖 3.18　22 縣市科技創新力指數與藝文活動數散布分析圖
資料來源：作者整理繪製。

例城市。苗栗縣、新竹縣與新竹市的人口規模較小，雖然經濟的所得表現在全國平均之上，然其藝文活動仍不足。其他縣市仍處於人口規模與經濟規模都不足以帶動藝文活動到全國平均水準之上的狀態。

　　綜合上述各縣市文化創意產業的四項指標，以及藝文活動、重要節慶與人均文化支出三項指標發現，六都不論在產業聚集與藝文活動、節慶上均呈現明顯的創意活動群聚，並與其他 16 縣市有明顯差距。六都也都曾以「創意城市」為未來發展目標，尤其是臺北市，各項指標均名列前茅，大致符合尖峰都市的形成與文化創意產業、創意活動密切相關的假設。如果交叉比對圖 3.17 與 3.18，則發現藝文活動數高的地區基本上都是直轄市的縣市，其經常性收入相對高但和可支配所得沒有呈現明顯的關係，這可能是藝文活動受政府部門的政策補助影響極大；臺灣的經濟成長還沒到達促進文化成長的規模，因此尖峰都市的高房價影響也只出現在臺北、新北與臺中地區。

註釋

1. 本文為源自〈尖峰都市在地理空間發展上的體現：臺灣 22 縣市個案與理論意義〉的改寫修正而成。原文為林漢良、古淑薰、趙子元、洪于婷、林思玲與陳坤宏教授等六位的共同著作。原文之發表接受科技部人文社會科學研究中心之經費補助，並已於 2019 年 12 月刊登發表於《中國地理學會會刊》第 64 期。
2. 詳閱《2017 臺灣文化創意產業發展年報》第 4 到 5 頁。
3. 詳閱《2017 臺灣文化創意產業發展年報》第 6 頁。
4. 詳閱《2017 臺灣文化創意產業發展年報》第 28 頁。
5. 詳閱《2017 臺灣文化創意產業發展年報》第 28-29 頁。
6. 詳閱《2017 臺灣文化創意產業發展年報》第 29-30 頁。
7. 該指標是以某縣市文創產業占比，對比全國文創產業占比。若 LQ>1，即表示某縣市文創產業重要性高於全國平均水準。
8. 詳閱《2017 臺灣文化創意產業發展年報》第 31 頁。

參考文獻

中文部分

內政部統計處。https://www.moi.gov.tw/stat/index.aspx（上網日期：2019 年 4 月 15 日）。

文化部文化統計。https://stat.moc.gov.tw（上網日期：2019 年 3 月 23 日）。

王佳煌（2010）。文化／創意產業、創意階級／城市論著的批判性檢視。**思與言，48**（1）：131-190。

行政院經濟建設委員會（2003）。**挑戰 2018：國家重點發展計畫**。

李連權主編（2017）。**臺灣文化創意產業發展年報**。臺北：文化部。

林富美（2012）。文化創意帶動產業創新加值之分析。**研考雙月刊，36**（1）：28-39。

林漢良、古淑薰、趙子元、洪于婷、林思玲、陳坤宏（2019）。尖峰都市在地理空間發展上的體現：臺灣 22 縣市個案與理論意義。**中國地理學會會刊，64**：1-32。

邱坤良（2012）。紅塵鬧熱白雲冷——臺灣現代藝術節慶的本末與虛實。**戲劇學刊，15**：49-78。

邱淑宜（2014）。臺北市迪化街 URS 之藝術和創意轉型：誰的文化？誰的城市？**藝術教育研究，28**：65-95。

邱淑宜、林文一（2014）。建構創意城市：臺北市在政策論述上的迷思與限制。**地理學報，72**：57-84。

孫華翔（2014）。臺灣文化藝術節慶發展的觀察與策略思考。**傳藝雙月刊，112**：48-61。

財政部財政資訊中心（2017）。https://www.fia.gov.tw（上網日期：2019 年 3 月 23 日）。

財政部統計處。https://www.mof.gov.tw/List/Index?nodeid＝18（上網日期：2019 年 4 月 15 日）。

陳文棠（2016）。**臺灣地方產業創新現況與趨勢**。財團法人資訊工業策進會。

彭錦鵬、黃東益（2012）。幸福指數指標建構之研究。財團法人臺灣民主基金會。

經濟部智慧財產局。https://www.tipo.gov.tw/lp.asp?CtNode＝6722&CtUnit＝3232&BaseDSD＝7&mp＝1（上網日期：2019 年 4 月 10 日）。

臺灣競爭力論壇（2012）。2012 **臺灣幸福大調查**。臺北。

縣市統計要覽。https://statdb.dgbas.gov.tw/pxweb/Dialog/statfile9.asp（上網日期：2019 年 4 月 10 日）。

英文部分

Coombs, R. & Tomlinson, M. (1998). Pattern in UK company innovation styles, new evidence from the CBI innovation trends survey. *Technological Analysis and Strategic Management*, *10*(3): 295-310.

Cooke, P. (2004). The role of research in regional innovation systems: new models meeting knowledge economy demands. *Int. J. Technology Management*, *28*(3/4/5/6): 507-533.

Flor, M. L. & Oltra, M. J. (2004). Identification of innovating firms through technological innovation indicators, an application to the Spanish ceramic the industry. *Research Policy*, *33*(2): 323-336.

Florida, R. (2002). *The rise of the creative class*. New York: Basic Books.

Florida, R. (2005). *Cities and the creative class*. New York: Routledge.

Florida, R. (2007). *The flight of the creative class: The new global competition for talent*. New York: Harper Collins Publishers.

Florida, R. (2008). *Who's your city?How the creative economy is making where to live the most important decision of your life*. New York: Basic Books.

Florida, R. (2017). *The new urban crisis: How our cities are increasing inequality, deepening segregation, and failing the middle class and what we can do about it*. New York: Basic Books.

Florida R., Gulden, T., & Mellander, C. (2008). *The rise of the mega-region*. The Royal Institute of Technology: Centre of Excellence for Science and Innovation Studies (CESIS).

Freeman, C. (1987). *Technology and economic performance: lessons from Japan*. London: Pinter Publishers.

Friedman T. L. (2005). *The world is flat: A brief history of the twenty-first century*. Farrar, Straus and Giroux.

IHS Global Insight Inc. (2006). *Global insight*. Massachusetts, USA.

Grillches, Z. (1990). Patent statistics as economic indicators, a survey. *Journal of Economic Literature*, *28*: 1661-1707.

Jacobsson, S. Oskarsson, C., & Philipson, J. (1996). Indicators of technological activities: comparing educational, patent and R & D statistics in the case of Sweden. *Research Policy*, *25*(4): 573-585.

Landry, C. (2000). *The creative city: A toolkit for urban innovators*. London: Earthscan Publications.

Lang, R. E. & Dhavale, D. (2005). *Beyond megalopolis: exploring America's new "Megapolitan" Geography*, pp.1-33. Metropolitan Institute at Virginia TECH.

OECD. (1999). *Managing national innovation system*, 24.

Porter, M. (2000). Location, competition, and economic development: Local clusters in a global economy. *Economic Development Quarterly, 14*(1):15-34.

Pratt, A. C. (2011). The cultural contradictions of the creative city. *City, Culture and Society, 2*: 123-130.

Regional Plan Association. (2006). *America 2050: a prospectus*. New York.

Stiglitz, J. E. (2007). *Making globalization work*, pp. 56-57. W.W. Norton, New York.

Watts, D. J. & Strogatz, S. H. (1998). Collective dynamics of 'small-world' networks. *Nature, 393*: 440-442.

第 4 章
創意菁英與都市發展的樂觀與悲觀？

趙子元

4.1 誰的城市？臺灣城市發展的趨勢與現象

4.1.1 臺灣近代城市發展背景與脈絡

一 從殖民走向千禧，一世紀的都市化

　　城市的發展其實就是一部都市化的紀錄片。臺灣城市發展的背景與脈絡大約可以 19 世紀前後爲切分點，臺灣的城市發展從有文字記錄聚落發展已有 400 多年，但早期臺灣先民生活主要以農業產品以物易物換取其他生活物資，主要商業活動集中在海河港口聚落及主要行政市鎮。劉曜華（2004）之研究指出，囿於道路、通訊、資本等基礎建設之不足，臺灣社會一直到 19 世紀初期並沒有出現人口超過 5 萬人的大規模都市村落，大多是聚落式的發展爲主軸。近代的都市轉型與發展，則主要偏重在 19 世紀中葉後，搭配全球性工業革命的進程，清朝政府及後繼的日本殖民政府陸續推動工商業基礎建設，促成臺灣社會逐漸轉型爲輕工業社會，而基礎建設的到位也使得大都市應運而生。進入 20 世紀後，臺北市即成爲臺灣地區擁有第一個超過 10 萬人口的都市，現代化的公共設施與中產階級消費產品也於臺北市出現。二戰前，臺灣總督府於 1936 年公布第一份「臺灣都市計畫令」，在殖民時代首次引入都市規劃，讓臺灣進入有計畫引導空間發展的狀態，也開啓了往後的百年間，臺灣持續經歷高度的經濟成長及都市擴張階段。二戰後，由於退出聯合國等國際經濟政治局勢的影響，在 1970 年代開始，臺灣更是開展一系列的空間規劃與產業群聚發展等政策，進入到千禧年後，臺灣的城市發展進入高度成長期，造就臺灣地區在目前已成爲世界上都市化程度最高的地區之一，約有 80% 的

> **→ 我的信念**
>
> 光有創意不夠，能帶來幸福的還是城市。

臺灣人口居住在都市地區，臺灣北、中、南三大區塊也分別出現百萬人口的大型都市，而首善之都臺北市，在 2018 年英國皇家學會（The Royal Society）發布的亞洲 50 強城市綜合排名中，躋身爲亞洲第 12 大都市。

　　以發展時間軸而言，臺灣都市化的進程與全球大城市都市化的歷程大致相當，都市化的發展在 21 世紀到達巔峰。聯合國（United Nations）2018 年公布的世界都市化速度報告指出，全球的都市化程度從 1950 年的 30% 到 2050 年的 68%，這代表著到本世紀中，全世界的人口將有至少七成居住在城市裡。而在 1990 年代初期，就有著對於人們高度集中居住在城市裡所可能衍生的永續議題，所進行的思辨與探索，即便如此，都市化仍如火如荼的發生著；顯而易見的，都市始終還是人口磁吸效應的贏家。有鑒於全球都市化的勢不可擋，在 2016 年舉辦的每 20 年一度的第三屆世界人居大會（HABITAT III），會後倡議文件《*The New Urban Agenda*》便特別指出高度都市化所帶來的永續與資源耗竭議題，還是必須要回歸到好的都市規劃與治理中找到解決方案。臺灣亦然，在面對後工業化時代的此刻，都市的發展仍然是政策的重點，只是大多城市均面臨發展超過百年的歷史，例如臺北市即將邁向建城 140 年（1884~），面對世界發展的新趨勢與挑戰，都市如何再定義自己的都市性（urbanity），如何維持永續活力（vitality）及宜居性（livability），均與都市的居民與活動息息相關。

二 是否住在城市已不是核心問題，重點是生活

　　因此，當住在城市中已經是大多數人的現實狀態時，討論是否住在城市已經不那麼有意義了，重要的是城市生活。英國都市學家 Peter Hall（1998）在《文明中的都市》（*Cities in Civilization*）一書中，分析人類文明進展過程中城市所扮演的四大角色，「文化搖籃、強勢創新中心、大眾文化的催生及都市秩序的建立」，該書中所選擇的城市如雅典、佛羅倫斯之於文化搖籃；曼徹斯特、東京之於創新中心；洛杉磯之於大眾文化催生；乃至於羅馬、紐約倫敦之於建立獨特的都市秩序等，均可爲一時之

選，毫無爭議。但是 Hall 也同樣提到，即便是自明性很高的城市也會面臨時移事易而改變其發展的態樣與方向；亦即，城市是個有機體，會隨著動力與制約力而有機變化，也會隨著不同年代來來去去居民的特性與生活態樣而再次被定義。就如 Florida（2008）在《*Who's Your City*》中提出的人與都市之間的確存在互相影響、吸引與定義的現象，而城市也在這個過程中選擇它的居民與被它的居民選擇，因創意產業而起家的創意菁英在選擇城市居住時也會被城市所有的創意條件所影響。其背後即隱含著人們對於城市的嚮往心態已經有所改變，不再像 20 世紀初期，容易被城市的五光十色或工作機會所吸引，反而更著重城市的性格與城市所提供的生活型態來選擇落腳處。因此，很多故步自封的老牌知名城市，在去中心化的過程中失去了競爭優勢而面臨萎縮，很多新興城市則應運而生。當然，當人有能力選擇的時候，可以如 Florida 所言選擇遷徙到適合自己的城市開展生活，而往往一樣米養百樣人，不是每個人都有做選擇的能力，也因此城市中的新居民與原居民生活上的互相調適便成為共同的課題，也是影響城市居民生活幸福感受的關鍵因素之一。

把目光放回臺灣各個城市，如 Florida（2008）所提導致許多創意都市興起的「新創意地理學」，強調創意菁英創造城市魅力進而吸引更多創意人才群聚的現象，在臺灣也由林漢良等人（2019）驗證，臺灣 22 縣市的發展，在人口、文化創意產業、科技創新力等面向的表現，以六都與新竹市為群聚明顯之城市，大致符合菁英城市形成與文化創意產業發展的相關推論。而在社會資本（social capital）方面，以臺灣 2019 年幸福城市調查排名觀之，居民的主觀幸福感抽樣調查結果，六都有三都（臺北市、桃園市、臺南市）名列前茅，新竹市也排名第二，對應 Florida 所提創意菁英匯聚的城市有相對提升幸福感的論述，也似有其脈絡可循。但是人生勝利組匯聚的城市，是否一定會帶來大多數居民的幸福感受與生活的提升？仍然是一個持續辯證的議題。本章所要進一步探討的是，當代城市面臨的多樣族群的生活需求，與在總體全球／國城市競爭的壓力下，可能會產生什

麼值得進一步觀察的未來城市的模樣與重點發展議題。

4.1.2 影響當代城市興衰的主要議題

一　創意城市的興起與影響

　　如果要指認 21 世紀與 20 世紀城市發展現象最大的不同之處，那就應該是創意城市的興起，以及大者愈大的巨型城市與城市新陳代謝等發展趨勢。隨著交通運具技術提升，天涯若比鄰，過去仰賴獨特區位特性或生產條件而蓬勃發展的城市將不再具有絕對優勢，創意城市論述於是躍上檯面。自 2000 年世界首次經濟成長萎縮後，因文化加值產品帶來的高度競爭力，使文化創意產業逐漸受到重視，2004 年聯合國教科文組織創立「創意城市網絡」（UNESCO Creative Cities Network, UCCN），列舉七大創意領域，將創意與文化產業認為是永續發展的重要戰略因素，也因此掀起了一波文學之都、電影之都、音樂之都、手工業與民間藝術之都、設計之都、媒體藝術之都及美食之都的競逐，伴隨著各種創意領域的文化創意產業興起，而有近 10 餘年文青風的方興未艾。觀察到世界的趨勢，我國中央政府亦於 2002 年將文化創意產業列為《挑戰 2008：國家發展重點計畫》主要發展計畫之一，並在華山、臺中、花蓮、嘉義及臺南等地設置五大文化創意產業園區，期望透過提供文創產品展示、交易及跨界媒合的平台，同時鼓勵並輔導創作者進駐文化創意聚落的方式，達到產業集聚的功效。近年來文化創意產業的表現，在人均文化支出與藝文活動、重要節慶數量均有正向成長，地方政府文化之支出預算更是在 2008 到 2019 年的10 年間翻倍成長（文化部，2019）。

二　大者愈大的巨型城市之宜居憂慮

　　巨型城市（mega-cities）的崛起，則為都市化發展必然的結果，國際間對於巨型城市判斷的標準主要以人口規模為主，目前全球已有 36 個超

過 1,000 萬人口的巨型城市，其中東京、上海及雅加達更是在 2016 年就超過 3,000 萬人口，另外有 12 個城市也超過 2,000 萬人口。在城市巨型化之後，將直接間接引發資源短缺、環境容受力和基礎建設負荷過大等問題，不同發展程度的巨型城市也有截然不同的都市議題，如何管理迅速成長的巨型城市，將是 21 世紀的政府與規劃師的一大挑戰。也因此，在以新加坡為總部的國際銀行所做的巨型城市預測中，以財富水準、創新性及可居性作為主要衡量指標（表 4.1），預期在 2030 年時，不含日本、韓國的「亞洲前 10 大巨型城市」將會是深圳、香港、廣州、上海、新加坡、南京、北京、杭州、青島及武漢。而臺北雖然在人均存款規模及可居住性這二項指標表現優異，但因為 GDP 成長趨緩、總人口數下滑，位列第 11 位，然而此處的臺北乃以臺北都會區為計算標的。

表 4.1　2030 亞洲巨型城市預測評估

類別	重點項目	具體衡量指標
財富水準	人口	• 城市常居人口（居住 6 個月以上）
	GDP	• 人均 GDP • GDP 成長率
	收入	• 受僱員工平均薪資
	存款	• 人均存款規模
創新性	高附加價值	• 服務業（第三級產業）就業人口比例 • 每千人平均申請的專利數量
	智慧財產	• 政府投入的研發資金占 GDP 比重 • 政府投入的人均教育支出
	大學資源	• 該城市大學占亞洲 200 大大學的數量
	新創企業	• 新創企業占整體民間企業雇員的比例
可居住性	國際連結性	• 機場旅客人次
	空氣品質	• PM2.5 平均值

資料來源：星展銀行亞洲洞悉，2020。

　　很值得玩味的是，對於國際金融投資機構而言，在評估城市是否具有發展潛力與投資機會時，其評估指標除了我們習以爲常的所得水準、政府資源、新創企業的數量等，還包括可居住性：空氣品質代表的是城市居民的基本健康條件，也反映出生活環境品質與氣候變遷，對巨型城市發展的影響不容小覷；國際連結性則代表這個城市在全球網絡系統中的角色，是否有各種流動集散轉運的機能與承載力等，也成爲巨型城市影響力的觀察值。

三　永續且創意的城市才有都市性格

　　儘管各種城市發展的評估報告採用不同指標，所有的評估排名都有其價值，值得有識者參考。特別是城市政策決策者，透過可量化的數據來作爲說服力的基礎，而也不可免俗地落入以歷史數據趨勢來判斷未來的盲點。可惜的是，人類的歷史發展與文明突破向來都不是線性的，一些無法量化卻非常重要的特質，例如社會和諧、包容、人性關懷、文化底蘊等等，在許多的評比中無法被顯現，卻眞眞實實的代表一個城市的性格（urbanity）。可以確定的是，那些一成不變或永遠在抄襲的城市將注定快速被取代，同時，在創新／創意城市的論述提出近 20 年的現在，在探索影響當代都市興衰的主要議題時，是否具創新性已然不夠，如何打造一個創新且永續的城市才是重點。從我們想要的未來角度思考，聯合國在 2014 年提出 17 項永續發展目標（Sustainable Development Goals, SDGs），認爲人居環境中有 17 項關鍵項目與永續發展息息相關，聯合國相信，人居環境亦即城市的生生不息，取決於在新陳代謝的過程中是否有具體而微的關注各種「人」的狀態，與社會現象及環境平衡。因此，在人類文明史上的永久習題：消除貧窮、糧食安全、關注弱勢、倡議平等、包容等等，再次的被提醒強調，即是回應當代大者愈大的城市發展現象中，大城市中的不平等與貧窮仍然存在，也必然成爲治理者的責任。

　　臺灣的行政院永續發展委員會在 2019 年 7 月提出的「臺灣永續發展

目標」中，對於全球鉅變挑戰（grand challenges）進行整理，「鉅變挑戰」乃指足以引發科學社群、企業社群及青年關注的未來挑戰，其範疇廣及需要建構新政治思辨，激發不同社會利害相關人參與此議題的討論（European Commission, 2012）。歸納各個研究發現，在社會、經濟、科技、環境與政治等面向上，均面臨特定與共通的鉅變挑戰，而這些鉅變挑戰大多是城市發展歷史中不曾遇到的議題，也有很多不是單一城市就能解決的問題，涉及不同層次的空間範疇。這便提醒未來的空間治理者，不能用過去的經驗值來判斷問題的影響性，也必須要導入新的觀察與研究以了解各個面向的在地具體問題，提出 Glocal（global issues, local solutions）的解決對策。

以表 4.2 的鉅變挑戰項目檢視臺灣，行政院永續會也指認出臺灣在環境面與社會面的挑戰，分別因為氣候變遷加劇，與臺灣立地條件特殊、人口老化速度全球第一等二項最為嚴峻。其次是產業經濟面，雖然就業情況在安全水準之上，但是較易受到國際局勢影響而有系統性風險的問題（永

表 4.2　全球鉅變挑戰

面向	重點說明
社會	已開發國家人口老化、勞動力減少；都市化；城市的社會福利與教育提供吸引移民。
科技	ICT、IoT、AI 等創新科技改變勞動與能源等市場；生物科技的技術與專利權等問題；AI 與智慧財產權倫理規範。
經濟	高負債、勞動力萎縮；中產階級收入成長遲緩；AI 取代勞動人口；消費導向經濟的興起。
環境	極端氣候變遷影響糧食、健康、基礎設施；全球暖化、海平面上升；空氣汙染；水資源短缺；土壤生產力退化。
政治	管理困難；階級分化；劇烈經濟波動影響施政；ICT 技術發展資訊安全；國際機構對應複雜全球問題管理不易。

資料來源：筆者彙整自（The Millennium Project；European Commission, 2012；臺灣永續發展目標，2019）。

續會，2018）。根據瑞士 Gapframe 研究計畫對全球 196 個國家推動永續發展目標的評估，臺灣若要履行永續發展目標，則應特別強化「潔淨能源」、「廢棄物處理」、「海洋」、「土地與森林」，以及「永續消費」與「創新」等六大議題。

四　與巨型相反的極限城鎮是否能絕處逢生

再回到城市發展挑戰的視角，在一個巨型城市崛起的世代，同時需要被關注的應該是那些被巨型城市奪去光環與資源的「其他城市」。雖然我們一直強調大量人口有往都市移動的主要趨勢，但是仍然要意識到，全球 76 億人口中尚有 30% 以上超過 20 億人居住在非都市地區，囿於上述的鉅變挑戰，鄉村地區的發展及生存條件將更趨嚴苛。很顯然的，不是每個城市都有條件成為所謂的尖峰城市或巨型城市，而剩下的大多面臨著萎縮甚或是存亡的危機。

以日本為例，在高齡化與少子化的雙重影響下，很多所謂的極限村落面臨著廢村的困境，全日本人口不到 1,000 人的三級自治體已逼近 30 個之多，加上人口急速老化減少，問題的複雜程度包括地方自治的能力不足、行政服務因公務人員短缺而無法提供、學生人數不足、各種失業潮，以及稅收減少等多重壓力。這樣的議題也在 2015 年搬上小銀幕，日劇《拿破崙之村》改編自作家高野城鮮的小說《讓羅馬教宗吃米的男人》（ローマ法王に米を食べさせた男），身為公務員的男主角想盡辦法拯救一個半數居民都超過 65 歲的極限村落。雖然日本積極進行政府組織改造如「平成大合併」，但是仍無法對應非組織面的問題如鄉村地區失業及生活品質劣化等問題。而根據我國國家發展委員會的人口推計，《商業周刊》便提出目前已經邁入後人口紅利時代的各個縣市中，高齡化率排第一、二的嘉義縣與雲林縣是最容易出現極限村落的縣市。如何更具創意或尋求創新的因應之道，仍是共通的關鍵議題。

4.1.3 城市發展中的贏家與輸家

很多研究與評論對於快速與大量城市發展的優劣進行討論與辯證，普遍的共識就是，城市居民不可能全部都是獲利者。當然，對於誰在都市發展中得利，而誰又因此失去利基各有論述，例如《環境與都市化期刊》（*Environment and Urbanization*），在 1996 年出版之都市不平等（Urban Inequality）特刊中，就有數篇文章分別指認出城市中的不平等範疇可能包括：健康福利資源配置的不平等（health/mental health inequality）、環境正義（environmental justice），以及大都會中的貧富差距等。Florida 在 2017 年近作《*The New Urban Crisis*》中，則進一步指出都市中的不平等問題會是新的都市危機，在創意城市興起的當代，雖然創意菁英階級的群聚或創業投資（venture capital）不是主要驅動社會不平等的推手，但是因為他們的移居行為，可能進一步導致連曾經是城市發展得利者的中產階級，都面臨居住的不可負擔性提高的問題，更遑論較易產生取代效果的中低或勞動階級居民。這樣的現象，對於城市的多元發展與族群融合都是不利的，而在取代效果發生的過程中，社會對立的惡化也必然無法避免。

一 維護基本居住權是維繫弱勢不輸的關鍵

因此，若暫時不論因為氣候變遷影響導致許多城市的可居性劣化，可能產生被迫移居的氣候難民，基本上，城市中的贏家與輸家大約可以從基本人權是否能夠被滿足來評斷，居住權是關鍵項目，當基本合理的居住條件都不足時，一個城市過高的居住成本是很難讓多元族群都有條件留下來，享受城市所帶來的便捷、創意成果及種種資源服務。而更弱勢的群體，可能面臨想搬但是沒條件或根本搬不走的窘境，而最終被迫犧牲其他生活層面的需求。以臺灣推動 30 餘年的鐵路地下化工程為例，這是臺灣西部主要城市新陳代謝，以及升級基礎設施的重大公共工程之一。這樣的工程建設完成當然有很多好處，例如城市過去因為鐵路平面設計而產生

的分裂發展與安全問題得以縫合解決，城市也得以完善各種大眾運輸的網絡連結提升便捷度，原鐵軌所在的精華土地得以有效再利用促進城市再發展。但是在執行過程中，一直無法避免遭遇因施工而居住權受到影響的原鐵路周遭住戶，這些原本就以弱勢族群爲主、與鐵道爲鄰多年的住戶，因爲沒有條件搬離吵雜的鐵道沿線，且大多爲中高齡者，鐵路的地下化對他們而言，就不是好消息了。在 2018 年高雄車站配合鐵路地下化工程辦理的市地重劃協調會中，一對年邁且疾病纏身的老夫妻百般無奈的表達不是不願意配合鐵路地下化，也欣見城市的進步，但是他們的現況的確是無法、也禁不起搬家的折騰。

二　市民全贏的可能？

如果把城市當作一個生命體，必須像生物一樣進行必要的新陳代謝、消化排毒以維持生命力，那麼留存與排除的必然性就一定會造成有贏家與輸家的局面。重要的是，城市的改變是可以預先安排與預期影響的程度。雖然 Florida 大膽提出透過種種策略包括土地使用、稅收、基礎設施、可負擔住房政策、社區授權，以及全球合作等來創造市民全贏（urbanism for all）的城市，但是那必然如同烏托邦一樣理想化而過於勉強。我們認爲重點在探索城市改變的過程中，所帶來的經濟活力與幸福感的平衡點，讓所謂的輸家能夠安心生活，是每個城市在每個生命階段都應該做到的方向。

4.1.4　城市的幸福 VS. 幸福的城市？

"GDP is not an accurate measure of success. Happiness relates to economic growth. Happiness cannot be captured on spread sheet." （David Cameron, 2010）

「經濟成長並不是一個可以精準衡量成功的標準。快樂

與經濟成長相關沒錯，但是快樂並不能在財務報表中被計算出來。」（大衛卡麥隆，前英國首相）

　　每個時代城市都在回答一個終極的問題，如何不朽？不管是在實質具象層面或是精神意義層面都追求生生不息之道。近年來相對於頻繁被討論的是創意與智慧城市，另外一派關心城市中的福祉（city of well-being）的有識之士，以及其相關討論也愈來愈受到重視。所謂的 well-being 在中文並沒有非常妥適的翻譯名詞對應，在《劍橋字典》中 well-being 英文解釋爲「the state of feeling healthy and happy」，直譯大意就是人們感受到健康與快樂的情形／程度，也可以延伸解釋爲城市居民的宜居程度。近年來常見國際性組織針對各國城市宜居性及生活品質進行評估，例如經濟學人智庫每年進行的宜居城市排名，考量城市生活的五大要素：穩定性、醫療、文化和環境、教育及基礎設施；而德意志銀行，考量的則是購買力、安全、醫療護理、生活成本、房價收入比、通勤時間、汙染和氣候，更爲聚焦到對應人的行爲需求；全球著名的美世（Mercer）諮詢公司進行的城市生活品質排名，包括全球各洲 230 個城市，特別考量交通、電力、飲水、經濟穩定性、社會安全和政治穩定；Nestpick 則針對年輕人的宜居城市進行 100 個城市的排名，多元考量了營商生態（包含就業出路、初創企業、旅遊）、衣食住行（包含住屋、交通、健康、食物、網速、蘋果產品店）、開放度（避孕方法普及性、兩性平等、移民接納度、包容平權）和娛樂設備（夜生活、啤酒、節慶），該項排名中，荷蘭阿姆斯特丹榮登榜首，而臺北名列 81。

● **邁向幸福不朽城市的課題**

　　綜觀上述幾個具代表性的國際幸福感調查可知，指標的選取多樣而具體，也可以看出相較於城市競爭力評比指標，「穩定性」在幸福感的衡量中是特別被重視的；穩定性也反映著各種面向互補共好的平衡狀態。簡

言之，城市的幸福來自於有穩定感受到幸福的城市居民。而在 2020 年，由 Kight Frank 研究中心發布的 City Well-being Index 則針對包括綠地面積、年均日照小時、犯罪率、交通壅塞、快樂程度、健康照顧品質、工作生活平衡，以及政府治理等八個面向（https://www.knightfrank.com/wealthreport/cities/2020-03-03-the-city-wellbeing-index-how-happy-are-the-worlds-leading-cities），定義 well-being 的範疇應當要物理環境、城市治理條件與身心感受兼顧，其中則幾乎沒有經濟發展的角色，也因此評分結果不出意外的以衝刺經濟開發為導向的亞洲城市群們都名落孫山，而前 10 名亞洲城市只有新加坡入榜排名第 10。這樣的趨勢也值得我們重新反思，經濟發展與 well-being 之間是否真的是正向顯著關係，經濟發展好的城市是否真能代表城市的幸福未來？而城市幸福是否等同於對居民來說，是個讓人感到幸福的城市？更進一步可以思考的是，個體的 well-being 的累積是否也會成就群體的 well-being，抑或是相反呢？

4.2 菁英聚集的城市與仕紳化現象的關聯性？

"In every afflicted city, the story is the same: luxury condos, mass evictions, hipster invasions, a plague of tourists, the death of small local businesses, and the rise of corporate monoculture."（Jeremiah Moss, 2017）

「在每個受苦的城市中故事都是一樣的，豪華公寓、大規模驅逐取代、潮世代入侵、瘟疫般的遊客、在地小商店之死，以及單一文化樣貌的興起。」（紐約名部落客傑瑞馬亞摩斯）

4.2.1 仕紳化現象的發生與後果

一 城市、階級、仕紳化

　　如同生物的老化，都市發展必然的命運便是隨著時間的經過而有老化衰退的現象發生，因而有改造活化再利用的種種作爲，也必然帶動了各種族群在城市中的流動搬遷，而這個搬遷或置換的現象與產生的影響，逐漸受到重視。英國社會學家 Ruth Glass 在 1964 年的著作《London: Aspects of Change》中提出「仕紳化」（gentrification）這個名詞，由英文中「gentry」（名流）一字演化而來，用以描述中產階級逐漸在都市取代勞工階級居民的現象。

　　事實上，在人類城市發展的歷史上，在仕紳化這個專有名詞創造之前，就已經在城市新陳代謝的不同階段出現過類似的現象，例如 19 世紀對於窳陋居住環境的改善被稱之爲住宅翻修（rehabilitation）或升級，所著重的是物理環境改善與居住品質的提升，而當時的改善規模尚小，也未觀察到特別值得關注的負面後果。直到 1960 年代，Ruth Glass 在英國倫敦觀察到中產階級入侵原先由工人階層居住的地區，導致該地區建築物獲得整修、美化，原先破敗地區因而復甦，社會網絡組成也因而改變，直至所有原居的勞工階層居住者都遷出後，整個社區面貌就徹底地改變。這樣的仕紳化現象，被後來的研究者稱之爲仕紳化的第一階段，大約到 1970 年代達到顛峰。第二階段則發生在 1970 年代末期至 1980 年代末，政府政策配合經濟復甦，透過綜合補助或設置企業特區（enterprise zones）等方式刺激私部門開發投資；房地產市場的活躍，導致低收入居民的驅逐效應；同時間對於都市擴張、郊區化現象的反思，以及回到城市運動（back-to-the-city movement）的興起，也帶動大範圍都市再生計畫（area-based urban regeneration projects）風潮。在 1980 年代，例如日本橫濱港未來 21 計畫，以及英國倫敦碼頭區再發展公司（London Docklands Development Corporation, LDDC）所推動的碼頭再開發計畫等，都是永續都市發展反

思的濫觴，但因大規模都市再生、貧民窟清理等計畫，所導致的社會階級取代效果也是不可避免的。而第三階段，則是進入 21 世紀，永續都市發展的思潮仍舊被重視，但是經濟市場的局面則大量受新自由主義與全球化的發展影響，市場機制主導建成環境第二迴路的活躍，以尋求最大租隙的模式選取最具再開發潛力的場域；仕紳化不再僅限於早期的內城地區甚至擴展至偏遠地區，透過大量不動產的重建及改建，復甦都市機能當然仍然是重點，但連帶帶動不同收入群體的遷移取代現象更為劇烈。第三階段仕紳化的特性在於政府力量的支持（Davidson, 2018），並且有多種類型的演化，例如新建仕紳化、鄉村仕紳化、超級仕紳化等地出現。而不管是哪個階段，仕紳化現象最受關注的一點，在於遷徙的「被迫」狀態所引發的社會衝突對立。

二　謀殺一座城市？

　　隨著近 60 年的發展，仕紳化現象形成的原因相當清楚，但所產生的後果，即此現象影響的層面，則是隨著都市發展漸趨複雜化。1980 年代開始，多數對於仕紳化現象的定義與評述都是以負面為主，「仕紳化提高社區和城市的價值，直到它們不再適合一般人居住。」Peter Moskowitz 在 2017 年《如何謀殺一座城市：高房價、居民洗牌與爭取居住權的戰鬥》中如此提到。都市仕紳化在倫敦直達高峰，在文青潮店林立的同時也出現抗議民眾，認為價格高昂的文青小店開在人均收入最貧窮地區實在諷刺，而逐步提高的房價也慢慢的趕走原來窮困的居民。原居民非屬自願的被迫遷徙，導致地方文化、社區意識，以及社會網絡的崩壞，即為 Moskowitz 主要的批判點，他認為這樣的現象就是一個結構性霸凌過程，從政府政策、經濟市場、企業及受教育的外來菁英，甚至是氣候變遷及天災，聯合起來壓迫並剷除原有的老居民。

　　書中以 2005 年受卡翠納颶風重創的美國城市紐奧良為例，破壞性的颶風摧毀了城市，逼迫人民遷徙避難，然而在災後重建的過程中，政府與

商人聯手讓資本回流社區，「城市即生意」的意識型態則導致結構性地阻擋了原居民回家的路。

至於對城市意象的影響，與 Florida 的看法略有不同，Moskowitz 認為在新自由主義全球性蔓延過程中，創意菁英所到之處必然產生仕紳化現象，取代原有居民的同時，而開發業者為了投其所好，複製帶入了人生勝利組的生活樣態，例如文青咖啡館、高檔精緻餐廳、高端百貨商場及精品小店、設計精良的街道風貌等，進到每個街廓而抹去了過去的生活痕跡，讓更新後的城市有如樣板文章一般，精美但失去原有性格，也因此謀殺一座城市。無獨有偶，紐約知名部落客 Moss 在 2017 年出版，也是他長期觀察紀錄之作《Vanishing New York: How a Great City Lost Its Soul》中沉重指出，即使是引領世界潮流趨勢的大蘋果紐約，仕紳化現象也是令人憂心的，身為吸引創意菁英的聚集之城，也面臨因為流行文化的帶入而使其失去靈魂，一個沒有靈魂的紐約市，將不再獨特，不再具備讓紐約客引以為傲的條件，變成只是另外一個有著昂貴價格標籤的城市。

4.2.2 誰造成的？

多數文獻歸納仕紳化現象出現的主因，在於工業／製造業部門獲利率降低，導致資本流向利率高的不動產開發業；同時 1980 年代開始相關政府機構與體制的政策方向也是主要催化劑。然而，這個現象的形成要歸罪給某一群特定族群如創意菁英階級，看似容易，但是在尋求如何化解仕紳化現象的後遺症時，就會發現這是個複雜議題。整個仕紳化的過程中，包含了二大面向的觸媒：人口結構與環境升級。在人口結構部分，即包含行動者、遷入者與遷出者，行動者為促進仕紳化現象的角色，包含政府機構、開發商、建築商、抵押貸款機構與房地產經紀人等；而在遷入者部分，通常係指收入、教育、職業高於現有居民的人，而其遷入的動機，包含各類型原因，例如文化偏好、政治取向與經濟需求驅動（Zuk,

Bierbaum, Chapple, Gorska & Loukaitou-Sideris, 2018）；並且在行動者促進下，除了吸引遷入者外，亦會促使環境升級，包括基礎設施改善、建築物整修重建、社區福利提供等，同時亦可能造成社會鄰里關係的破壞、生活成本的增加，進而導致原住戶被迫遷出，流離失所（Zuk et al., 2018），想當然耳，遷出者通常為社會或經濟相對弱勢的族群。

另外，從利己主義的角度，Florida 在《*The New Urban Crisis*》一書中，便提出創意菁英這類的新興群體的生活型態特性、居住選擇的偏好所形成的需求，也是導致仕紳化現象在 20 世紀末期達到前所未有高峰期的推力。也因此，近年來扮演行動者角色的政府，所施以的推力如地區環境改造、都市更新，甚或農村再生計畫等更為積極時，其所產生出的仕紳化負面效應也更為引起撻伐與批判。城市是個動態有機體，不可能不產生各種經濟、社會活動與環境建設開發以創造更多競爭力，仕紳化的現象如果是必然出現的，那麼政府所應扮演的公平正義的維護者角色也更形重要，如何在城市發展過程中有一些平衡政策的提出，例如都市更新地區劃定與社會住宅提供的相輔相成，就是當代政府亟需要有的體認。以英國而言，在如火如荼推動都市再發展以回應永續思潮時，保障住宅的可負擔性也在 2018 年重新檢討後的國家規劃政策綱領（NPPF）中，再次被重申。

4.2.3 愈創意愈（不）幸福？創意經濟提升必然產生仕紳化現象？

以 Moss 與 Moskowitz 的觀察，不論是歐洲或美國，實際案例證明仕紳化的過程會產生對城市無可彌補的傷害，因為城市原有的性格遭到顛覆性的取代，而諷刺的是獨特的城市性格正是吸引創意菁英聚集而來的主要原因。當創意菁英自豪於因為人生的成就而有選擇居住地的主導權之時，卻很容易看到當時吸引他們搬來的獨特性一點一滴的消失。

創意不是那麼容易唾手可得的，也不是想要創造就一定會成功。因此在害怕失敗的心態下，有許多近年出版的文獻證實了因為全球化現象，

資訊流通技術日新月異突破創新，讓天涯若比鄰的世界地球村不再是口號，創意城市的營造反而容易落入天下文章一大抄的現象，大家都在尋找模仿複製的成功樣板。例如 2018 年杜拜的「歐洲之心」（The Heart of Europe）計畫，便是要在中東複製威尼斯水都與義大利村莊的城市樣貌，提供義大利的經典美食與精品。富豪開發商以創意之名，認爲可以吸引喜愛義大利風情的旅客，帶動的是更多拜金導向的開發與違和感極重的城市營造，而忽略了這樣的作法讓當地居民對於自己家鄉自我認同的衝擊是不可抹滅的。相信在這樣的城市長大的居民，目睹中東城市穿上歐洲古都的戲服，家不成家，雖然富裕，但當檢視其城市的總體幸福感或城市文化的自我認同時，應該會不難發現城市面臨自我認同的窘境。一個創意城市的精彩與幸福，必須要包括其歷史發展的脈絡，以及其人文涵養與文化風貌，搭配創意菁英的活力與魅力，創造城市人民在生活風格的承先啓後，走出自己的路方是正道。

4.2.4 從仕紳化地圖解析創意首都的都市更新現象

一 創意城市中都市更新與仕紳化現象直接相關？

以臺灣而言，2005 年以來，也隨著聯合國教科文組織對創意城市的倡議而積極推動創意城市。早期從軟實力著手，以文化創意及藝文活動的鼓勵辦理爲主，帶動臺灣後工業時代的文創產業；再逐步透過環境改善營造，將都市中老舊閒置的空間搭配其歷史背景進行改造轉用，其轉用的功能設定也都搭上文化創意的當紅列車。成功案例如坐落於臺中後火車站日據時期的大正製酒株式會社臺中酒工場，改造轉型爲文化部文化資產園區；臺北市的前松山菸廠改造爲松山文創園區；前臺北酒工廠華麗轉身成爲華山文創園區等。伴隨著 2000 年之後國際金融海嘯等市場大環境不景氣的發生，政府便藉推動鼓勵自辦更新等相關政策，有效吸引一定民間資本投入，導致首善之都臺北在過去近 20 年間，累計超過 315 件的重建

型都市更新事業計畫如雨後春筍般的核定。國家主導擴大租隙之策略於臺北市都市更新推動而言具一定成效，也同時引發了一波都市更新推動是否是導致臺北仕紳化現象加劇主要推手的爭辯。

　　國內自 1990 年代早期開始，便有學者對仕紳化現象進行研究，而對於都市更新與仕紳化間之關聯研究，則是以近 10 年爲多，黃麗玲（2010）指出，因爲都市再開發與都市更新帶動房價的攀升，導致臺北市過去 10 年中，產生「仕紳化」現象。王志弘、李涵茹、黃若慈（2013）指出，都市更新的推動，會促使都市生活支持系統的再結構與升級。張維修（2012）甚至認爲，都市更新本身即爲一仕紳化之政策，認爲都市更新政策推動的同時，可能會因環境改善，連帶提高居住成本，使無法負擔上漲租金或房價之社經弱勢原住戶遭到排擠，破壞原有社會網絡。然而，上述許多研究的論述多從國外文獻出發，針對個案或房地產價格等單一面向探討，較無從整體都市尺度下，討論都市更新對於仕紳化現象的影響與程度。

　　臺灣自 1998 年公布施行《都市更新條例》，藉由容積獎勵、權利變換等方式活絡市場，期達到復甦都市機能、改善窳陋環境、增進公共利益之目標。然而，近年來，以小基地爲主的更新方式成爲主流，其更新規模較小，於整體城市發展而言，較難達到居住環境及公共利益提升之目標。此外，於自辦都市更新的過程，資本的累積造成不動產價值大幅提升、貧富差距擴大、原有社會特徵改變等，進而產生仕紳化現象，使得仕紳化現象容易被認爲是都市再發展政策下的結果。

二　仕紳化現象發生的熱區

　　儘管過去 20 年，相關文獻皆提出仕紳化與都市更新有著連帶的影響關係，然其研究較偏向單一個案、行政區尺度的質性研究，以都市尺度分析二者之空間現象的探討較少。游舒涵（2019）透過參考 Holm & Schulz（2018）發展之新研究方法，研究建立臺北市仕紳化地圖，主要係將過去關於仕紳化概念的具象化，考量仕紳化現象的共同特徵，分別爲不動產

升值（以土地公告現值爲主要指標）與社會結構變動（中低收入戶、教育程度、人口遷移等指標）二類，再依資料可取得性選取量化指標，針對臺北市 456 個里進行仕紳化現象的判別。不出意料的發現，臺北市仕紳化現象主要發生熱區與世界各城市相似，大多聚集在市中心地區，也是房價居高不下的蛋黃區（如圖 4.1）。

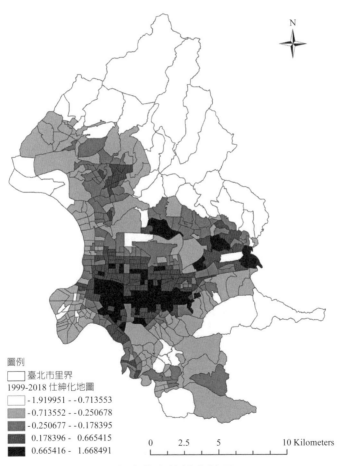

圖例
臺北市里界
1999-2018 仕紳化地圖
- 1.919951 - - 0.713553
- 0.713552 - - 0.250678
- 0.250677 - - 0.178395
0.178396 - 0.665415
0.665416 - 1.668491

0   2.5   5   10 Kilometers

圖 4.1　2009-2018 年臺北市仕紳化地圖
資料來源：游舒涵（2019）。

三 仕紳化現象與都市更新開發程度的關聯性

　　進一步計算臺北市各里都市更新開發密度，再行分析都市更新空間密度與仕紳化現象的強弱程度，以探討其是否具有高度相關。透過雙變數空間自相關分析法，評估發現臺北市從 1999-2018 年間，共有主要分布於大安區、中山區、松山區、中正區及信義區的 36 個里，顯示仕紳化現象與都市更新開發面積有微弱正相關。圖 4.2 標黑色的里即為高度相關地區，

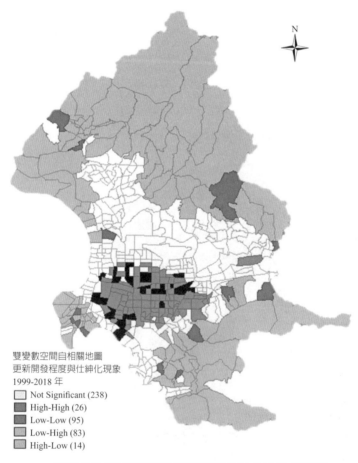

圖 4.2　1999-2018 年臺北市都市更新開發程度與仕紳化現象相關圖
資料來源：游舒涵（2019）。

可以解讀爲該里的仕紳化程度與都市更新開發程度均高，有相當互爲因果的可能性。但是綜觀而言，在圖 4.2 中，臺北市大多數有仕紳化現象發生的里，其仕紳化現象並未跟都市更新的開發行爲的數量發生直接相關性；換言之，導致仕紳化現象發生的主因很有可能不是推動都市更新，而是更大規模的城市建設，例如捷運興建、鐵路地下化或大型公共建設如大、小巨蛋體育場等。當然在這個臺北市的個案研究中，也可以觀察到私部門投資爲主的小規模都市更新不動產／住房開發，與規模較大具公共性的都市更新重建或轉用相比，後者在引發仕紳化現象的觸媒角色更爲鮮明。此亦可回應，政府身爲行動者及政策決策者，比其他仕紳化現象發生的促成者更具影響力。換言之，即便是創意菁英匯聚的城市，如果政府政策有力介入，仕紳化現象是可以被控制而且朝多贏局面邁進的。

4.3 萎縮城市現象與幸福感

4.3.1 萎縮城市的時代與現象

沒有創意菁英加值的城市，有許多都面臨萎縮的命運，而隨著都市發展興衰歷程，「萎縮」爲城市生命週期必然面臨的過程之一，即從都市化發展開始成長，人口聚集與社經環境逐漸成熟，而後產業變遷、人口結構改變，導致城市成長衰退、沒落或更新的循環變化（Berry, 1980; Haase et al., 2014）。「萎縮城市」名詞的出現是在 2000 年初，當時德國聯邦文化基金會（Germany's Federal Cultural Foundation）針對東德城市經濟和人口發展的巨大影響而提出。然而因爲萎縮城市爲複雜且因地區發展的獨特因素而導致多元萎縮現象，因此相關研究發展至今仍然無一個被普遍接受的萎縮城市判斷標準出現，目前雖未有統一的認定標準，惟不論何種認定方式，皆以人口衰減作爲最主要判斷指標（Rink et al., 2012）。Oswalt

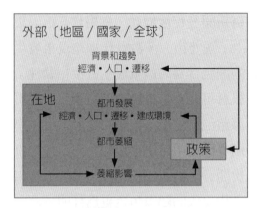
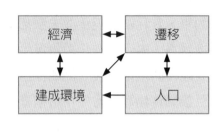

圖 4.3　萎縮城市中經濟、遷移、人口、建成環境的交互關聯
資料來源：Hartt, M. (2018)。

和 Rieniets（2006）提出，人口 1 萬名以上的地區，人口流失數量占人口
至少 10%，或年均人口流失率大於 1% 的城市，可以被認定為萎縮城市。
除人口以外，依據 Hartt, M.（2018）彙整，還可分為三項關鍵因素，分別
是經濟、建成環境與遷移活動的交互影響，如圖 4.3 所示。

　　不同城市受到全球或大尺度社會變遷影響，因地方特性、城市發展背
景差異，可能會產生不同的反應（吳欣穎，2017）。其影響因素與反應
變化，大致可分為四種情境，分別是：產業轉型（去工業化）、政治型態
轉變（後社會主義）、郊區化、人口結構轉型（Oswalt, 2005）。

一　產業轉型（去工業化）

　　18 世紀英國經歷工業革命後，利物浦因應製造業大量人力及出口貿
易需求，成為發展鼎盛的城市之一。惟至 20 世紀後期，因應第二次世界
大戰後政治、經濟影響，英國逐步朝向以發展金融產業為主，傳統工業則
逐漸式微，既有之以傳統工業維生的人口，為獲取新的工作機會而大量
外流。

　　另外一個經典案例為美國底特律，作為汽車工業城市，自西元 1850
年代起至 1930 年代蓬勃發展，惟 1950 年代起工業轉型，從大量人力朝

向機器自動化生產，以及企業爲求更低廉的生產成本，將製造區位先轉移至歐美鄰近國家，再向亞洲地區擴散，促使原工業城市人口爲求工作機會而大量外移（Ryan, 2012）。除工業以外，因面臨需要大量人力之傳統產業轉型而萎縮的城市，例如位於中國東北以伐木相關產業蓬勃發展的宜春，因森林資源逐漸匱乏，促使產業轉型改以生態觀光爲主，於 2012 至 2016 年間減少約 12% 都市人口；孟加拉的庫爾納（Khulna）以黃麻加工製造業爲主，於 1950 至 2000 年間人口成長將近 20 倍，但由於黃麻相關產業式微，於 2001 至 2011 年間，減少將近 15 萬人口，占其人口總量 11%（Biswas et al., 2018）。

相對而言，臺灣因產業衰退而明顯萎縮的城市，包含開發較早的港埠都市舊市區，因加工出口貿易減緩，港口重要性下降而導致人口外流，例如高雄市前金區、基隆市中山區；以一級產業爲主的鄉鎮，包含雲林縣台西鄉、東勢鄉、嘉義縣的東石鄉、臺南縣將軍鄉、後壁鄉，以及屏東縣佳冬鄉、林邊鄉（吳欣穎，2017）。

二 政治型態轉變（後社會主義）

二戰結束、德國統一後，因應政治經濟關係變化、社會主義瓦解，公營產業的私有化促使就業結構震盪，加之統一後區域發展不平衡、環境品質差異，東德地區邊緣化，人口與產業迅速沒落，致使德國國內城鄉差異明顯（Pallagst, 2008；吳欣穎，2017）。

三 為生活品質遷移（郊區化的市中心萎縮、人口向都會核心集中的衛星城市萎縮）

由於城市中心發展逐漸飽和，在高密度的生活環境下，基盤建設逐漸無法容受持續成長的居住人口，隨之而來的公共設施供給不足、持續高漲的房價與物價等，促使人們爲尋求更高品質的生活環境，朝郊區遷移，致使市中心空洞化。於 1930 年代，美國的住宅專家更認爲都市中心會成爲

貧窮、犯罪的溫床。不同於美國因郊區化而產生的市中心萎縮現象，增田寬也的《地方消滅》（2014），則反應了人口將朝向社經機能豐富、公共建設供給較多的主要都市流動，形成如水庫（ダム）的存在。因此他主張未來應集中公部門的資源與市場能量，以這些人口數在 20 萬人以上的都市作為未來地區發展的建設重點，也就是放棄了主要都市以外的衛星城市與鄉村聚落，停止向其投入公共建設與產業投資，讓其自然萎縮甚至消滅。

位處臺北都會區的基隆市，在人口減少觀察值容易被歸類為萎縮城市，受山坡地三面環繞，一面臨海的地理條件，使其將重要產業空間與交通軸線圍繞在基隆港埠，沿著基隆河谷與臺北都會區串聯。於戰後國家經濟以出口導向的基礎下，於 1994 年成為世界第 12 大貨櫃港，但與產業轉型的萎縮城市相同，當中國代工產業崛起，中國漸漸成為全球製造與出口的重心，基隆港的重要性即被取而代之，同時臺北都會區亦已朝向科技創新研發、金融及生產者服務業轉型，基隆港、基隆市的定位漸漸不易與臺北都會區連結。依據張容瑛（2014）分析，基隆市除了自 1980 年代以來對基隆港埠出口經濟的依賴，至 1990 年代全球勞動市場重新分配後，對於臺北都會區亦有社經機能的依賴，於 2010 年《擴大暨變更基隆市主要計畫（通盤檢討）（第一階段）書》中，基隆市未來發展定位為：「北部區域之海洋科技、海洋遊憩及山林渡假中心」與「臺北都會區之優質住宅及渡假會議中心」。惟周邊鄰近的宜蘭縣、新北市亦同時以北市後花園、假日休憩、大量住宅供給，試圖接納核心區域人口與住宅需求的外溢與擴散，基隆市模糊的發展定位恐有陷入萎縮模式，以及鄰近城市同質的競爭危機中。

四 人口結構轉型

依據聯合國 2015 年的人口預測，顯示全球人口成長已趨於緩和，許多國家面臨人口成長下降、人口結構調整的問題。Fujii（2006）以日本為

例，說明近年人口結構之轉型，包含高齡化、少子化的現象，對於非主要
城市、鄉村地區萎縮的影響更為顯著。對比臺灣嘉義地區的人口萎縮，其
於民國 40 年代戰後嬰兒潮時期為穩定增加狀態，至 50 年代後因維持以
一級產業為主，因此人口逐漸向其他地區遷移，開啓人口萎縮的進程，時
至今日因高齡化、少子化的現象，加劇嘉義地區的人口減少與老化，至
2013 年更達到全臺第二低的出生率與社會增加率，以及全臺第二高的死
亡率（見表 4.3）。

　　除了以城市尺度觀測萎縮現象以外，《遠見》雜誌於 2019 年，以「你
的家鄉會消失嗎？」為題，討論臺灣人口老化、出生率下降，以及往都會
遷移的情形，並引述國發會官方統計，臺灣於 2018 年底有 134 個鄉鎮市
區面臨萎縮，甚至可能因基礎維生設施與功能難以維護，有地方消滅的
危機。

表 4.3　嘉義地區人口變化情形

年代 （民國）	嘉義地區			
	嘉義市		嘉義縣	
	自然增加率（%）	社會增加率（%）	自然增加率（%）	社會增加率（%）
40	40.73	-8.74	-	-
50	29.29	3.81	31.94	-5.49
60	17.94	-1.67	18.29	-14.96
70	14.76	-15.54	16.42	-16.03
80	7.95	-4.58	9.98	-5.52
90	4.55	2.23	5.33	-3.45
100	0.61	-3.78	-2.72	-7.1

資料來源：歷年縣市統計要覽。

4.3.2　萎縮城市＝都市發展的困局還是契機？

一　萎縮的惡性循環

　　一般在探討萎縮城市現象時，總是會比較負面以對，萎縮的直接影響包括產業與人口的減少；城市內部失業率、空屋率的提升導致城市稅收下降；基礎建設維護成本增加，新的公共建設難以投入資源，降低市中心購物、文化及體育等活動的產生與吸引；而城市內部犯罪率可能因此提高，進而產生惡性循環，陷入持續萎縮的狀態（Friedrichs, 1993; Rybczynski & Linneman, 1999）（圖 4.4）。除城市內部問題以外，張容瑛（2014）從城際競爭角度，說明都會區域內各個城市資源與權力的不對等，將強化核心城市的支配能力、吸引人口移入，並加深周圍其他城市的依賴與萎縮。

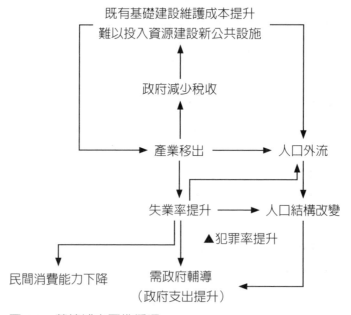

圖 4.4　萎縮城市惡性循環
資料來源：Rybczynski & Linneman (1999).

前述城市間的競爭現象，以全球角度而言，全球城市具備強大吸引力，容易將資源、基礎設施、人才集中收納，例如紐約、倫敦、東京等。而以都會區域概念來看，核心城市即爲中地（central place），於該區域內有其支配能力與優勢，吸引市場與政府投入人力、資產、基礎建設等，進一步弱化周邊衛星城市的功能（Taylor et al., 2010），而產生大者愈大，原本的衛星城市則陷入萎縮的命運。

二 萎縮城市的新觀點：Less is More

對於萎縮城市現象的觀察，最早從東歐開始探討後社會主義城市的萎縮情形，進入 21 世紀後慢慢形成國際議題，在 2004 年，由美國柏克萊大學都市及區域發展中心（Institute of Urban and Regional Development at the University of California, Berkeley），串聯包括臺灣的 14 個國家成立「萎縮城市國際研究網絡」（The Shrinking Cities International Research Network, SCiRN™），進行一系列的跨國研究；經過 15 年討論後，逐漸有正向觀點的發表。Hospers 和 Reverda（2014）認爲，過去人們多執著於都市必須成長的迷思中，認爲只有成長、增加才是好的，而人口減少則反應城市出了問題，面對這樣的困局，政府或規劃師往往會有四階段的反應：

1. 否認（trivialising）：質疑人口預測的準確性，迴避面對人口下降的問題。

2. **試圖抵抗人口減少的現象**（countering）：以各類型手段試圖避免人口減少的狀態發生，並試圖投入住宅供給或其他誘因吸引人口回流。

3. **管理人口減少後的城市**（managing）：面對人口減少的當下，妥善維護、更新既有的資源設施，例如英國的 Planning for decline 政策、日本空屋銀行機制。

4. **利用人口減少爲契機，產生新的經營模式**（utilising）：在人口減少的同時，積極提升生活環境品質，Hospers 和 Reverda（2014）以高齡

化的萎縮城市為例，若能結合休閒經濟與長照護理服務，則可能驅動新的
銀髮產業投入，例如美國佛羅里達州的太陽城（Sun City）。

　　在氣候變遷的挑戰加劇後，許多研究進一步思考萎縮城市是否更有
韌性？例如 De Flander（2013）從氣候變遷角度觀察萎縮城市的現象，提
出過去以人口成長角度觀測都市空間時，常認為緊湊、集約、高密度的生
活環境會比低密度發展的城市更為永續，且更能夠減少生態足跡、碳排放
量。因為城市被視為資源消耗的核心，城市大多從邊界輸入能源、食物等
等，同時城市內部的汙染、廢棄物等將排出到城市邊緣。但當城市面臨萎
縮，人口逐漸減少的同時，表示城市與邊界的距離不斷縮短，應該改以依
循環系統的角度，來內部化這些環境成本，在城市內部盡可能生產更多的
資源、處理汙染及廢棄物。因為人口減少，促使萎縮城市的人口密度降
低，空地、空屋將可能使城市內產生更多可利用的空間，同時城市內對於
資源的需求也逐漸降低，也就是說，城市不須維持以往龐大的耗能，同時
又能增加不同類型設施設置的空間，萎縮城市不須再討論宜居環境的居住
密度、綠地與公園供給面積、公共設施設置空間是否足夠等等，其城市內
部自給自足的循環系統，將為都市空間、生活密度帶來新的觀點。

三　低密度使用、土地使用效率低 →自給自足

　　如同 De Flander（2013）所提，當城市萎縮時，人口減少也代表了耗
能需求的減少，而空地空屋的增加，則代表資源、能量生產的可利用空間
增加，若以城市內部自給自足的循環系統進行規劃，則能符合永續發展的
目標。如 Fab City 理念，城市內部必須有更多自主、積極的生產能力，
減少從外部進口貨物、食物和水資源等，結合可回收材料與資源，透過在
地的創新技術由城市自行生產所需的物品，來滿足在地需求。最近的研究
如 Livina 和 Veliverronena（2019）面對萎縮的拉脫維亞，探討循環經濟的
執行，並指出三個重要的關鍵因素為有效的資源利用、服務或產品的生命
週期，以及經濟價值創造，當服務或產品的生命週期更長時，其創造的經

濟價值將會更高，並更有效的達成循環經濟。而什麼服務或產品的生命週期最長？答案即是農業，即最易面臨人口減少、萎縮現象的農村聚落、鄉村型都市，最適宜運用農業循環經濟，創造並提升經濟價值。

依據 2012 年拉脫維亞的農村空間發展報告（Latvian rural spatial development report），約有 63% 的農村聚落從事農業、林業和漁業相關產業；服務業占 28%，製造業占 5%，建築或不動產相關產業占 2%，其他占 2%。於此基礎下，拉脫維亞正試圖增加農業相關製品，以有機、生態友善等品牌形象提升其經濟價值。

四 人口減少、既有傳統產業消失→產業轉型、加值

以臺灣新北市金山區，位於陽明山國家公園內的八煙聚落為例，於日治時期為臺灣蓬萊米發源地之一，因蓬勃的農業發展，形塑聚落周邊水梯田地景。於 1986 年稻米價格崩盤，因梯田無法改為大規模機械化的情形，加之人力務農成本過高，聚落人口開始外流；同時因區位因素，長期受國家公園特別景觀區管制限制，加上政府沒有配套輔導機制，人口嚴重外流，至 2014 年聚落內僅剩 9 戶人家 10 多位平均年齡 78 歲的老農。八煙聚落接受基金會協助、行政院農業委員會林務局的輔導後，媒合企業認養機制、計畫性的契作生產，以及環境友善的耕作形式，復育了原有的水梯田經濟價值與生態系統，保存傳統產業並提升農民實質收入，同時打造農村生態旅遊亮點，使聚落居民能與旅客分享農業經驗、生態景觀，凝聚社區的認同與歸屬感（見圖 4.5）。

五 都市閒置空間增加→土地供給增加，對於社區所需的服務更能彈性提供

饗庭伸在其最新著作《摺疊城市》（2020）中，以日本東北都市面對萎縮城市的人口減少和空屋增加的現象為例，公部門從被迫面對困境並提出有關管理、活化空屋的機制，到建構媒合使用需求與空屋供給的資訊平

圖 4.5　八煙聚落水梯田生態復育
資料來源：https://www.youtube.com/watch?v = IOQyPXF8cyg

台，研發空屋銀行等綜合性政策，以在不增加公共投資的情形下，試圖解決既有居住環境缺乏公共設施或商業、文化、休閒活力的作法，維持、提升萎縮城市的居住品質。

六　人口減少、稅收減少 →重新調整政策資源，減少沒有效率的財政支出

除了維持基盤建設品質以外，對於注重社會福利的瑞典，面對城市萎縮議題則以此為契機，重新思考教育、健保、高齡照護供給的模式，在面對人口減少、稅收減少的情形下，討論如何開源節流，避免因削減開支而無法維持高品質的社會福利供給（Syssner, 2016）。以瑞典瓦爾德馬什維克市（Valdemarsvik Municipality）為例，面對城市萎縮、人口結構改變（高齡化、少子化）、稅收縮減的情形，政府重新調整社會福利資源分配，將原教育相關的投資轉移至高齡照護相關政策。另外在教育方

面，因學生數量太少、學費收入減少，若教學、學校維護成本不變，長
期而言難以維持各所學校的教育品質。因此，自 2012 年起即與鄰近的南
雪平市（Söderköping Municipality）合作，瓦爾德馬什維克市僅提供中學
前的小學與幼兒教育，由南雪平市提供中學教育，以此在節省財政支出
情形下，透過地方政府相互合作，維持甚至提升教育品質（Valdemarsivik
Municipality, 2013）。另一方面，政府鼓勵並投資各類型的照護機構與服
務，包含高齡照顧與身心障礙支援。高齡照顧除補助既有長照中心外，
透過住宅與閒置房屋調查，拆除重建、擴建部分社區，並與長照企業
Riksbyggen 合作，供給高齡、老年痴呆患者安全的住宅社區。而身心障
礙者的支援，則由政府媒合輔導專員，逐步協助其與社會的融合，並維持
獨立生活能力，例如特殊住宅提供，以安靜、具個人隱私且鄰近醫療中心
為主的社區；日間照顧服務，政府投資提供的 Änggården 活動中心能針對
精神疾病患者予以照顧、陪伴，並透過專員協助患者採購、就醫、辦理銀
行業務等；結合就業輔導機制，依據專員評估，媒合身心障礙者適合的工
作機會。

4.3.3 萎縮也可以幸福嗎？

　　不管從各種統計數據與空間規劃角度來看，萎縮城市都是一個需
要被謹慎對待的議題，若處置不當，極有可能陷入惡性循環中，但實際
居住於萎縮城市的人，是否真的會感受到這些負面的影響呢？以歐洲最
早開始受到萎縮現象影響的德國為例，自 1989 年柏林圍牆倒塌以來，
人們便開始移居西德地區，原東德地區便面臨人口流失、產業外移、失
業率提升等連鎖效應，導致城市既老化又萎縮；近年來又因為出生率的
快速降低，也開始導致西德地區的人口減少，近乎整個國家都開始萎縮。
Delken（2008）好奇萎縮城市居住人口的幸福感，是否會跟大眾想像的一
樣，因為人口減少、稅收減少而導致政府財政困難，民眾可能會對民生物

價、生活服務水準、公共交通設施感到不滿；同時因爲產業外流，失業率提升，在萎縮城市中的就業率極低，人們對於工作的滿意度、所得收入可能不甚滿意，因此他以德國爲研究範圍蒐集幸福感衡量指標，並進行問卷調查。爲了衡量幸福感，Delken 採用德國社會經濟專家群（Socio-Economic Panel, SOEP）對於生活滿意度的指標，包含健康狀態、工作性質、薪資與可支配所得、居住情形、空閒時間與活動、居住環境物價與服務品質、公共交通、環境品質等，調查不同城市居住人口的感受。

調查結果顯示，住在西德地區的人的確都比住在東德地區的人對居住環境更爲滿意，但對於人口處於成長或衰減的城市，二者比較結果卻顯示，居住於萎縮城市的人對生活品質更爲滿意。其中萎縮城市的居民對於民生物價、生活服務品質及公共交通感到非常滿意，同時當地公共設施的減少似乎不會對生活滿意度產生負面影響；並且，不論在成長中或萎縮城市工作，依調查結果顯示薪資與可支配所得差異極小，反應出失業率上升與勞動力市場萎縮，並不會減少人們對工作的滿意度。

相似的，裘子欣（2020）也針對臺灣的萎縮城市現象與其對居民的幸福感進行探討，並以高雄市的鹽埕區作爲實證地區，就當地居民生活滿意度與萎縮現象感知，包括是否感知人口減少、人口減少原因、失業率、空屋率、治安及經濟和工作環境滿意度等項目進行問卷調查。鹽埕聚落自清朝時期已成爲打狗港開港前的經濟重心，日治時期由於打狗（高雄）港的建設開發，高雄市發展重心由旗后街逐漸移往新濱町（俗稱哈瑪星），再朝向具有都市規劃和公共設施完善的鹽埕埔，也由於鹽埕埔濱臨港口、停車場（火車站）使其成爲高雄市的商業重心。光復及二戰後，鹽埕區的發展被市政府歸爲重點建設之一，民國 44 年，高雄市第一個都市計畫在鹽埕區公布施行，將商業區集中設置於鹽埕區主要道路兩側，成爲美援時期臺灣都市計畫經典案例之一。此後 1940 年代的韓戰、1950 年代的越戰，鹽埕區成爲了駐地美軍的休假勝地之一，直至民國 67 年，鹽埕區維持 25 年的全盛時期，成爲高雄市主要商業地區，也成爲當時整個高雄都會區

的中心都市。在民國 70 年代，其房價為全高雄市之鼎盛時期，而自 1970 年代後因為都市擴張及行政中心轉移等因素而趨於沒落。進一步歸納鹽埕區的萎縮歷程，主要受全球化影響，臺灣產業政策轉型造成高雄港之沒落，再加上舊市中心商業飽和，都市往外擴張發展，而鹽埕區因其地理區位孤立，以及日據時代都市計畫影響之完整建成環境等特殊性，更加導致了鹽埕區之人口及產業外移，造成鹽埕區形成「市中心空洞化」的萎縮態樣，並且鹽埕區具備連續 10 年人口成長率呈負值，以及高雄市行政區中具最高失業率與空屋率之行政區的萎縮城市特徵。

　　針對萎縮地方居民的生活品質滿意度是否較低，問卷調查結果發現，鹽埕區居民對於生活品質滿意度與高雄市調查相比，不低反高，且居住時間與整體生活品質滿意度間呈現顯著且正面之關係，驗證了人與環境契合理論，居住時間的長短高度影響人對環境的認同度與適應程度，因此居住時間愈長的居民可能對地方有更高的認同感，進而產生較高的整體生活品質滿意度。而儘管鹽埕區居民大多有感知到人口減少、較高空屋率之萎縮特徵，受訪居民仍認為鹽埕區具有較好的治安與工作及經濟環境；在街道維護、交通環境、公共設施及休閒娛樂空間等鄰里環境品質面向，也都感到高度滿意（5 分制，平均達到 4 分以上），也呼應了近期國際研究認為人口減少、高空屋率與高失業率反而帶來更寧靜、出入更單純的環境（Barreira, et. al., 2017）。

　　以上二個實證研究調查可得到一個具體的論證，城市的萎縮不必然是負面的問題，因此，未來的城市政策決策者不需要過度緊張，看到客觀數據呈現萎縮城市現象，例如人口減少、空屋率、失業率等，就直接跳入問題解決模式，更應該再觀察生活在該類城市中最重要的部分，即「人」的感受。對生活在萎縮城市居民之狀態與感受調查當是首要之務，形塑聰明萎縮（smart decline）城市也是一種未來發展的可能性。

4.3.4 萎縮鄉村與地方創生的可能性：Shrinking but promising？

一 地方創生的目標是創造經濟成長？

　　前揭內容點出了一個有趣的現象，居住在萎縮城市的居民不見得直接對萎縮現象感到憂慮，但是的確會擔憂因爲人口、工作機會持續減少無法永續生存及犯罪安全等問題。爲了解決人口外移極限村落滅村危機，日本因此在 2014 年正式提出地方創生計畫，試圖透過地方創生推動，再定位社區價值與自我凝聚，進而創造新型態產業吸引人們回鄉工作；透過立法將地方創生政策正式上線，並且同步提供許多支持性的財政與人力資源。而日本提出地方創生的政策目標並不在瞄準經濟成長或產值，較單純的是想阻止人口持續外移的現象，營造回流鄉村的契機，某種程度上更是一種政治行動。在正式推動 5 年後的 2019 年，日本政府並沒有亮眼的成績來證明該政策目標是否順利達成，僅有少數個案因鄉鎮的個體特性而被創生成功。

● 日本地方創生制度建構

　　20 世紀 90 年代，日本人口下降的影響主要侷限於農村地區。自 2000 年代中期以來，日本的人口減少和老齡化速度超過了任何其他經合組織（OECD）國家，全國自然人口衰退的速度甚至讓人口密集的城市地區也面臨著人口萎縮，以至於在上世紀 90 年代的金融危機之後，日本經濟復甦之路困難重重。日本的城市和地區與其他西方國家不斷縮小的城市有很多相似之處，例如去工業化、郊區化、區域內和區域間的競爭，日本的人口萎縮在某種程度上是獨特的，因爲高齡化和人口減少問題更爲迅速，並且形成雖然全國經濟在增長，然而郊區或二、三線城市的人口持續減少，這些地區的人口逐漸流動至中心城市。日本於 2014 年完成地方創生母法《まち・ひと・しごと創生法》（又稱《地方創生法》），目的係防止地方人口持續減少，並防止人口過度集中於東京都會區。地方創生

的「地方」係指相對於中央政府，主要落實於「都道府縣」與「市町村」這二個層級的地方政府。日本地方鄉村面臨高齡、少子化導致人口持續萎縮，勞動力缺乏導致地方經濟系統逐漸衰敗，同時間，由鄉村向外遷出的年輕人口於都市成家立業，造就「東京一極集中」（意指日本的政治、經濟、文化、人口，以及社會資源和活動過度集中於東京及周邊縣的問題），也使得地方更加衰敗。而推動地方創生的政策意義就在於，使地方擁有健全的經濟環境，年輕人口不再向外流失甚至回流地方，並進一步構成地方經濟系統的正面循環。

《地方創生法》立基於五項基本原則：「自立性、將來性、地域性、直接性，以及重視結果。」從理論原則而言，地方創生須透過地方基於自身條件，研擬出一套創生策略，並由國家直接給予補助經費，以達到產生地方人口、於未來自立自足、永續經營的成果。而在實務工作上，政府除了提出政策及提供國家補助（交付金）之外，亦給予地方人才及資訊的協助。就國家補助而言，由地方公共團體提案的地方創生計畫須送交中央審理；初期的運作雖仰賴輔助金，但未來希望地方能自主運作，因此地方須自行提出評估指標（KPI），以客觀數據作為評估標準，例如職缺的提供、新生兒的出生數等。

在實務工作上，由總務省推行的「地域振興協力隊」制度成為改變城鄉人口流動的重要利器。其政策主旨十分明確，「讓都市人移居到鄉村」為首要目標。具體的內容依照地方不同的需求，在最長為期 3 年的時間內，進行觀光公共關係協調、產品開發、居民生活支援等行動。該項制度自 2009 年截至 2017 年為止，已成功將 6,490 名都市年輕人送往極限地區。而協力隊隊員亦從最初的 89 人增加至 4,830 人。根據 2015 年針對卸任隊員所做的調查，卸任後定居當地的比例高達六成，其中有 47% 留在同樣的市町村內。

● **案例：岡山縣西粟倉村「百年森林構想」**

　　西粟倉村位於日本岡山縣東北端的英田郡，與兵庫縣和鳥取縣接壤。從 2004 至 2015 年為止，此處有 13 家公司創業，年營收超過 8 億，創造 117 個僱用機會，吸引 100 人以上移居、占了總人口的 7%，在「過疏村落」中實屬特例，因此也被譽為「地方創業」的聖地。自 2000 年代初期的地方行政區合併潮流，大部分的市町村居民都認為行政區合併可以削減財政支出、提高行政效率；然而，西粟倉村居民卻否決了該項提案。取而代之的，是以總務省「地域再生管理事業」為根本，經由「地域再生顧問」——阿米達顧問公司的領導，從沉寂已久的在地傳統產業——林業著手，重新摸索，尋求生路。

　　林業作為西粟倉村的根本，在二戰後因不敵進口低價木材而逐漸衰退。年輕人口因找不到工作紛紛離開，形成過疏村落。面對大片缺乏管理的森林，阿米達公司提出「百年森林構想」。在該構想中，在地森林資源的活用、100% 地產地銷的推動、永續的生質能源利用成為三項重要核心。將木材再加工，並引入商品設計、經營銷售的概念，能提升林業產品的附加價值，並增加新的僱用機會，使村落能夠自然而然地活化。除此之外，對森林資源進一步的管理，改善了原本的森林環境；而間伐材製成的柴薪取代煤油作為公共溫泉的能源，亦使森林兼具永續發展潛力。

二 萎縮鄉鎮能創生庶民經濟或更多？

　　臺灣推動的地方創生，參考自日本推動地方創生的政策架構與推行經驗。行政院於 2019 年 1 月 3 日核定之《地方創生國家戰略計畫》提及，臺灣現今面臨總人口減少、高齡少子化、人口過度集中大都會，以及城鄉發展失衡等問題。為此，行政院計畫推動「地方創生」政策，目的為根據地方特色發展地方產業，進而吸引青年返鄉，使人口回流，以解決人口變化問題，藉此達到「均衡臺灣」之目標。就計畫內容而言，地方創生目標

為全臺 368 個鄉鎮市區，並將其中面臨萎縮的 134 處及原鄉地區劃為優先推動地區。計畫願景則指出，計畫係為維持全國總人口數量，並透過島內移民達到首都圈減壓。目前由國發會所提出的戰略是，透過「企業投資故鄉、科技導入、整合部會創生資源、社會參與創生及品牌建立」等五大推動戰略，並配合法規調適，落實地方創生工作。在臺灣，並沒有專法支持地方創生的推動，主要推動政策目標也與日本略有不同，更多期待透過設計翻轉地方，以創意帶動創新、創業，最後創生，創生的內涵更包括重建地方的自明性。當然，這其中最為關鍵的是，透過設計究竟能產生多少經濟動能？而許多文創產業的無以為繼，大多是因為生產的產品創意有餘但都不是生活必需品，而又所費不貲，故接地氣與商品實用的程度成了決戰點。

● **案例：宜蘭縣壯圍鄉創生計畫——「宜蘭斑」**

宜蘭縣在國道五號開通後，隨著交通時間縮短產生了更多的城鄉流動；然而更高的可及性與便利性帶來的是通勤客以及渡假客對「假日住宅」、「第二住宅」的置產需求，興起農地轉用的農舍興建浪潮，進一步導致農地流失，使得在地務農工作更加不易，同時因缺乏新興的替代產業，加速當地的人口流失。宜蘭縣在非都市土地部分，與農業生產用途相關之土地僅占約 12%，其他則為林業用地、農牧用地及國土保安用地。在非都市土地管理機制不足的情況下，如何在面臨土地不當開發、城鄉失衡的同時帶動傳統農漁村的經濟轉型，是宜蘭縣創生計畫的首要課題。

在地方創生國家計畫中，宜蘭縣被劃定為優先推動地區的鄉鎮包括蘇澳鎮、南澳鎮與大同鄉；但除此之外壯圍鄉亦積極建立創生發展策略。壯圍鄉以國發會計畫「宜蘭閒置魚塭活化發展計畫」輔以「壯圍鄉地景改造發展」為二主軸，透過專業設計團隊與在地養殖漁業青年團體的結合，對養殖業者、海歸養殖青年、地方社造工作，以及私廚業者等進行創新營運輔導，吸引廢棄魚塭轉型，創造閒置魚塭新的營運方式，進而推出「宜

蘭斑」品牌作爲重新復甦當地養殖業的亮點。計畫核心在於建立「直售所」，推行「地產地消」運動，提倡以「當地生產、當地消費」爲目標，幫助漁民銷售魚貨。壯圍鄉的個案成功之處，即是把創生的內涵直接與庶民生活的食衣住行銜接，建構有共識且容易永續經營的模式，才有可能論及人口的回流與地方的振興。

三 化汙名爲美名，從汙染褐地到環教場域

有些萎縮城鎮是因爲產業變遷下的必然，還有的甚至在工業發展的過程中，因各種汙染而不得不面對成爲萎縮或極限城鎮的命運，這樣類型的萎縮城鎮創生的難度更高，資源有限且背負汙名，去汙名化便成爲創生策略的重點。

● 案例：法國的洛桑戈埃勒（Loos-en-Gohelle）

洛桑戈埃勒是一個人口不到 7,000 人的小鎮，曾經因爲擁有西北歐面積最大的煤礦層，自 1720 年發現煤礦資源後，即成爲重要的煤礦出口城市，至二戰時更曾有 8,000 人於此工作，但在二戰結束後約 1945 至 1975 年間，法國經濟快速成長，使許多一級產業城市的人口遷移至都市核心，洛桑戈埃勒亦不例外，於 1973 年石油危機後，該地區就業人口跌至一半並持續減少。

至 1990 年最後一座礦場關閉後，洛桑戈埃勒只留下嚴重汙染的生活環境、少數無法搬離的居民，以及老舊閒置的廠房。因爲煤礦產業的影響，當地居民長年集合式的生活和工作模式讓社區有高度的凝聚力，這樣的凝聚力並未因城市萎縮而降低，他們認爲洛桑戈埃勒必須正視過去開採煤礦的歷史，以及開採後的環境汙染，才能使城市轉型重生。因此，以發揚文化遺產作爲重生的第一步，於 1984 年起（最後一座礦坑關閉的前 2 年），每年持續舉辦 Gohelliades 文化節，強調當地文化特徵，不斷凝聚地方認同的驕傲。洛桑戈埃勒也以 Gohelliades 文化節爲契機，於 1990 年

啓動的參與式都市規劃中，改善長期受礦業汙染的水資源和遭到破壞的生態環境，並開始規劃能夠提升生活環境品質的基盤建設，例如雨水收集系統、地表逕流汙水處理、人行與自行車道鋪設等等。對於萎縮城市居住人口所擔憂的就業環境，亦透過政府設置 Cd2e（le Pôle d'excellence pour Création Développement des Eco-Entreprises）中心，鼓勵新創環保企業、研發科技，透過媒合公私部門，給予資金輔導與技術協助，使洛桑戈埃勒一躍成爲全法國甚至歐洲的環保科技重鎮，在解決萎縮城市就業問題的同時，亦推動了永續的循環經濟轉型。

4.3.5 結語

一 地方公部門在地方創生的意義

地方創生作爲一種「由下而上」的政策運行模式，中央政府的角色近似於「協助者」，協助有心推動卻不知從何下手的地方政府（公部門）各種專業領域的諮詢與教學。而在西粟倉村的案例中，公部門的寬容與開放被認爲是成功吸引創業人才進入的關鍵。基於地方創生推動的原則，自治權限在於地方政府，因此中央無權主導計畫進行，而是地方鄉鎮必須獨力完成，因此高度考驗地方政府的整合能力。根據「公益財團法人日本生產性本部」在 2016 年做的「基層地方自治團體擬定綜合計畫調查」，有三成的基本構想得由承辦科處室草擬，而在地區別的計畫擬定中，則有12.3% 的鄉鎮市可以做到完全由居民提出。顯見由地方自治由下而上的轉型，著實爲一個漫長的過程。

二 地方創生思維與國土計畫接軌

對照臺灣的經驗，臺灣不若日本具有完整體系。目前的現況是既有的區域計畫體系中僅有縣市層級發展計畫，而鄉鎮市區層級則缺乏綜合發展計畫的機制。因此面對各項問題時，地方難有統合的策略與發展思維，在

推動地方創生規劃工作時不僅難以掌握操作方法設計，也不易釐清地方創生計畫的界線範疇。對照臺灣與日本的案例，日本於都道府層級的創生計畫與市町村的創生計畫，彼此能達到相輔相成，除了透過不同層級的綜合發展計畫建構出的完整性，同時也是透過二者之間長期以來的協作與磨合。因此可以肯定的是，未來臺灣若要提升推動地方創生的可行性，地方創生有必要與國土計畫地方層級的計畫相互接軌，搭配刻正推動的鄉村地區整體規劃，深入理解地方發展的特殊性與需求，進而提出適當的地方創生計畫。

4.4 小結

本章以創造城市永續、幸福契機為出發點，探討臺灣城市發展歷程，以及創意城市興起可能產生的影響，人口、文化、都市性格與產業是一個有活力的城市不可或缺的要素，也是當代城市永續的關鍵。創意菁英聚集的城市在經濟上可能代表某種活力提升，但是對都市的社會資本及都市性格可能都會產生質變，進而影響居民的幸福感與認同感。透過本章的文獻爬梳與研究，可以知道，城市客觀數據的表現，並不真的會與居民的主觀幸福直接相關；唯一可以確定的是，城市是多樣文化的載體，不論是對應仕紳化或萎縮現象，城市都沒有放棄守住本我／都市性格的條件。在進入新冠肺炎後疫情時代之際，城市治理上如何提高對抗傳染疾病的能力與生活韌性，將會是創意菁英與規劃者的新興挑戰。

參考文獻

中文部分

王志弘、李涵茹、黃若慈（2013）。縉紳化或便利城市升級？——新北市三重區都市生活支持系統再結構。**國家發展研究，12**（2）：179-229。

行政院永續發展委員會（2018）。**臺灣永續發展目標**。https://nsdn.iweb6.com/wp-content/uploads/2019/12/1080920%e8%87%ba%e7%81%a3%e6%b0%b8%e7%ba%8c%e7%99%bc%e5%b1%95%e7%9b%ae%e6%a8%99.pdf（檢索日期：2020 年 05 月 13 日）。

行政院國家發展委員會（2019）。**地方創生國家戰略計畫**。https://ws.ndc.gov.tw/Download.ashx?u = LzAwMS9hZG1pbmlzdHJhdG9yLzEwL3JlbGZpbGUvMC8xMTUwMC9lOTkzMjYyOC1mNzY4LTQ5N2EtODE3OS1iMDA1MjU3MGEwNGYucGRm&n = MTA4MDEwM%2BmZouaguOWumi3lnLDmlrnlibXnlJ%2FlnIvlrrbmiLDnlaXoqIjnlaso5qC45a6a5pysKS5wZGY%3D&icon = ..pdf（檢索日期：2020 年 05 月 03 日）。

吳欣穎（2017）。**探討臺灣本島城市萎縮軌跡**。國立成功大學都市計畫學系碩士論文。

星展銀行亞洲洞悉，亞洲巨型城市預測評估。https://fnc.ebc.net.tw/FncNews/headline/47761（檢索日期：2020 年 05 月 11 日）。

林詠心（2017）。不轉型，就等死！看法國北部的煤礦小鎮如何置死地而後生。https://www.circular-taiwan.org/post/2017/12/28（檢索日期：2020 年 05 月 28 日）。

林漢良、古淑薰、趙子元、洪于婷、林思玲、陳坤宏（2019）。尖峰都市在地理空間發展上的體現：臺灣 22 縣市個案與理論意義。**中國地理學會會刊，64**：1-32。

邱銘源（2014）。八煙經驗與里山臺灣的願景。**自然保育季刊，88**：60-71。

美世全球生活質量排名調查。https://www.mercer.com.tw/newsroom/quality-of-living-ranking-mercer-tw.html（檢索日期：2020 年 05 月 20 日）。

張容瑛（2014）。臺北都會區港口城市的困局再生中的基隆？**地理學報，72**：5-29。

張維修（2012）。都市更新不曾發生：臺北市的上流化政策分析。**國立臺灣大學建築與城鄉研究學報，20**：63-92。

游舒涵（2019）。**從仕紳化地圖觀點探討 1998-2018 年臺北市自辦重建都市更新案空間現象之研究**。國立成功大學都市計畫學系碩士論文。

黃麗玲（2010）。更新是門好生意？——對臺北市都市更新政策的反思。**建築師，36**（9）：93-97。

裘子欣（2020）。**城市地方萎縮現象下居民生活品質感知之研究**。國立成功大學都市計畫學系碩士論文。

臺灣 2019 年幸福城市調查，https://money.udn.com/money/story/9554/4180212（檢索日期：2020 年 05 月 10 日）。

劉曜華（2004）。**臺灣都市發展史**。臺灣省政府委託研究計畫，逢甲大學都市計畫系。

增田寬也（2014）。**地方消滅：地方創生的理論起源**（地方消滅：東京一極集中が招く人口急減）。臺北：行人出版社。

饗庭伸（2020）。**折疊都市：從日本的都市規劃實踐經驗，探尋人口減少時代的城市設計和人本生活**。臺北：臉譜出版社。

英文部分

Barreira, A. P., Agapito, D., Panagopoulos, T., & Guimarães, M. H. (2017). Exploring residential satisfaction in shrinking cities: a decision-tree approach. *Urban Research & Practice*, *10*(2): 156-177.

Berry, B. (1980). Urbanization and counter-urbanization in the United States. *The Annals of the American Academy of Political and Social Science, 451*: 13-20.

Biswas, A. K., Tortajada, C., & Stavenhagen, M. (2018). Managing shrinking cities in an expanding world. *The Conversation*.

Class, R. (1964). *London: Aspects of Change*. London: MacGibbon & Kee.

Davidson, M. (2018). New-build gentrification. *Handbook of Gentrification Studies, 247*.

De Flander, K. (2013). Resource-centered cities and the opportunity of shrinkage. In: Khare A., Beckman T. (eds.), *Mitigating Climate Change: The Emerging Face of Modern Cities*, pp.45-57. Berlin, Heidelberg: Springer.

Delken, E. (2008). Happiness in shrinking cities in Germany. *Journal of Happiness Studies, 9*(2): 213-218.

European Commission (2012). *The Grand Challenge-The design and societal impact of Horizon2020.* https://ec.europa.eu/newsroom/horizon2020/document.cfm?doc_id=3778 （檢索日期：2020 年 5 月 3 日）

Florida, R. (2008). *Who's your city? How the creative economy is making where to live the most important decision of your life.* New York: Basic Books.

Florida, R. (2017). *The new urban crisis: How our cities are increasing inequality, deepening segregation, and failing the middle class and what we can do about it.* New York: Basic

Books.

Friedrichs, J. (1993). A theory of urban decline: Economy, demography and political elites. *Urban Studies, 30* (6): 907-17.

Fujii, Y. (2006). Shrinkage in Japan. *Shrinking cities, 1*: 96-100.

Haase, A., Rink, D., Grossmann, K., Bernt, M., & Mykhnenko, V. (2014). Conceptualizing urban shrinkage. *Environment and Planning , 46*: 1-17.

Hall, P. (1998). *Cities in Civilization*. London: Fromm Intl.

Hartt, M. (2018). How cities shrink complex pathways to population decline. *Cities, 75*, 38-49. doi:10.1016/j.cities.2016.12.005

Holm, A. &Schulz, G. (2018). GentriMap: A model for measuring gentrification and displacement. In: *Gentrification and Resistance*, pp.251-277. VS, Wiesbaden: Springer.

Hospers, G. J. & Reverda, N. (2014). *Managing population decline in Europe's urban and rural areas*. New York: Springer.

Livina, A. & Veliverronena, L. (2019). Application of Circular Economy in Shrinking Regions. *The 12th International Scientific and Practical Conference 1*: 147-153.

Moskowitz, P. (2017). *How to kill a city: Gentrification, inequality, and the fight for the neighborhood*. New York: Bold Type Books.

Moss, J. (2017). *Vanishing New York: How a great city lost its soul*. New York: Dey Street Books.

Oswalt, P. (2005). *Shrinking cities, volume 1, international research*. Ostfildern-Ruit: Hatje Cantz.

Oswalt, P. & Rieniets, T. (2006). *Atlas of shrinking cities*. Ostfildern, Germany: Hatje Cantz.

Pallagst, K. (2008). Shrinking cities: Planning challenges from an international perspective. *Cities growing smaller, 10*: 5-16.

Rink, D., Haase, A., Bernt, M., & Großmann, K. (2012). *Shrink smart: The governance of shrinkage within a European context*. Leipzig: Helmholtz Centre for Environmental Research.

Ryan, B. D. (2012). *Design after decline: How America rebuilds shrinking cities*. University of Pennsylvania Press.

Rybczynski, W. & P. Linneman. (1999). How to save our shrinking cities. *Public Interest, 135*: 30-44.

Smith, N. (1996). *The new urban frontier: Gentrification and the revanchist city*. London:

Routledge.

Smith, N. (2002). New globalism, new urbanism: gentrification as global urban strategy. *Antipode, 34*(3): 427-450.

Syssner, J. (2016). *Planning for shrinkage? Policy implications of demographic decline in Swedish municipalities.* Linköping University. DOI: 10.4422/ager.2015.14

Taylor, P. J., Hoyler, M., & Verbruggen, R. (2010). External urban relational process: Introducing central flow theory to complement central place theory. *Urban studies, 47*(13): 2803-2818.

The Millennium Project. http://www.rnillennium-project.org/（檢索日期：2020 年 5 月 2 日）

The United Nations (2016). *The New Urban Agenda.* http://habitat3.org/the-new-urban-agenda/（檢索日期：2020 年 04 月 30 日）

Valdemarsivik Municipality (2013). *Annual Report 2012.* Valdemarsivik Municipality: https://www.valdemarsvik.se/（檢索日期：2020 年 05 月 30 日）

Zuk, M., Bierbaum, A. H., Chapple, K., Gorska, K., & Loukaitou-Sideris, A. (2018). Gentrification, displacement, and the role of public investment. *Journal of Planning Literature, 33*(1): 31-44.

第 5 章
創意經濟與都市發展的
樂觀或悲觀？

洪于婷

5.1 創意城市在空間規劃上的激盪

5.1.1 創意城市興起的楔子

一 都市化、人口聚集與創意經濟

在 19 世紀中期，住在城鎮或是都市中的人口僅占世界人口的 10%，而在 21 世紀中期，有 70% 以上人口聚集在都市空間中（Raisson, 2010）。例如在 1950 年時，僅有日本東京與美國紐約，這二個都市的人口數超過 1,000 萬，而今卻有將近 30 個都市人口超過 1,000 萬人。日本大東京地區的人口排名世界第一，在 2011 年時，擁有超過 3,700 萬人，其次依序為墨西哥市地區（2,300 萬人）、首爾地區（2,200 萬人）（OECD, 2015）。回顧都市發展歷程，在 1970 年之際，開發中世界的大都市與工業化世界的數量不相上下，當邁進 2000 年時，世界超過百萬人口的都市，竟有 117 個都市在開發中的國家。此外，超級都市從早期的 500 萬人口數上升到超過千萬人口數的規模（Florida, 2008）。現今，21 世紀初已有 22 個高達千萬人口數的超級都市（mega-cities），且都市化的程度轉變相當快速，在快速變動的世代當中，都市生活方式、生產模式、環境發展等亦快速轉變。就像 Landry（2008）所說：「在大多數的情況之下，既有的舊策略似乎無法解決當下問題，因為都市動能與世界都會系統改變太大，我們無法僅靠 19 世紀的心，去解決 20 世紀的問題。」因此，Landry（2000）為了回應當時歐洲快速的經濟、社會及文化轉變，出版《Creative City》（創意城市）一書。他認為若「人」能發揮創意去思考、規劃，並採取行動來面對解決都市問題，可能會創造更多意想不到的

▶ 我的信念

創意城市路徑：勞動空間分工、創意經濟與都市空間結構的密切連結。

附加效益，例如從創造財富到提升視覺環境，或是處理了更多的社會問題等（Landry, 2008）。

　　學者 Jacobs（1984）即主張，一座多元且具特色的都市能夠吸引人才進入，而人才就是影響都市經濟成長的重要因素。倘若以「人」的觀點來論述創意都市在都市發展的突破，則不可不提及學者 Peter Hall，其認為在都市發展過程中，「人」一直是主要創新的來源。因此，Hall（1998）統整分析不同都市發展歷程後，將都市創新區分為三種類型：第一種係為文化知識之都市，以雅典、佛羅倫斯、17 世紀的倫敦等為代表都市。文化知識都市係為哲學家、詩人與藝術家聚集的都市，且因此群聚產生文藝復興運動。第二種類型則為技術生產之都市，例如美國矽谷是高科技產業聚集中心。第三種類型係技術組織之都市，運用地方行動者創意解決地方問題（Hall, 1998）。Hall 亦提出創意城市具國際化特質，會吸引從遠方而來的人才，而一個富有創造性的都市，是外人可以進入的；換言之，創意城市具有吸引人的特質，並且歡迎和包容這些各地而來的人才（Hall, 2000）。

　　綜觀現今都市發展態勢，全球超級都市都在特定的區域群聚，形成網絡，指揮全世界之經濟與政治事務（Dollfus, 2009）。Dollfus 認為，這些世界都會，是在 20 世紀末期開始形成，是全球化（Globalization）趨勢下，人類社會密集互動最強之象徵。我們社會超過九成以上的金融活動，與 80% 以上的科學發現都是從這些世界都會中產生（Dollfus, 1996）。技術與經濟發展的加速，社會、人類與環境之間互賴層次的改變，衝擊了在人類歷史中，一直不論好壞，捍衛著逐漸形成的思想與制度體系所建構的政治秩序（Calame, 2003）。因此，延續創意導向之都市規劃，Florida（2002）提倡以創意為主的經濟架構，到「創意階級」（creative class）的產生對於地點的影響，進而提出創意資本（creative capital）理論。他認為都市的經濟發展是由創意人才所帶動，他們喜歡住在多元化、包容力強、對新觀念很開放的地方，一個地方想要吸引創意

人才、激發創新能力與刺激經濟成長的關鍵因素在於「經濟發展的 3T」
（Florida, 2002），因而提出「創意階級」與「3T 理論」，作爲創意城市
理論的先驅者。

　　「以人爲本、推崇創造力」是創意城市的命脈，藉由人力資本的投入
係爲創意城市經濟成長的方式，自主創新能力的提升則爲創意城市推進創
意產業的動力。

二　全球化、文化多樣性與都市競合

　　自 1960 年代以來，隨著國際貿易熱絡、跨國企業發展、科技資訊發
達等因素，加速國際緊密聯繫，全球化現象隨之而起，其影響已爲勢不可
擋的「浪潮」，成爲學者專家研討的重要議題。儘管各國之間的邊境疆界
依然存在，但在全球競爭的現實環境中，經濟、文化等層面的國界愈來愈
模糊，於是國際間的競爭重要性逐漸降低，取而代之的是都市發展，且漸
受各界關注，由此觀之，都市所扮演的角色重要性更勝國家。

　　2004 年聯合國教科文組織（United Nations Educational Scientific
and Cultural Organization, UNESCO）建立「全球創意城市網絡」
（Global Creative Cities Network），旨在促進文化多樣性及都市的
永續發展，並推廣已開發及開發中國家之都市社會、經濟與文化的發
展。世界各都市藉此網絡推廣當地創意特色，若獲得網絡認證，即可
在國際化平台上分享與創意有關之自身經驗，以及創造相關都市發
展的機會。該網絡其中一項重要的特色係爲協助開放新經濟的創意
型中小企業精神，而爲達此目的，都市本身在文學、電影、音樂、
手工業和民間藝術、設計、媒體藝術、美食等七個主題，積極努力
並呈現蓬勃的發展。網絡成員數量從創始 116 個都市發展至 2019 年
10 月時已達 246 個都市，從這項趨勢顯示，都市透過經驗的分享互
相學習，突顯都市地方特有文化，並透過創意加值產業帶動都市經濟
發展。

「認知－文化經濟」（cognitive-cultural economy）即是此一浪潮下跨全球性蓬勃發展的新經濟秩序趨勢，同時，它可以被整合到本土社會經濟體系之中（Scott, 2008）。在全球化浪潮之下，多元文化的形成與激盪，則是創意城市的另一個成因。全球化下政治與經濟形成活躍的網絡，加強世界各國之間的交流與合作。不同地域、不同文化背景的族群往來日趨密集，因而，文化多元化的激盪日益頻繁。創意是創意城市的核心內容之一，而創意往往是在不同文化與思想之間相互交流、碰撞中產生的火花，因此，多元文化爲創意城市的發展開啓了一篇新的樂章。綜觀目前世界上創意產業發達的國家或都市，無一不是人員交流頻繁、眾多文化匯集之地。更重要的是，這些人才需要較開放的都市提供他們運作的空間，使都市內部與外界建立起強大的溝通關係，形塑出創意的氛圍。因地方人才所促進的活力，形成了深植於社區的學習流程，而針對特定外人所建立的外部溝通管道，則加速了知識與技術的轉移，使充滿創新的地方不僅地方特徵十足，也高度國際化（Landry, 2008）。

學者 Scott（2008）認爲，在當今全球化背景趨勢下，都市化與創意性之間關係的發展極爲密切，終究會邁向創意城市的路徑前進，尤其特別強調勞動空間分工、文化創意經濟與都市空間結構三者之間的密切連結，儼然成爲「新都市理論」（new urban theory）。此外，Scott 並主張，在全球化浪潮下，因聚集各方面的人才（talents）、技術（skills）、意念（ideas）而造就創意城市，亦即爲「綜效」（synergies），是一種新型態的「都市」，是 21 世紀的新都市理論。

爰此，在全球化浪潮、地球村發展概念中，都市是否脫穎而出，能成爲頂尖都市，則是依賴於她能否營造都市特色與創意氛圍，吸引創意人才

▶ 我的信念

活力的都市應具備混合使用的街道、易穿越的小街廓、不同時期的老建物等多樣性的空間。
〜Jane Jacobs, 1969

與技術，得以成爲創意經濟的中心。

5.1.2 都市發展理論

近年來，創意城市的全球化發展策略規劃，已成爲世界主要都市與
地方發展的政策顯學（Evans, 2009; Markusen & Gadwa, 2010）。在所謂
創意經濟年代，文化創意發展及相關活動成爲都市再生的主軸之一，用以
面對過去硬體建設爲主或房地產導向都市再生，所無法完全解決的都市轉
型或後工業化伴生之社會經濟問題（Evans, 2009; Tretter, 2009）。是故，
爲了解創意都市發展之模式，我們將先回顧各時期都市形成與發展的經典
理論。

一 空間分析：都市社會學的起源

社會空間係指人們在社會互動過程中形成的各種社會關係、社會秩序
與社會互動所擴展到的結構性社會領域，社會空間之差異化、獨特性表現
與存在的形式，是爲體現人們在互動中形成的各種社會關係，以及在社會
化過程中獲得的社會角色及其領域。下文就以具有各種形式的資本與觀點
所形成的社會空間分析理論進行介紹說明。

● 同心圓模式

20 世紀初期，隨著工業化的興起，大量移民迅速聚集到都市地區，
美國出現如紐約、芝加哥與費城等一系列大都市。以芝加哥爲例，從
1830 年代僅有數千居民的小鎮，到 19 世紀末，晉升爲百萬人口的大都
市。在快速工業化、都市化的過程中，芝加哥陸續出現貧困、人口擁
擠、犯罪、移民融合等問題。在這種背景下，1920 年代，以研究芝加哥
都市問題爲核心的芝加哥學派異軍突起。其中，學者 Burgess（1924）試
圖解釋不同社會階層在都市內的空間分布及其演化機制，而提出「同心圓

模式」（concentric zone model），是第一個用於解釋社會階層於都市內的分布的模型（Park & Burgess, 1925）。

同心圓學說以人文生態學角度為基礎，假設都市空間分布型態由生態過程引致，包括競爭、優勢、侵入和演替。因為都市社會人口不斷流動，通過出價地租機制（bid-rent mechanism, BR），地價由市中心向外下降：由於市中心的可達性高，能產生最高的回報，因此土地的競爭最劇烈，是最高地價所在；愈遠離市中心，地租愈便宜，因此出價地租曲線呈現從商業中心區開始，隨距離遞減的現象。

Burgess 以芝加哥為例，創立了一個都市發展和空間型態的模型，並提供了一個圖示性的描述。根據他的理論，都市可以劃分成 5 個同心圓區域：

1. 以圓中心為第一圈（內心圓），是中心商業區（CBD），在芝加哥被稱為 loop，是整個都市的中心地帶，是經濟活動、社會活動、公共交通的中心。

2. 第二圈是過渡區（zone of transition），是中心商業區的周邊地區，混合了商業及住宅土地利用。主要是貧民窟或一些較低檔的商業服務設施，是都市中貧困、墮落、犯罪等狀況最嚴重的地區。

3. 第三圈是工人居住區（working-class residential zone），主要是由藍領工人與低收入白領工人居住的集合式樓房、單戶住宅，或較便宜的公寓組成。

4. 第四圈是中產階級住宅區（middle-class residential zone），多為獨門獨院的住宅和高級公寓。

5. 第五圈是通勤區（commuter zone），上層社會和中上層社會的郊外住宅座落在這裡。

「同心圓模式」建立都市發展模式框架，認為都市的空間有限，因此土地利用互相競爭，且在社會經濟背景明顯差異之下，點出較貧窮階層與富裕階層居住選擇的現象，為後來學者提供都市空間分布的研究基礎。

● **扇形模式**

　　土地經濟學家 Hoyt（1939）研究了美國 142 個都市住房租金的分布情況，發現都市的空間發展除了生態競爭觀點，亦需要考量經濟租（也就是區位租或土地利潤），因而提出「扇形模式」（sector model）的都市空間分布模型。他認為同心圓的模式在現實世界中並不準確，尤其是很多都市在空間型態上並不存在均質的平面分布，而是沿著主要交通線從市中心向外呈現扇形分布：CBD 居於都市的中心位置，輕工業區沿著主要交通線擴展，其二側是低級住宅區，然後是中等住宅區，最遠處是高級住宅區。

　　「扇形模式」對於同心圓模式最大的修正，是提出了都市主要交通線對於都市空間分布型態的重要影響作用。主要係從四個向度進行都市空間型態的論述：(1) 土地利用模式；(2) 生態因素（入侵、競爭、主導、演替）；(3) 經濟因素（經濟地租機制，分別為經濟租金，economic rent, ER；與出價地租機制，BR）；(4) 方向因素（運輸路線、社經地位、自然因素）。

　　此外，從平均租金圖發現美國都市住宅空間發展形式如下：住宅區和高級住宅區沿交通線延伸；高房租住宅在高地、湖岸、海岸、河岸分布較廣；高房租住宅地有不斷向都市外側擴展的傾向；高級住宅地多集聚在社會領袖和名流住宅地周圍；事務所、銀行、商店的移動對高級住宅有吸引作用；高房租住宅隨著高級住宅地後面延伸；高房租公寓多建在市中心附近；不動產業者與住宅地的發展關係密切。總而言之，Hoyt（1939）認為都市地域擴展以扇形方式呈現，並提出不同的租賃區不是一成不變的，高級的鄰里向都市的邊緣擴展，它的移動是都市增長過程中最為重要的層面。這一模型較同心圓模型更為切合都市地域變化的實際。

　　「扇形模式」延伸了「同心圓模式」的理念，建立都市發展模式框架，認為都市的空間有限，且都市本身是一多功能的聚落，因此，土地利

用互相競爭，且在社會經濟背景明顯差異之下，點出較貧窮階層與富裕階層居住選擇的現象，適合描述較爲複雜的都市土地利用分布。

● 多核心模式

學者 Harris 與 Ullman 透過對美國不同類型都市的空間型態進行研究發現，在美國很多都市，除了存在 CBD 核心之外，往往還存在著多個地域性的中心（Harris and Ullman, 1945）。在這一假設基礎上，他們提出了「多核心模式」（multiple nuclei model）：都市是由多個不同的具有專業化的功能區和中心構成。具體而言，都市並非由一個中心構成，而是圍繞著多個中心展開。CBD 不一定是都市的幾何中心；輕工業區位於交通方便的地區，低級住宅區多圍繞工業中心分布；高級住宅區遠離工業區，往往形成都市的次中心，分布著文化中心、公園、運動場等設施；重工業區多分布在郊區。

「多核心模式」中的土地利用形式係主張：都市由多個核心所組成，不再是成連續帶狀分布型態，且土地利用的核心數量乃依據都市的大小而定，不同的土地利用型態，由不同的核心發展出來，且每個地帶的擴展速率、形狀、大小都不一樣。之所以會形成這樣一種多核心的空間分布，是由四個不同的過程交織作用導致：不同行業的區位過程、行業之間的集聚效應、行業之間的離異過程、房租對於行業的影響。

因此，在「多核心模式」中，影響都市土地利用的因素係在於空間的需求：需要較大空間的活動或設施，例如重工業、機場等，在市郊或新發展區才有足夠的土地；並藉由交通的發展，有利近郊化的空間發展，因而造成更分化的多核心都市發展模式。另外，在模型中亦提到不同的社會階層，因不同的收入區分爲三種不同的住宅區；相同種族的人會聚居在一起，形成各個有特殊文化的社區，例如華人的唐人街（China town）、義大利裔聚集的小義大利區。

上述這些模式雖然展現型態不同，但都嘗試透過都市空間型態，來理

解都市於歷史過程中，在空間上呈現不同型態的邏輯與機制。儘管這三個模型僅從某些觀點描述都市空間的分布型態，但這一里程碑式的模型引發了大量的都市實證研究。在此基礎上，都市空間成為都市研究的一個重要領域。

二 社會空間統計分析：都市空間研究的實證主義

由於 1960 年代電腦技術的快速發展，為複雜的統計計算提供了有利條件，也為大規模的實證研究提供了技術條件。學者 Shevky 與 William 提出「社會分區」（social area）的概念對都市空間分布型態進行統計學上的因素分析（factor analysis）。因素分析作為一種歸納技術，可以把多個人口普查指標簡化為幾個主要的維度，形成在統計上相互獨立的若干主因素，作為都市空間的要素特徵，來分析這些要素對於都市空間分布模式的影響作用。他們認為可藉由經濟地位（economic status）、家庭類型（family status）與種族背景（ethnic status）等三種主要特徵要素的相關的人口普查變數，並將人口普查單元劃分為不同的社會空間類型，然後藉由因素分析解構 20 世紀中期的都市社會空間的結構模式（Shevky & William, 1949）。

隨即，此種分析技術廣泛應用於都市空間分析中，對北美、歐洲、印度、中國等多個國家和地區的都市空間型態，以及其歷史變遷做了詳細分析。例如學者 Murdie 以種族、社會經濟狀況、家庭狀況等三個因素，來劃分多倫多都市的空間分布型態，被稱為社會空間因素分析，或者社會分區分析。他發現社會經濟狀況因素、家庭狀況因素在空間分布上呈同心圓狀，種族因素呈扇形分布，這三個因素的疊加，即可解釋多倫多居住空間的型態及歷史變遷（Murdie, 1969）。學者 Herbert 與 Johnston（1976）亦以社會分區方式，透過因素分析發現：北美都市具有相似的社會空間結構模式；經濟地位的空間分異是都市內部空間結構最重要的表徵因素，其空間分布呈現為扇形模式；其次是家庭類型，其空間分布呈現為同心圓模

式；然後是種族背景，其空間分布呈現為多核心模式。

綜合來看，都市空間研究的社會分區因素分析，具有三點特性：
(1) 在研究單位上，因為社會分區研究使用的資料多為普查資料，所以研究物件的基本單位是街區（census tract）；(2) 在具體研究技術上，多採用因素分析和多元迴歸統計方法；(3) 在研究邏輯上，通過不同社會因素的空間分布型態，關注都市空間形成的演變趨勢。

三 新都市社會學：都市空間研究的人文主義轉向

1960-1970 年代，由於都市中心產業外遷、都市郊區化速度加快、都市中心財政收入降低、市政公共設施無力維修、都市就業機會下降、失業人口增加等因素，讓西方社會面對都市危機。傳統使用生態學理論來解釋都市空間分布的芝加哥學派，過於強調競爭在人類社會發展過程中的作用，而忽略了人類行為的情感和符號化的作用。於是一些學者試圖把馬克思的資本理論引入都市研究中，從一個新的角度來理解都市，即為「新都市社會學」（new urban sociology）。

相對人文生態學派關注都市空間型態分布的作法，新學派主要關注都市中資本主義的作用、國際經濟秩序對都市建設的影響、財富積累與權力的集中、階級關係等。對於解構都市空間型態，芝加哥學派認為空間是都市研究的自變數（independent variable），都市中一切問題都是由都市空間分布型態所導致的；而新都市社會學則認為，都市空間是一個應變數（dependent variable），係由財富、資本、國際經濟秩序等資本主義制度的要素，決定了都市空間的分布型態。

新都市社會學對都市發展型態提出下列四種看法（Lefebvre, 1971; Harvey, 1973; Castells, 2009; Zukin, 1980）：

1. 住宅作為階級形成的基礎，認為住宅對階級形成和階級衝突具有重要的作用，都市資源的分配不平等是造成社會衝突的根本原因。

2. 都市化的過程，一方面資本積累導致生產在地理空間上的集中分

布，另一方面階級鬥爭導致受剝削、受壓迫的工人階級，在同一個地方的大量集中，形成社會極化和空間分異。

3. 現代資本主義愈來愈依賴國家提供的都市物品和服務，都市社會運動與工人階級鬥爭相結合，能夠帶來整個資本主義社會的變革。

4. 隨著資本主義擴展到整個世界，由消費主義所開啟的全球化空間的生產，會造成對差異性和個體性的普遍壓制，導致人被都市空間所異化。在這種情況下，都市空間也是一種資本主義生產，都市的空間分布型態恰恰表現了資本主義關係，都市居民被分散到郊區也是一種資本主義關係的產物。

5.1.3 因應創意城市之空間規劃理論概念與政策發展

21 世紀都市轉型的發展，我們可以從 Landry 提出的創意城市構想；Florida 提出的都市經濟發展 3T 理論；Hospers 從人口與資源的集中、組構的多樣性，以及社會變動狀態來劃分四種創意城市類型；Scott 以都市化與資本主義社會之間關聯為基礎，探討都市發展的型態等觀點窺探一二。

一 Landry 的「創意城市」構想

Landry 有感於社會經濟快速的變遷，在 2000 年提出「創意城市」議題，認為「人」是都市主角，人生活在都市中，而都市就是被人所運用的空間，空間將會因為不同文化觀點或歷史背景不同的人們，而成就各具特色的都市。對創意都市而言，「人」是最重要的資本，創意可能來自任何人，無論是藝術家、商人、工人、公務員，或是科學家等，任何能以創新方式處理問題的人，都是創意的來源，都在創意經濟中扮演重要的角

> **我的信念**
> 都市發展歷程與型態是資本主義式經濟動態性的綜效。

色。創意城市的活力來源與都市的經濟焦點，即爲富有創造力的創意經濟活動。這些經濟活動將推動都市社會文化傳播架構、產業發展型態與社會運作方式的根本性變化。Landry 將創意本質定義爲：「一種足智多謀的能力，不僅會評估，還會設法尋求對策，以解決棘手、突如其來和不尋常的問題或狀況。」（Landry, 2008）換言之，在所謂的創意城市中，「創意」是其精神，而「人」則爲主體，居住在都市的人們、創意人才及領導者，正以不同的角色與方式進行都市轉型、產業發展與社會運作等相關議題的講述。

在《*Creative city*》（創意城市）一書中，Landry 從創意程度的觀點進行都市發展規模的論述，從無到有，分爲 10 個階段，分述如下：

● 都市發展策略與創意程度：不被重視的創意

處於第一階段的都市發展，並未意識到創意與都市發展間的關聯，並未將創意議題視爲都市發展中的策略。此類型都市出現的創意活動非常基本且簡單，沒有公開討論創意或革新議題的習慣，且政府單位亦不鼓勵創意的生產。第一階段的都市發展與創意性極低，沒有追求未來發展的企圖心與行動力。

● 都市發展策略與創意程度：「被意識到」的創意

處於第二或第三階段的都市之決策者，開始意識到創新議題的重要性，但缺乏整體策略，尚未存在創意概念的需求。雖然，政府單位已開始進行正面鼓勵行爲，私部門也有一些創新活動，但卻是鳳毛麟角，少之又少。第二或第三階段的都市組織和管理作爲偏向傳統方式，創意人才外流的議題仍然存在。

● 都市發展策略與創意程度：「起飛」的創意

處於第四階段的都市發展正視創新的重要性，並面臨著確認創新議題的壓力，政府單位與當地大學著手鼓勵或進行一些具前瞻性的計畫或研

究。同時，社會上開始出現一些小眾或非主流文化，製造有關都市議題的
「雜音」（buzz），並可能因此啟發或實踐在實際社會中較少被實現的創
新構想；有些創意行動人才已開始發展出固有領域外的管道，並擁有支持
者。創意城市屬於「起飛」的階段，創意人才的外流會開始趨於平衡。

● **都市發展策略與創意程度：「公共介入」的創意**

第五或第六階段的都市發展，其創新領域因透過企業、教育機構或
非政府組織的支持，已獲得一定程度的自主能力。個別的創作者可以透過
企業公司、教育機構，或是私人非政府組織的協助，開始發揮其創意，實
踐抱負理想。此時都市已陸續完成支援創新領域的基礎設施，例如積極的
研究或另類文化、健全的金融網路、新興領域的公私部門夥伴關係，以及
部門間的共生共用機制。此時都市中的商業、教育與公共領域間，存在許
多技術與知識的移轉與交流的活力與機會，國際間的關係亦開始邁向穩
定。這些既有成就將像磁鐵般吸引他人競相仿效而使人才駐留，出走的創
意人才也開始回流，尤其是技術領域。

● **都市發展策略與創意程度：「統合開放」的創意**

都市發展在第七或第八個階段中，有突破性的發展，因為不論是政
府單位或是私部門領域中，皆認同創新動能的重要性，此階段的治理結
構穩健，並廣納新觀念以建立發展策略。此時，都市在創意活動的策略
層次上強調整合思考，透過結合社會、文化和經濟等目標的生態環境創新
活動，充分落實在針對多元目標而設定的創意計畫，並具備完整的觀念
建立、生產、物流、訊息傳遞和擴散機制，從激發構想、生產、落實機
制、資訊流通與推廣五個層面來進行創意人才的培養，讓他們在所處環境
中實踐自身的抱負。都市或都市內部的區域已能獨立與國外建立聯繫管
道。創意工作者在都市內生活與工作，透過地方生產力、管理與行政服務
等，其創造的價值已能以高比例的增值報酬率回饋當地。大學端已建立起

研究和反思能力，因此，創意萌芽的動能和執行循環策略得以持續並不斷更新。不過雖然當地都市可吸引創意人才，但仍缺乏一些高級資源，尚未得以發揮最大潛力；此外，政治架構仍稍顯鬆散，但對創新構想持開放態度，並以策略爲發展重點。

● **都市發展策略與創意程度：「成熟具魅力」的創意**

到達第九個階段的都市，已成爲全國與國際知名的創意中心。都市本身具備所有基礎設施，幾乎自給自足，並設有重要研究機構總部或創新企業，富有文化生命力與以活力著稱，這些都市的魅力可吸引世界各地的創意人才及專業技術進駐都市，讓都市自身得到成熟創意城市帶來的附加價值。

● **都市發展策略與創意程度：「效率卓越」的創意**

處於第十個階段的都市儼然已發展爲一個完全自給自足的地方，並建立有效率的自我創新、自我批判和具反思性的良性循環，不僅吸引外流的創意人才，亦不斷增強其創造附加價值。此時，都市是一個策略決策中心，擁有高水準的設施與國際級的旗艦店，以及所有類型的必要專業服務，具有與國際都市競爭的卓越創新動能。

二 Florida 的都市經濟發展「3T 理論」

Florida（2002）將人類社會發展進程劃分爲「農業經濟時代」、「工業經濟時代」、「服務經濟時代」與「創意經濟時代」等四個時代歷程。並延續創意導向之都市規劃，提倡以創意爲主的經濟架構，到創意階級的產生對於地點的影響，進而提出創意資本理論。指出創意經濟自 1980 年起迅速成長，甚至有超越服務經濟的趨勢。他認爲地區的經濟發展是由創意人才所帶動，他們喜歡住在多元化、包容力強、對新觀念很開放的地方，一個地方想要吸引創意人才、激發創新能力與刺激經濟成長的三個

關鍵在於科技（technology）、人才（talent）和包容（tolerance），稱之為「經濟發展的 3T」。其中，科技指的是結合創新與高科技後產生的作用，人才是指接受高等教育訓練的人力，包容則是不分種族、族群、職業、生活方式，對各式各樣的人皆抱持開放、接納、尊重的態度。

創意階級（creative class）是一群運用創意增添經濟價值的人，包括科學、工程、建築、設計、教育、藝術、音樂與娛樂等各領域的人，他們在經濟上的功能是要創造新想法、新技術或新的創意內容。此外，創意階級還包括商業、金融、法律、健康醫療，以及其他領域的創意人士（creative professionals）。同時，Florida 認為創意階級也是一個經濟階級，他們在經濟上的功能，也展現於社會、文化與生活型態上的選擇（Florida, 2002）。看重創意、獨立性、差異性與其價值，是創意階級共同的創意特質，Florida 以創意作為標準，「經濟發展的 3T」為基底，用職業劃分出創意階級的分類，提出「創意經濟的社會架構」（social structure of creativity）：

● **支持科技創意與創業的新制度**

科技為「經濟發展的 3T」之首要元素，因此，支援科技創意與創業的新制度顯得更重要。是故，創投資金制度在創意城市中扮演重要的角色，對創業家提供資本與信用，是資本主義中重要的一環，創投資金制度可加速新公司的形成與產業創新。

● **生產製造的新模式**

創意工廠和模組化生產：工廠員工除了貢獻體力外，也貢獻想法與智慧，便是「創意工廠」。而另一種生產新現象則是「外包」（outsourcing），此制度有二項優點，一是創意公司將可專注於產品的創新，不必過分擔心製造問題；另一方面，生產分工的模式使生產可變得更專業化及有效率，位居下游的製造廠也可藉此深化自身能力，增加自己的

競爭實力。如此一來，公司只保留一部分的執行、行銷與設計人員，將足以生產智慧財產、創意設計和品牌辨識的人才留在公司。

● **支持各種創意的社會、文化與地理環境**

開放包容藝術、文化、科技和經濟等各形式創意的社會環境，提供了重要的生態系統和棲息地，創意的多元形式可以生根茁壯，因此吸引並刺激那些創造商業和科技新觀念的人才，加速知識與想法的快速傳輸。

三 Hospers 的創意城市形成因素及創意城市類型

隨著地方條件的差異與文化本質的不同，也隨之演變成具有不同特色的創意城市，Hospers（2003）認為人口與資源的集中、組構的多樣性，以及社會變動時期的非穩定狀態，皆係促使創意城市形成的因素。

● **聚集效應**

人口與資訊的集中性（concentration），產生人們資訊交流和社會交互所必需的集聚效應，如此一來，增加都市中的創意活動。聚集的社交頻率遠比人口數量聚集更能激盪創意城市的產生。

● **都市組構成分的多樣性**

都市組構成分的多樣性（diversity），係指都市居民的個體差異、不同的知識、技能與行為方式，以及都市中不同的意象和建築。多樣性能夠帶來動力，且不斷地進行新陳代謝，使都市生活更加多元與豐富。

● **非穩定狀態**

Hospers（2003）發現，當都市的社會發展產生巨大變動時，處於非穩定狀態（instability）時期，具有創意城市發展的動力，例如都市因為面臨急遽的經濟、社會變動，處於危機、衝突或混沌時期之際，亦是吸引自四面八方人才前往的契機，經由時間的積累，城市發展出更輝煌的文

化。因此，非穩定狀態也是引發創意不可或缺的因素之一。

同時，Hospers（2003）從對於創意城市的觀察中，將其劃分為下列四種類型：

● 技術創新型城市（technological-innovative cities）

這類都市多為新技術或者技術革命的發源地。一般是由具備創新精神的企業家，創造出分工合作並崇尚創新精神的都市環境來引導都市發展。

● 文化智力型城市（cultural-intellectual cities）

這類都市偏重於文化氣質方面的隱性條件，例如文學和表演藝術等。通常由主張改革的藝術家、哲學家或知識分子的創造性活動引起了文化藝術上的創新革命，隨後形成了吸引外來者的連鎖反應。

● 文化技術型城市（cultural-technological cities）

這類創意城市兼有以上二類都市的特點。技術與文化的融合形成了所謂「文化產業」（cultural industries），這種類型的創意城市將是 21 世紀的發展趨勢。

● 技術組織型城市（technological-organizational cities）

技術組織型城市是起源於人口大規模聚居而形成的都市生活問題，例如用水、基礎建設、交通和住宅等。面臨這些問題，而在政府主導下，由政府部門與當地商業團體進行公私合作，透過創意行為的推廣以求得解決方案。

四 Scott 的「創意領域」

Scott（2006）認為 Florida 的論述說明當前創意城市部分重要元素，但並沒思考到當具有技術的創意人才聚集到一個特殊地點時，必須充分的與環境融合，如此一來，才可能在那個環境中長期居住。假使都市缺乏

提供適當與穩定的謀生方式，無論政策制定部門如何作爲，應該難以吸引這些人才長久居住。因此，Scott 提出了「創意場域」（creative field）的概念，認爲現今的創意城市應將生產體系納入適合的環境，建構企業網絡與彈性的勞動市場，並提供一個相對高程度的資訊產生和交換的基本網絡，以及可以不斷試驗與實驗的場所。這種生產系統與都市文化環境二者相互推動，組成了創意城市的基礎。換言之，Scott 運用「創意領域」概念來建立創意城市理論，主張在都市脈絡下，所謂「都市生產」（production）、「就業工作」（work）與「社會生活」（social life）將形成穩定的三角關係，當此關係逐漸變成穩定結構狀態時，創意也從此在都市中蓬勃展開，「創意城市」因而誕生。

此外，Scott 認爲當今都市呈現出來的歷史面貌與發展歷程，事實上即是資本主義式經濟動態性的結果，而且，面對不斷持續前進的資本主義進程，未來都市勢必處於關鍵時刻。因此，以都市化與資本主義社會之間的關聯爲基礎，探討都市發展的型態，分爲四個階段（Scott, 2008）：

● **第一階段**

19 世紀的都市是由工廠與零星工作坊緊密聚集所構成的場域，眾多貧窮的大眾階級居住在便宜的住宅區中。

● **第二階段**

此階段係反映福特式生產社會中，勞動分工分化的一種現象。因著工業革命，大量生產與大規模的製造產生，因此，形成都會區往外圍擴張的現象，同時，都市社會空間分化成白領階級與藍領階級的鄰里社區。

● **第三階段**

自 1970 年代晚期至 1980 年代初期，因應新科技與新資訊革命的出現，經濟生產形式與社會組織亦隨之變革，都市的角色也從單一轉變爲雙重角色：既是經濟發展的結果也是源頭。

● **現今階段**

現今階段主要因為受全球化與「認知－文化經濟」的影響，都市得以重新尋找自身歷史與定位。「認知－文化經濟」不僅是跨全球性蓬勃發展的新經濟秩序趨勢，同時，也可以整合到本土社會經濟體系之中，對於當今都市化的形成與都市社會生活具有重大影響。

「創意領域效果」（creative field effect），基本上是由：(1) 創意人才（creative people）；(2) 學習（learning）；(3) 創新性（innovation），此三者綜合交互的結果，乃形成「創意領域」效果，此乃歸功於此三項關鍵元素之間的關鍵性連結，這正是 Scott 堅持採用「創意領域」效果的理由所在。同時，此一「創意領域」效果將會產生許多正面的都市「綜效」，更重要的，當都市生產、就業工作與社會生活三者關係能夠協調融合之際，都市決策者即可消除過去都市空間中一些社會被剝奪地區的不均衡發展現象。由此可見，一個都市要發展成為「創意城市」，文化創意資本經濟與都市社會之協調融合，至為重要。

5.2 「拼湊式」的都市地區

5.2.1 21 世紀的都市發展

一 21 世紀都市發展層級

Florida（2017）以經濟發展水準將都市分為四個層級，從最富裕的西方都市到最貧窮的發展中國家都市，分述如下：

> ▶ **我的信念**
>
> 最終的白板，可以在上面題寫新的身分。
>
> ～建築師雷姆・庫哈斯（Rem Koolhaas）

　　第一個層級是全球最富裕的都市地區，她們是贏者全拿，都市化的最大贏家，包括超級都市類型的紐約、倫敦、洛杉磯、巴黎、新加坡與香港，知識中心類型的舊金山、波士頓與華盛頓，以及先進發展中國家一些能源資源豐富的地區。這 100 多個都市地區的人均經濟產出介於 45,000-94,000 美元之間，雖然只占世界總人口數的 4%，卻貢獻全球經濟產值的 16%。這些超級都市及知識中心地區，與世界其他都市之間不斷擴大的經濟差距，使她們擁有全球絕大多數高價值產業、科技創新產業、青創公司與人才，並吸引多數的高科技風險投資者。相對於第一個層級的都市地區，其他都市在後工業化衝擊下喪失了穩定的經濟基礎，於是與超級都市及知識中心地區的發展差距日益擴大。

　　第二個層級則是發達國家地區中較富裕的都市地區，人均經濟產出為 30,000-45,000 美元，包括巴賽隆納、柏林、哥本哈根、馬德里、墨爾本、邁阿密、米蘭、羅馬、首爾、多倫多與溫哥華等。這 100 個都市地區也占世界總人口數的 4%，貢獻全球經濟產值的 11%。

　　第三個層級為較不富裕的都市地區，人均經濟產出為 15,000-30,000 美元，包括卡地夫、利物浦、那不勒斯，以及積極發展的發展中國家都市，例如曼谷、北京、波哥大、瓜達拉哈拉、伊斯坦堡、墨西哥城、里約熱內盧、聖保羅和上海等。這 70 個都市地區占世界人口數的 6%，貢獻了全球經濟產值的 9%。

　　第四個層級係為最貧困的都市地區，人均經濟產出僅為 4,500-15,000 美元，她們多為發展中國家都市，同時，也包含世界一些大型都市地區，例如馬尼拉、雅加達、開羅、亞歷山大、德本、麥德林、卡利、孟買、加爾各答、德里，以及很多正在都市化的中國貧困地區。這三分之一左右的都市地區占了世界人口數的 4.3%，但僅貢獻了全球經濟產出的 3%。

　　貧困與貧富差距過大的問題，雖然存在於前三個層級的都市中，但在第四個層級的都市更加明顯與嚴重。聯合國人居署（United Nations

Human Settlements Programme, UN-HABITAT）在《世界都市狀況報告》
（*State of the World's Cities*, 2013）中指出東南亞有 5 億貧民窟人口，撒
哈拉以南非洲地區有 2 億，拉美和加勒比海地區有 1.1 億。全世界每天約
有 20 萬人遷往都市，到 2020 年，都市貧民窟人口將達到 10 億。在快速
都市化的過程中，大量人口增加，但卻缺少基本服務設施，例如沖水廁
所、下水道和汙水處理系統等衛生設施，以及清潔水資源和電力供應。舉
例來說，非洲只有約一半（54%）的都市居民，擁有西方世界習以爲常的
衛生設施，撒哈拉以南非洲地區有超過三分之二的都市居民，沒有基本的
電力供應。顯示在第四個層級中的都市，其經濟資源與生活品質存在天南
地北的差異，對於約 10 億發展中國家的都市居民而言，都市化幾乎是失
敗的發展。

二 21 世紀巨型貧民窟

隨著超級都市的出現，巨型貧民窟也隨之出現，Florida（2017）指
出，巨型貧民窟之所以長期持續存在，有四個原因：第一，21 世紀大部
分正在快速都市化的地區，都是世界上最貧困和最不發達的地區，而在
20 世紀前已經完成都市化的地區，則是最富裕和最發達的地區。第二，
都市化發展快速的地區，往往是世界人口中心。第三，很多都市化起因係
爲躲避戰爭、衝突、極端暴力與自然災害，而集體遷移到其他都市而產生
的（Marx, et. al., 2013），這種大規模人口遷徙很容易超出都市既有的人
口容納量，所以，大量新移民最後只能擠在巨型貧民窟裡。第四，全球化
造成地球村，全球貿易系統的發展打破都市、本地農業和本地工業之間的
傳統聯繫，破壞都市的平衡發展。以前，都市爲當地農業提供市場，但
是，現今都市裡有大量全球食品連鎖商店，不再依賴周圍地區提供的農產
品。快速都市化的國際化都市中，人們可以低廉價格買到從其他地方進口
的食物（Glaeser, 2013）。全球化還完全打破都市與當地製造業的聯繫，
以前都市內有一系列爲滿足居民基本生活需求的基礎工業活動，例如開

採、制磚、伐木、食品處理等，然而，在現在的全球化經濟中，這些都能以低廉的價格從世界其他地區獲得。工業活動不再零散分布在各個都市中，而是愈來愈集中於某幾處侷限的地方。

5.2.2 新的都市發展型態

一 都市空間階級化的發展歷程

如 Scott 所言，因資本主義影響都市發展，美國的階級分化早就嵌入了各種居住地的分布模式（Scott, 2008）。20 世紀大部分時間裡，富人與上層中產階級多數居住在綠意盎然的郊區，例如波士頓的布魯克萊恩、底特律的格羅斯波因特、費城的布林莫爾或康乃狄克州的格林威治。有抱負的工人階級與下層中產階級則居住在更小、人口更密集、離市中心較近的郊區，例如長島的萊維頓。而窮人和真正的弱勢群體則擠在市中心的貧民窟，例如芝加哥南區、紐約的南布朗克斯區。

在 20 世紀 1960-1970 年代時，西方出現了第一次都市發展危機，後工業化和「白人群飛現象」（white flight，指大批白人從種族混合的老城區移居至種族較為單一的市郊），導致都市流失核心產業、喪失經濟職能，成為貧困聚集區；暴力犯罪增加、藥物濫用、青少年墮胎等社會問題升級；都市稅收減少，日益依賴聯邦政府的財政扶持。許多都市至今尚未恢復元氣。郊區一般都較富裕，社會向上流動性很強，以白人居民為主，而市區則被挖空，經濟蕭條，少數族裔和貧困居民愈來愈多，呈現富有散居郊區、貧窮聚居市區的現象。

美國底特律市即為明顯之案例，在 1920 年，底特律是美國第四大都

> **➤ 我的信念**
>
> 都市是一種特殊的場域，是地理的、經濟的、社會的、文化的互動交流場域實體，是各種人文要素和自然要素的綜合體。

市，到了 1950 年代時，它是人均最富有的都市。就像 LeDuff 所說：她是大量製造、汽車、水泥道路、冰箱、冷凍青豆、高薪藍領工作、大規模住宅所有權和信貸的誕生地點，美國人的生活方式，就是在這裡建立的（LeDuff, 2014）。底特律是一個只要努力工作，就可以往上爬的地方，這個都市推動資本主義民主化。然而，底特律現卻淪為廢墟，「她曾是我們力爭上游的先驅，正如她是我們向下沉淪的前兆一樣。」（LeDuff, 2014）。在許多方面，都是受到她本身成功所帶來的破壞，例如高薪工作吸引數千人湧至，讓工人能購買汽車，並搬到郊區，隨即，白人一批批搬離，造成企業亦離開，以尋求成本更低的地點。惡性循環不斷進行。這個曾是 20 世紀美國工業霸權象徵的都市，如今在失業率、貧窮、法拍、暴力犯罪，以及許多其他「反烏托邦」（dystopian）指標上領先全國。

　　底特律所經歷之都市發展歷程，正是 20 世紀許多都市所經歷或面臨之困境。但是，愈來愈多專家認為，21 世紀的都市發展，將會經歷更巨大的變化（Binelli, 2012; Ehrenhalt, 2012; Murray, 2012; Putnam, 2015）。如同 Binelli 於《Detroit City Is the Place to Be: The Afterlife of an American Metropolis》（底特律作為一個地方：美國大都會的來世）一書中提到：後工業時期的底特律，可能是一場在無政府狀態下進行的非刻意實驗，容許權力轉移至草根大眾，其狀態不僅解釋了黑幫和保安行動的興起，但同時也鋪了一條路，讓愈來愈多的居家藝術家、企業家，甚至都市農夫再度遷入，將活力注入都市中（Binelli, 2012）。

　　都市學者 Ehrenhalt 則是追蹤芝加哥、費城、華盛頓特區、亞特蘭大、休士頓等特定都市中心的復興，發現大量高薪知識工人、富人和年輕人已經重返市中心，而愈來愈多的貧困人群則被迫遷往郊區。這種美國地理劃分的反轉現象有時被稱作「大逆轉」（The Great Inversion）（Ehrenhalt, 2012）。

　　現今的都市發展，不僅是受階級劃分、工作類型的影響，還與居住地息息相關，居住地影響生活的各層面，例如通勤距離、經濟機會、孩子

就讀學校、健康和向上流動的可能性。因此，都市發展型態不再僅是傳統
美國夢的富郊區、貧市區，或是都市復興的貧郊區、富市區的二種模式
而已，都市正被重塑為一種更加錯綜複雜的模式，即所謂的「拼湊都市」
（patchwork metropolis）（Florida, 2017）。

二 新型階級地理模式：拼湊式的都市

　　雖然每個都市地區都有自己獨特的階層特徵，但 21 世紀的都市因為
富人和高學歷群體開始返回市中心，窮人則被迫遷移郊區，都市發展呈現
出更複雜的新模式。這種新型階級地理模式的核心特徵就是，都市分裂為
緊密結合的集中優勢區域與面積更大的集中劣勢區域，它們在市區和郊區
中縱橫交錯，不再像傳統兩極化的分化，而呈現拼湊式的空間型態。在科
技創意與傳統產業激盪的年代，Florida 透過對創意階層、服務階層、藍
領工人階層等三個分類，研究了美國、加拿大和英國等國的十數個都市地
區，涵蓋了不同的都市類型，包括超級都市、知識中心、蔓延擴張的「太
陽地帶」（Sunbelt）都市和後工業化的「鐵鏽地帶」（Rust Belt）地區，
分析歸納出四種拼湊式都市模式的類型（Florida, 2017）：

● 來自超級城市和科技中心的重返都市浪潮

　　第一種模式來自超級城市和科技中心的重返都市浪潮，造成都市富者
愈富，郊區貧者愈貧的現象。優勢創意階層重新占領了市中心，同時在郊
區也保持高度聚集狀態。狀況稍差的服務階層和藍領工人階層，不是被排
擠到市區的其他區域，就是被排擠到郊區，甚至遠郊的邊緣地帶。這種模
式出現在超級都市紐約、倫敦，知識中心舊金山、波士頓、華盛頓，以及
多倫多與芝加哥。這些大都市地區的特徵是面積大、人口多、創意階層高
度聚集（尤其是在市中心區域），且公共交通運輸系統發達，這些特徵都
有利於主要社會經濟階層地理結構的形成。

● **創意階層留在郊區**

重返都市的浪潮並沒有大規模發生在這些地方，創意階層居住在郊區現象不變。在第二種模式中，創意階層留在郊區，很少回到市中心。這種郊區模式存在於二種完全不同類型的都市：分別為「太陽地帶」都市，例如亞特蘭大、達拉斯與休士頓，以及「鐵鏽地帶」都市，例如底特律、匹茲堡與克里夫蘭。「太陽地帶」都市的創意階層，一直以來都偏好居住在優質的郊區社區，雖然通勤較辛苦，但仍然比第一種模式都市居民更依賴汽車。在「鐵鏽地帶」都市，流行的「白人群飛現象」現象，早就掏空了市中心，因此創意階層則較青睞郊區。在底特律地區等部分都市地區，20 世紀早期沿著河岸和鐵路發展起來的老工業區也能幫助重塑都市，比如讓都市變得更加適宜步行，或者被重建為購物、餐飲和夜生活一體化的功能區。儘管經濟狀況各不相同，但這些都市普遍比上述超級城市與知識中心之面積更大、分布更鬆散、更依賴汽車，且其公共交通運輸系統更不發達。

● **整個都市地區被一分為二**

在第三種模式中，整個都市地區被一分為二，優勢創意階層和弱勢服務階層在市區與郊區中分別占據完全不同的街區。這種模式介於第一種與第二種模式之間，具有與第一種模式類似的創意階層聚集，但人數更少；又有比第二種模式更明顯的重返都市浪潮，但創意階層又比第一種模式更郊區化。當他們的市中心發生仕紳化時，這些地區擴張並混入優質的郊區地區，形成了我們在地圖上看到的統一大型創意階層社區。溫哥華、奧斯汀與費城係屬於這類型的拼湊式都市。

● **富裕的創意階層占領一些獨立的小型聚居區，弱勢階層則圍繞他們而居**

在第四種模式中，創意階層零散分布在市區和郊區的一些獨立地

區，富裕的創意階層占領了一些獨立的小型聚居區，弱勢階層則圍繞他們而居。創意階層居住在獨立的島嶼或是橫跨都市與郊區的群島，占據了良好的居住空間、自然環境的濱水區，以及大學、知識中心或市中心區域。這種類型的典型代表是洛杉磯與邁阿密，與東北部與中西部那些圍繞老工商業中心發展的老都市不同，這二個典型後工業化都市的階級地理分布主要受高速公路和汽車影響，呈現分散化特徵。在這二個都市地區中，優勢的創意階層主要聚集在沿著海岸線的市中心地帶，圍繞著大學和研究機構形成了很多小型聚集區。

三 拼湊式都市與創意階層間的關係

拼湊式都市主要受強勢創意階層聚集的主導，創意階層占據了最具經濟價值和最具美學氛圍的地區，而其他階層只能到創意階層挑剩的地方。這種新模式對我們的經濟和社會組織傷害極大。創意階層對地點的選擇特權，塑造了 Florida 提出的四種新型拼湊式都市之地理模式，而下列四個關鍵因素則決定創意階層對聚集地的選擇（Florida, 2017）：

● 與市中心的距離

第一個因素是與市中心的距離。紐約與倫敦這二個超級都市，以及波士頓、舊金山和華盛頓這幾個知識中心的重返都市浪潮最為強烈，在很多都市地區也能看到一定程度的重返都市現象。

● 與公共交通運輸系統節點的距離

第二個因素是到公共交通運輸節點的距離。創意階層喜歡圍繞地鐵站和公共交通運輸路線而居，如此一來，可以節省通勤時間，並避免長距離開車通勤。此因素對於住房成本高昂、公共交通運輸系統發達的人口密集型超級都市和知識中心尤其重要。

● 與主要大學和其他知識機構的距離

第三個因素是到主要大學和其他知識機構的距離。以前很多人住在大學附近只是權宜之計，並不會長期居住，例如大學生在讀書時住在學校附近，畢業後就會離開。在 20 世紀 1970-1980 年代，很多都市的大學，例如洛杉磯的南加州大學和紐約的哥倫比亞大學，都受到都市衰敗的影響，變成了封閉的孤島。但是，時至今日，都市大學和其他知識型機構附近的社區，成了創意階層的居住選擇，雖然許多人本身與學校並沒有直接關聯，但因為知識聚集與訊息交流的便利，成為影響創意階層人士居住選擇的因素。

● 與自然景觀的距離

第四個因素是到自然景觀的距離。創意階層不僅聚集在都市中經濟最發達的區域，還喜歡最美觀的地方，比如靠近公園、環山，或臨水、臨海的地段。在創意階層沿海岸線而居的洛杉磯與邁阿密最為顯著。

該研究並且發現創意階層會與同類型（收入與教育）比鄰而居，但卻會與服務階層及藍領工人階層分開，這種新的階層空間分布，嚴重破壞經濟與社會紋理。創意階層占據較佳的居住空間，並有較佳的經濟機會、優良教育學區與圖書館、優良的公共設施、居住舒適性等，讓他們的下一代具有較佳向上的移動機會。然而，服務階層與藍領工人階層則只能往犯罪率高、較差學區、移動性低的地方居住。換言之，富者可擇地居，貧者僅能隨遇而安（the rich live where they choose, and the poor live where they can）。隨著貧窮的人們往郊區移動，郊區衍生的不公平、犯罪率、社會問題等，此時此刻這種現象正挑戰著「美國夢」。

➤ 我的信念

創意城市已經不是口頭禪，而是勢在必行的政策、規劃和實踐。

5.2.3 拼湊都市案例

一 多倫多（Toronto）：創意城市與創意街區

多倫多在電影、音樂、數位媒體、使用科技來進行文化表達等方面具有亮眼的成績，於 2017 年成爲加拿大第一個被指定爲「聯合國教科文組織媒體藝術創意城市」的都市。Florida 自 2007 年到多倫多大學任教後，與多倫多市長聯手推動多倫多創意城市，在 2008 年撰寫「創意城市規劃架構」，提出「4T」，即 3T（talent、technology、tolerance）之外，增加第 4T（territorial assets），指的就是「地方」。這個創意城市的地方，必須具備二種讓大家產生愉悅感受的特色：擁有美好的自然環境，以及大家嚮往的文化活動和創意生活風格。他們認爲多倫多人才豐富、開放多元、社會基本架構強固、高等教育機構深廣、都市安全，而最重要的是在創意和文化產業方面充滿優勢。

多倫多因爲其人口與經濟規模巨大與多元性，因此，被譽爲「加拿大的全球都市」。因此，吸引人才、使都市在國際上更具有競爭力，係爲多倫多創意城市的主要發展目標，例如多倫多創意城市的文化計畫中提及：創意城市與其居民對城市經濟發展影響巨大，其中要針對人才與投資進行發展，且以人才發展更爲重要（Cultural Plan for the Creative City, City of Toronto, 2003）。多倫多的市中心是個典型的拼湊市都市，爲吸引創意層級人才進駐，重新定位都市規劃，把地方場所品質強調出來作爲規劃的焦點，將舊工業區轉型爲公寓住宅，並多元發展街區（creative districts and hubs），在有限的公共投資挹注之下，活化了街區空間。下文將參考唐燕等人（2016）以「多倫多娛樂區商業促進區」（Toronto Entertainment District Business Improvement Area, BIA）這個市中心商業區爲案例，透過創意都市理論成功地轉化市中心的角色之案例。

2000-2006 年代的多倫多娛樂區商業促進區，因爲居住於市中心的人口稀少，因此適合夜店的發展，這段時間正是夜店蓬勃發展之際，具有

合法執照的店家約 100 家，消費者高達 6 萬人。然而，因為公部門的介入，讓此區有截然不同的發展。1996 年多倫多市議會通過新的官方規劃與法律修訂的區域發展條例，鼓勵此區進行再開發與都市更新（Toronto: Urban Development Services, 2002）。同時，都市對該區的建築形式進行保護與規範土地使用項目等手段，此作法刺激此區域大規模的投資，從單一夜店型態轉變為包含公寓住宅、商業、休閒、零星工業等多功能的混合使用區，充滿 24 小時的活力。

此外，在 2005 年多倫多政府引入「合作式規劃」手法，聚焦於強化建成區型態與公共領導（Planning Partnership, 2009），分三個階段進行。第一階段重點在於地區背景、場地分析、訪談利益相關者意見等，全面性了解此區域的問題與背景。第二階段係為策略的擬定，並與利益相關者及大眾居民進行溝通，制定可行的發展策略。第三階段則是實際建物與區域規劃設計。在這三個階段中，主要目標係為將此區透過 4T 的理念，促進此地區的經濟發展、保護地區的重要價值、激發活化發展策略、提升區域形象建設，並透過下列執行項目，帶動「多倫多娛樂區商業促進區」，讓多倫多成為「媒體藝術創意城市」的亮眼都市。

● **文化走廊**

在具有活躍的文化與休閒機會的環境中，較易吸引並留住創意文化人口，而創意文化人口就會在一個不斷成長的知識經濟中創造財富。多倫多整合場所、文化與經濟，來建構文化豐富的都市環境，提出約翰大街與周遭區域的規劃設計，串聯安大略皇家博物館、安大略藝術館、皇家音樂廳等，打造此區為多倫多市中心文化走廊，以行人優先權為主，塑造 24 小時充滿創意、文化與活力的自發性街道區。

● **商業文化大街**

此街區的規劃設計，除形塑文化氛圍外，並想作為「感動人心的休閒

之地」。採取強化約翰大街的地區標誌、聚集人們的各項公共設施、商業設施等規劃，並希望實踐多元使用的融合，因此，永久藝術性裝置、藝術家自發性的動態藝術實驗，透過實體空間展演、科技螢幕展演、燈光秀等多樣化形式紛紛出現，亦將多倫多推往媒體藝術創意城市之列邁進。

● 重要文化景觀

「多倫多娛樂區商業促進區主要計畫」中提及：當約翰大街成功改造為充滿藝術與文化氣息的景觀大道，她亦成為將藝術、濱水海岸、美術館串連起來的永久景觀大道，可以透過創意人才與產業，不斷自我成長與創新的重要文化景觀大道。透過街道景觀、開放空間、生活與步行環境、地區活力、空間連續性與指標系統的執行策略，呼應 Florida 的創意經濟理論：創意與文化是新的經濟驅動器，而場所品質即為核心競爭優勢，因為投資與商業活動是追著人跑的。成功地提升此區域的經濟發展，並吸引外來者不斷地加入這個建設過程中，建造一個更具吸引力的都市環境，留住此區域的技術人才與年輕的電影製作者。

二 魯爾埃森（Essen für das Ruhrgebie）：工業文化創意之路

埃森市於 2010 年獲得歐洲文化首都的頭銜。埃森市位於德國魯爾區（Ruhrgebiet）內，約有 59 萬人口。19 世紀時，成立埃森鋼鐵公司，為魯爾區中最大工業城，亦為魯爾區的工業中心，此時，魯爾區為德國重要的工業區，全盛時期開創出全德國煤礦與鋼鐵 80% 的產量，具輝煌的工業經濟開拓史。因採礦聚集大量勞動力與淘金夢者，且煤礦開採事業帶動了工廠的興建、完整的鐵路運輸交通聯繫網路，並藉由煤礦的開採，連帶造就鋼鐵與化學工業的興盛，如此的礦業勞動生活型態與環境，塑造此地特殊重工業的生活文化風格。

1932 年，埃森市的關稅聯盟（Zollverein）煤礦工業區內之紅色磚塊屋舍，以及鋼筋格狀建築，係為當代最現代化與面積最大的煤礦工業

建築群。然而，1986 年，因煤礦產量遞減、新科技技術取代傳統工業的製造，導致煤礦開採事業宣告關閉。1988 年，為了挽救魯爾區生態與產業危機，成立埃瑟姆公司，透過「國際建築博覽會」（International Building Exhibition / Internationale Bau-Ausstellung，簡稱 IBA）展開「魯爾區・2010」（Ruhr・2010）計畫，為期 10 年，與地方當局、民間產業、專業協會、環保團體和民眾建立協作夥伴關係，以生態為主軸，開始綠帶種植，進行魯爾河及埃瑟姆河的生態、經濟、都市再開發，以呈現工業地景全貌，成為認識德國 150 年來工業發展的生命史最好的歷史舞台。同時，以文化為核心，保留以往工礦業文化，並藉由文化帶來改變，而改變又帶來新的文化——「工業文化創意之路」，從「工業都市」轉型為「文化都市」，帶領魯爾區走向另一個創意經濟發展。建立在以「魯爾區・2010」所建立的工業文化保存與產業創新再生的基礎之上，埃森市成功地成為 2010 年的「歐洲文化首都」，並於 2001 年，埃森市「關稅同盟煤礦工業建築群世界文化遺產區」（Zollverein World Heritage Site）亦被聯合國教科文組織（UNESCO）指定為世界文化遺產。

傳統多核心發展的魯爾區，在後工業時代成為都市轉型的典範，係因當地政府並非僅從事有形的建設，例如設立大學（杜伊斯堡—埃森大學），或成立設計博物館（魯爾博物館、紅點博物館），並從產業轉型、經濟發展與環境保護等多方面進行，且著眼於在地文化與產業歷史，將無形的資產轉化為全民的共識與榮耀。魯爾區的改造過程，係以改善生活環境為起點，藉由區域性的特色來發展的空間計畫，首先是為銀髮族、單親家庭、低收入家戶等不同族群規劃的住宅計畫與生活環境改善計畫，其次，以生態手法整治過去因重工業而受汙染的河道，並串聯零碎分布的綠地空間，規劃舒適的開放空間。再者，以文化與創意為主軸，舊廠房透過再利用計畫，不僅保留時代更迭的歷史痕跡，更製造其他產業進駐的機會，充分表達魯爾區從一個傳統工業能源供應都市，轉型為新世紀綠色能源開發者，並為拼湊式都市豎立創意城市的典範。其中，埃森市在創新魯

爾區中成爲扮演文化創意的關鍵角色，下文就埃森市是如何由傳統煉焦場，轉型爲歐洲文化之都的工業文化創意之路，進行介紹說明。

● 魯爾博物館（Ruhr museum）：保存地方文化的殿堂

　　都市的轉型，不是將所有軌跡抹去、重新展開，而是積極找出屬於都市軌跡的意義與價值，從否定聲浪中，找出值得肯定的展開。「魯爾博物館」即將博物館設立於具有歷史意義的工業廠房中，增加博物館的吸引力，並非將閒置廠房拆除，而是賦予其嶄新用途。埃森市政府認同且珍惜過往工業資產，妥善利用地方特殊的發展脈絡，以及工業遺址流露出的美學氛圍，透過轉化再生的方式，讓承載著都市發展軌跡的關稅同盟礦區，成爲具有保存地方歷史及集體記憶的文化園區，並在當中設立魯爾博物館，以多元且動態互動的展覽方式，喚起當地民眾對於關稅同盟礦區與自身的共鳴，連結都市的過去與現在，「利用現代性的觀念再造歷史遺址，讓『現代』與『歷史』和諧共存。」（杜文綺，2013）

● 創新的空間使用模式：彈性與兼容並備

　　在關稅同盟礦區，除建立具工業文化特色的博物館、改造部分閒置空間爲設計中心之外，透過關稅同盟基金會管理其他閒置空間，規劃不同空間成爲動態式機能使用，藉由長短期租借室內外地點與空間，如此一來，空間使用模式更具彈性。例如位於紅點設計博物館右側的 Halle 8，是讓人印象深刻的鋼鐵建築，昔日爲放置高壓蒸氣壓縮機的暗舊矩形倉庫，今日化身爲明亮、光線充足的空間，使 Halle 8 轉化作爲長短期出租之優秀展覽空間或陳列室。又如埃森市礦區內舊時供數百名礦工同時沖澡的浴室，只拆除一道牆，其他設施，例如浴室的鏡子、白磁磚、肥皂架等皆被保留，現今改建爲一個舞蹈團體的練習及表演中心。浴室與舞蹈表演中心透過創意巧妙地連結，再次彰顯礦區舊廠房空間再利用的無窮潛力與彈性。其他舊廠房則出租成爲電影場景、婚禮宴會場地或其他形式，例如

著名的歐伯豪森大瓦斯槽（Gasometer in Oberhausen），在過去其用途是存放煉鋼廠及焦炭廠所需的瓦斯燃料，退役之後，因影響市容景觀，傾向於拆除；但是，IBA 計畫賦予展覽、會議等新機能，今日的大瓦斯槽除具備跨地區的重要性，見證魯爾區超過百年的重工業發展，擔任起歐伯豪森的地標性建築，以及魯爾區域的識別標誌，並是工業文化之路的錨點，成為焦點之一。

再者，為提升知名度與增加當地居民認同，關稅同盟基金會時常在關稅同盟礦區中的 12 號礦區舉辦各式各樣的活動，增加其曝光率與兼容性。例如 2010 年歐洲文化首都的開幕典禮即在此舉行，讓在地居民與各地民眾見證此區今昔、新舊之生活型態與產業的轉變，除增加曝光度，並讓眾人認知此地歷史文化，進而認同與支持。

此外，自 2001 年開始，魯爾觀光有限公司在夏天舉辦工業文化之夜，在工業遺產中的 50 個活動場地，舉辦一系列的文化藝術慶典，以藝術當作媒介，拉近在地居民與工業遺產的距離。其中，在 2012 年的工業文化之夜，以花園酒廊（Gartenlounge）為主題，在 12 號礦區前，透過裝置藝術與休憩空間營造，將戶外草地轉變為人們交流的區域，此舉賦予工業遺產新的風貌，並安排參與者同樂活動，大型牽線人偶 Dundu 與國際雜耍特技演員一同漫步在草地上，帶動當地居民與遊客主動的接觸。

● **關稅同盟礦區紀念路徑：提供多元體驗歷史文化的途徑**

從單點建築物的思考，延展到整體全面性環境規劃，讓埃森市「關稅同盟煤礦工業建築群世界文化遺產區」脫穎而出，在 2001 年成為世界文化遺產，開創魯爾區觀光產業的新樂章。其中，串聯各點的線——關稅同盟礦區紀念路徑，扮演舉足輕重的角色，延續工業區的歷史記憶之外，並以藝術、文化、設計、觀光等多元的面向，活化整個區域，創造工作機會。關稅同盟礦區紀念路徑利用其歷史文化資源，設計 30 條不同的主題路線，提供活潑有趣的導覽活動，將礦區內特有的人文景觀與工業文化融

入結合於工業旅遊遊程之中，不僅規劃單點式的工業機械、礦區建築、藝術設計等，並透過參與穿梭在工業遺產中，通過礦區不同的生產過程與發展階段，體驗往昔勞動與生活點滴、移居族群創業之艱與多元文化的路徑串聯，進而對關稅同盟礦區有更深入的了解與體悟。關稅同盟礦區紀念路徑，提供人們對特殊重工業往日的生活文化風格之重新認識與詮釋，廣泛地涵蓋煤礦工業機械、礦區建築、藝術設計、社會歷史、自然人文，與礦區的結構轉換。

從博物館的設立、創意的空間使用，到關稅同盟礦區紀念路徑的體驗，不斷地顯示出都市真正的文化，比刻意建構的景點更具有吸引力（Richards & Raymond, 2000）。關稅同盟礦區透過保存既有的歷史軌跡進行轉型，並加強其與當地居民、聚落社區、在地民間團體的連結，以增加民眾對於文化的認同。

5.3 「永遠差一截」的郊區

5.3.1 郊區的空間發展歷程

一 都市郊區化之成因

郊區一般係指環繞在都市外圍的環狀地帶，二者通常不屬於同一行政區域，唯有部分郊區景觀實與都市融合為一，且郊區內居民多數通勤或通學於該都市。而所謂郊區化，亦可稱為都市郊區化，係指現代大都市因為發展快速，導致市中心區人口為求居住品質及社會結構的調適，轉向鄰近郊區遷移，便形成所謂都市人口的郊區化現象。

由學者之研究顯示，都市郊區化是為都市發展過程之一環，例如 Van den Berg（1987）的都市發展理論指出，都市發展過程分為四個階段：中心化、郊區化（去中心化）、離心化與再中心化四個階段。中心化係指都

市聚集過程開始後，人口及各種工商業服務移入了人口集中點，並從事各種的社會經濟生產活動，形成分工合作現象；郊區化即為人口或產業逐漸由原有的集中點移至郊區，形成新的聚集中心；離心化則是指都市中心的人口與產業飽和之後大量移出至郊外，且逐漸呈現飽和之現象；再中心化則是指郊區人口與產業飽和之後，市中心區開始逐漸減緩人口與產業外流速度，直至呈現穩定狀況的現象。

Mills（1981）提出二種郊區化的形成理論，第一種是自然進化理論（natural evolution theory），如同前述的都市發展過程理論所述，一開始住宅及就業會集中在市中心（CBD）地區，當市中心發展之後，新的發展會逐漸往郊區移動，隨著都市的成長，原都市邊緣地區會有新住宅之建設開發，相較而言都市中心內部則較為老舊，因此高所得階層會移往郊區尋求較好的生活品質，而低所得階層的人則留在中心地區；另一方面，運輸技術的進步減少了通勤時間，更導致郊區化的力量增強；為了利用郊區較低廉的工資和土地成本，公司跟著人口的移動遷移至郊區，因此，循環力量開始產生，就業的移動再把更多的人口帶到了郊區。第二種則稱之為實質問題理論（fiscal-social problems approach），該理論主張都市中心地區的財政與社會問題造成人口產業活動外移，這些問題包含了稅金、品質不佳的教學、公共設施服務、種族問題、犯罪問題、塞車問題和日益低落的生活品質等。這些問題會造成較高收入的階層往郊區移動，且在郊區形成了同質性的住宅社區，人們會選擇住在與自己相同收入、教育程度或種族之地區，而有空間上隔離發展的現象產生，惡性循環的結果再更進一步促進了更遠的郊區化現象。

▶ 我的信念

郊區危機反映過去長期廉價經濟發展時代的終結。

二　創意時代的郊區發展

在美國，郊區曾是繁榮與希望之地，但是，目前卻呈現大規模經濟衰退與貧困的現象（Flordia, 2017）。郊區的中產階級社區一方面正在空洞化，例如充斥著劣質建築與倉促建成的基礎設施的郊區已經開始衰退；成百上千的郊區購物廣場被荒廢；幾十年前的都市工廠停工的情景又在無數郊區工廠上演；有些郊區衰落速度極快，被稱作「都市貧民窟」的反攻（Schwartz, 2015）。另一方面，郊區又分化為集中貧窮與集中富裕地區，例如在現今美國社會，子女年齡較大的家庭主要從都市遷移到郊區，而老年人與嬰兒潮一代中較年輕的群體也繼續留在郊區。同時，大批較貧窮與學歷較低的人們也遷往郊區（有些人是自願的遷移，但更多人是迫不得已，因為他們原本居住的社區被新都市菁英占領）。雖然，高科技和知識型工作正陸續回到都市，但郊區仍是美國最大的就業來源，為美國創造了 54% 的就業機會（Kolko, 2016）。以前的郊區寧靜祥和，但是，處於聚集驅動創新的當代，則面臨犯罪率攀升、經濟疲弱與人口流失的問題。新都市危機的郊區問題不僅困擾郊區居民，還影響整體經濟發展。郊區的散漫擴張不僅使能源利用降低，並會限制人口的流動性，以及削弱生產力。

離市中心愈遠的郊區，房價愈便宜，但是，要付出額外的代價，因為購車費用、保險、維修和加油的費用並不便宜；而居住離工作地點比較近的地方，則可藉由搭乘公共交通運輸系統而大幅削減交通支出。因此，居住在市中心附近或公共交通運輸沿線的公寓，可能比居住在依賴汽車的郊區別墅更划算。此外，郊區的低收入工人比都市工人離工作中心較遠，較難找到工作，上班亦較為不方便。低收入群體的通勤時間明顯地影響他們經濟向上流動的可能性，因此，通勤時間愈長，經濟流動的可能性愈小（Ewing et. al, 2016）。社區居民被隔離於工作崗位、經濟機會與用來削弱貧困影響的社會服務。雖然郊區也有社會服務，但因為資訊更封閉、更

不方便獲得，導致窮人往往很難使用到社會服務。

當我們想到通勤者時，腦海可能浮現出手提公事包、西裝筆挺的專業人士，或是穿著休閒、開跑車的科技工作者。但實際通勤者，多數為窮人與更弱勢的群體。知識工人與專業人士傾向於居住在工作地點附近，或是便捷公共交通運輸系統沿線，如果他們居住在依賴汽車的郊區，亦可自行開車安全舒適地上下班。但是，窮人與其他弱勢群體則可能居住在遠離公共交通運輸系統的地方，很多人也買不起自用車。他們的郊區通勤主要靠多次換搭公車與火車，且往往還要長時間步行在沒有規劃或建設的空間。因此，現在的經濟發展主要集中在高密度的都市地區（因便利性與高生產力，不斷吸引人口與工作進駐），與其邊緣郊區周邊（邊緣地區房價便宜），人口增加速度最快（Kolko, 2015）。

郊區危機反映過去長期的廉價經濟發展時代的終結。在 1950-1990 年代，由於在郊區修路、蓋樓或建設其他基礎設施，其成本皆較都市地區低廉，因此，郊區發展對黃金經濟發展期具有極大的推動作用。郊區工人階級與中產階級家庭對洗衣機、烘乾機、電視機、沙發、地毯、汽車等的大量需求刺激了製造業發展，創造更多工人和中產階級的工作機會，進一步產生拉動需求（Jacobs & Shipp, 1990）。當時郊區的散漫擴張是廉價經濟發展的關鍵動力，而如今，這一發展模式正走向尾聲。現在創新與經濟發展的動力主要是聚集而非分散。雖然還有很多人喜歡住在郊區，但是郊區發展已經跟不上都市化、知識經濟發展的需要。大量寶貴的生產資本與國家財富都被浪費在房屋、公路和散漫擴張的郊區，而沒有被投資於知識、科技和人口密集的地區。新都市危機中的郊區問題和都市問題有相似的解決方案：繼續發展都市化，並提高都市化的品質。想要解決郊區危機並恢復郊區經濟活力，就得提高郊區的人口密度，讓郊區更節能環保，更多功能化，並使郊區和都市之間的交通更便利。

5.3.2　傳統郊區改善之道

　　破敗的郊區常成爲窮人的棲身之所，窮人並不意味著缺少技能或創新能力，而是窮人需要花費大量時間來滿足日常生活的基本需求，例如自己取水、交換食物或準備食物、長距離步行、乘坐廉價但耗時的基本交通工具。換言之，窮人缺少能有效利用的時間與資源，若是要提高貧民窟的生產力，就要讓都市窮人更有效率地利用自己的時間。因此，貧困社區需要更多基礎設施，幫助居民與社區利用與發展自己的能力。然而，多數都市化地區的快速散漫擴張，往往孤立窮人、隔絕窮人的經濟機會，大量從鄉村湧入新興都市的窮人，聚集在都市郊區的貧民窟或臨時居所，遠離市中心的發展機會，這種情況在非洲更加明顯。例如開羅、德里、馬尼拉與孟買等都市郊區，有大量的貧民窟與移民臨時居所（Florida, 2017）。

　　對基礎設施的投資係爲連通貧民窟居民與就業機會的根本，充分利用居民的才能與創造力，把都市孤立與貧窮的惡性循環轉化爲都市進步的動力，方才是貧民窟在都市競合中的生存之道。解決問題的關鍵係增加公路與基本交通運輸等基礎設施，提高連通性，窮人就能靠近發展機會，都市的市場規模也能得以擴大。非法居住場所占據了大量空間，它們的平均居住面積大於繁榮都市的住宅區，但是，道路面積卻相對不足，例如在擁有700 萬人口的孟加拉首都達卡，道路僅占都市面積的 12%，遠低於已開發都市的比例。

　　另外，「街道」是全球貧民窟經濟的轉型與升級的關鍵要素，「街道」除可讓居民在都市各地區行走外，並爲其他重要實體基礎設施的基礎，例如水管、下水道和電線等設施皆依附在其中；另外，「街道」還能將貧民窟及其居民與都市的種種便利條件相連。聯合國人居署（UN-

▶ **我的信念**

街道是全球貧民窟經濟的轉型與升級的關鍵要素。

HABITAT）在 2014 年報告提及：街道能促進經濟活動的開展，它能吸引商鋪和服務業，增強居民對居住社區的認同感，提高社區安全感，帶來更有規範的發展。正規的街道地址，能將非法占據的住宅變成合法住宅和正常運轉的社區，這一轉變又能促進商業發展並提高流動性，因爲房子可以買賣交易。隨著社區之間的連接更加緊密，貧民窟就能從孤立的貧困陷阱轉化爲通向經濟機會之路，從而更全面地融入都市經濟生活（UN-HABITAT, 2014）。

5.3.3 引入「地方創生」的改善之道

一 地方發展創意經濟的意義

創意可幫助地方社區充分利用當地的歷史文化資源，實現經濟發展的多元化，加強社區應對市場變化的競爭力，從而獲取長期收益（Kong & O'Connor, 2009）。因此，創意產業在增強地區能力與推動當地經濟發展方面，具有關鍵影響作用。創意經濟活動可視爲提高當地生活品質的關鍵因素，當創意經濟活絡時，產生就業機會外，不僅吸引更多創意人才移居到當地，且當更多創意活動，例如藝術與文化活動在地方內舉辦時，當地居民即可與外來遊客一起欣賞和參與這些活動，除了吸引遊客創造經濟外，同時，增強居民對當地的認同與自信。這種實踐可以促進地方的開放及新觀念的吸收，並爲居民提供一個多樣化的生活方式，促進地方居民身心的健康發展。

二 地方創新性實踐

創意經濟的發展離不開創新性實踐活動。創新性實踐通常被理解爲與

➤ 我的信念

地方長期營造與創生，是需要相關與相對的權力及利害關係者的參與。

創意相關，並由基於某種目標的創造性想法所引領的活動（Amabile, et. al, 2006）。換言之，創意是創新性實踐的出發點。然而，僅僅有創造性想法並不一定促成創新性實踐的發生，其他的因素例如公部門政策與態度、資金、技術等，往往是地方參與創新性實踐的障礙。

而日本將創新性實踐落實於地方，即我們所謂的「地方創生」。日本政府於 2014 年通過《地方創生法案》及相關法令，並於 2015 年正式展開「地方創生」。其實，此地方創新性實踐正式名稱爲《城鎮‧人‧就業‧創生》的總合戰略，眞正目的係改善人口減少的現狀，目標係在 2060 年維持一億人口、確保 GDP 在 1.5-2% 成長率，以減緩人口減少所造成的社會壓力。再者，其第二個目的係爲解決人口過於集中於東京的情形，讓人口移出世界最大都市生活圈「東京—橫濱」（日本總人口的四分之一居住於此），改變人口流向，以回復地方活力。是故，日本地方創生主要重點即在「人」，如何吸引有意願的人才進駐「限界集落」，是與都市中心「永遠差一截」的郊區各地方發展的重點。所謂「限界集落」，係指地區人口大幅減少，且 50% 以上爲 65 歲以上的老人家所共同生活的群聚，換言之，即共同生活機能面臨臨界點，面臨即將成爲被廢棄消失的聚落。

雖然目前日本地方創生運動成功與否尚在討論中，但是，從 1988 至 1989 年間，日本推動「鄉土創生事業」，給予每個地方一億日圓補助額，期待活絡地方觀光與經濟，卻因爲管控失當，被批評爲「典型的浪費」。其後，2000 年的「地方再生」計畫：地方自主性地透過改造場所、藝術植入等形式；以及 2005 年推動「地域再生」，又因偏鄉人力執行的落差，導致再次虛耗公共預算，是以，「地方創生」於 2014 年應運而生。綜觀後工業化時期日本政府推動的四種政策，從補助地方空間、硬體設施、場所改造等，到現今「地方創生」對「人」的補助，尤其對具有創意與創業精神的人。此種補助對象的轉變正呼應創意城市的主張：「創意」是其精神，而「人」則爲主體（Landry, 2008; Florida, 2003; Scott, 2006）。

我們是否也應思考，從 1994 年的「社區總體營造政策」、2003 年的

「新故鄉社區營造計畫」、2005 年推出「臺灣健康社區六星計畫」，到 2019 年的「地方創生」國家安全戰略層級的國家政策，在不同時空背景與政策更迭轉換中，目標大多放在減緩城鄉差距、創造地方特色、營造地方生機。然而，至今臺灣的郊區仍面臨人口老化與青壯人口外移的現象，究竟，在充滿積極爲賦權地方的規劃政策中，創造了哪些成就？又存在哪些議題？筆者嘗試從高雄湖內葉厝社區、臺南灣裡社區的案例分享，讓大家有思考這些問號的想像與空間。

■ 「What's 歷獅」：2010 年青年社區參與行動計畫

「青年社區參與行動計畫」是行政院青年輔導委員會鼓勵青年團隊走向農、漁村、原住民部落等地區，深化青年團隊的在地行動，並關注閒置空間活化再利用，培養青年對在地的責任感與認同感，藉由在地行動激發青年的創意與活力，促進社區活化及永續發展。其目標係有二：(1) 擴大青年團隊及非營利組織結盟，開發符合在地需求且具創意的行動方案，捲動更多青年共同參與，關懷在地議題；(2) 建立非營利組織的區域聯盟體系相互支援，擴大青年行動的影響力。

「What's 歷獅」則是筆者與 5 位大學青年學生，在 2010 年於高雄湖內葉厝社區展開爲期一年的「青年行動計畫」。高雄縣湖內鄉葉厝社區，是一個現今臺灣社會典型缺乏人力資源發展的鄉村社區，現有居住人口約 3,500 人，主要係以農漁業爲主，大部分青壯年人口都移居外地。但此社區擁有一項臺灣僅有且爲最大型的紙獅頭藝術（照片 5.1），然而，在地居民卻鮮少關心或在意。透過此次青年行動計畫，目的有三：(1) 塑造優質生活空間，閒置空間再利用，創造社區意象；(2) 凝聚共同意識，重拾獅頭技藝；(3) 新創產業價值，注入社區活水。本次計畫執行策略有五，分述如下：

照片 5.1　青年團隊與高雄縣湖內鄉葉厝社區紙獅頭藝術合影
資料來源：洪于婷提供，2010 年。

● 計畫執行策略一：巡禮踩街

　　「巡禮踩街」係為我們的社區營造及閒置空間改造進行事前暖身活動，主要目的在於喚起社區居民的認同，鼓勵居民參加後續所舉辦的各項活動。活動分為三個階段：第一，為事前籌備階段，我們以當地紙獅頭為發想，製作了 300 個面具，並蒐集關於紙獅頭文化與藝術資料，製作文宣品。第二，係為活動進行階段，當地居民紛紛戴起紙獅頭面具參與踩街巡禮的活動。第三，則為紙獅頭文化藝術宣導階段，透過學生對社區居民解說紙獅頭的文化意義與藝術價值，讓居民對其有更進一步的認識。

● 計畫執行策略二：繪獅繪影

　　「繪獅繪影」係為改善閒置空間的執行策略。起初，僅有我們團隊

投入製作，但隨著投入的時間，愈來愈多居民從漠然轉為關心、從關心化為主動協助、從事不關己轉換為要為我們的社區投入自己的心力，不僅讓社區居民關懷地方，更對地方與紙獅頭文化藝術感到認同與光榮感。此外，現今亦成為許多學校戶外教學的地方，透過彩繪牆面與閒置空間改善，讓紙獅頭藝術文化有向下扎根的教育機會。

● **計畫執行策略三：信獅旦旦**

「信獅旦旦」係為我們創造社區意象及社區共同記憶的主要作法，可促進居民與社區協會的感情，居民和居民間也可透過此活動增加熱絡感。主要藉由紙獅頭裝置藝術活動，家家戶戶動員一起製作自家的獅頭信箱（獅頭具有避邪作用），打造獨一無二的獅頭藝術形象街。

● **計畫執行策略四：與獅同在**

「與獅同在」係為我們塑造優質生活空間，閒置空間再利用，創造社區意象的作法之一。由於當時社區活動中心空間並沒有展現出葉厝社區的特色；再者，希望為葉厝社區傳承文化技藝及凝聚社區意識，不會因為活動的結束而結束，而會一直延續下去。因此，將執行活動成果放置在社區活動中心二樓，設置一個小型保存獅頭藝術的文資館，取得社區居民的認同感，以凝聚更強的向心力，藉由保存使這門藝術得以傳承，不流失於現代文化的衝擊之中。

● **結語**

筆者和青年團隊與當地非營利組織在中央政府行政院的補助之下，展開為期一年的社區行動計畫。團隊、社區與紙獅頭藝術文化，從陌生到熟悉、從拒絕到認同，歷經各種活動與接觸，高雄湖內葉厝社區的居民不再對傳統藝術文化漠然，透過行動計畫，不僅留下紙獅頭藝術文化的彩繪作品、休憩涼亭、獅頭信箱一條街與獅頭藝術文資館，更在居民心中建立對紙獅頭藝術文化的認同與對社區的關懷。然而，隨著計畫的結束、青年

團隊的離開，雖然留有軟體與硬體的痕跡，但缺乏持續性的人員或團體進行運作與維護管理，現今的葉厝社區似乎仍停留在當初青年團隊進駐前的時空。

四　臺南市灣裡社區：大學社會責任計畫

自 2016 年筆者與臺南灣裡社區相遇之後（帶領學生舉辦「鯤喜灣樂活文化季」），隨即長期投入灣裡社區，每年協助臺南市灣裡黃金商圈發展協會，辦理萬聖節小朋友踩街遊行暨歹銅古社文創市集（2017 年迄今，如照片 5.2-5.5），並帶領大學生與其共同為灣裡社區尋找新的觀光發展契機與輔助工具，「灣裡社區展風光，觀光創意來添妝」計畫因運而生。此計畫係結合教育部鼓勵大專院校投入地方創生的階段性計畫成果，有三個主要目標：第一個目標，係在思考如何將學生帶入社區、提升社區關懷、實踐行動學習；第二個目標，則從觀光角度出發，探索在地議題、培育樂活創新服務專業人才，促進社區樂活，協助地方創價，善盡大學社會責任；第三個目標，即引導學生實作產出具應用價值之地方觀光旅遊協助工具之原型，以協助臺南市灣裡社區在地議題之跨域學習。期間除了學生從校園走進灣裡社區，體驗校外實際生活與觀光運作模式外，同時，灣裡社區亦因有熱情的大學生進駐，注入新的活水，並因 e 世代學生善用媒體傳播，讓灣裡社區湧入了不少青年朋友，帶動社區生機，如照片 5.6。本計畫除將持續於 2020 年執行外，且筆者亦將與臺南市灣裡黃金商圈發展協會共同辦理年度性活動，至少將至 2022 年，希冀可以持續為灣裡社區創造新的觀光輔助工具，並為社區帶來新的生命力，讓社區得以持續發展。

五　地方營造與創生的轉變

從「What's 歷獅」與「臺南市灣裡社區」二個社區行動計畫中，我們可以發現臺灣社區地方行動 10 年間的轉變。在「What's 歷獅」計畫中，

照片 5.2
2016 年「鯤喜灣樂活文化季」
資料來源：洪于婷提供，2016 年。

照片 5.3
2017 年「歹銅古社萬聖市集」
資料來源：洪于婷提供，2017 年。

照片 5.4
2018 年「歹銅古社萬聖市集」
資料來源：洪于婷提供，2018 年。

照片 5.5
2019 年「歹銅古社萬聖市集」
資料來源：洪于婷提供，2019 年。

照片 5.6
灣裡地方創生講座
資料來源：洪于婷提供，2020 年。

青年團隊與當地非營利組織在中央政府行政院的補助之下，讓地方居民認同在地藝術文化，但隨著團隊離去，時空亦停留，作爲亦停止。在「臺南市灣裡社區」計畫中，除了中央補助與大專院校協助外，在地的結合團體從非營利組織轉換爲營利組織，也因爲地方協力單位的轉變，地方行動計畫得以從一年轉變爲多年，且有更多地方商家投入所謂的地方共榮感的議題。筆者思考爲何如此呢？有可能有下列原因：

1. 地方協力組織爲營利團體時，除考量地方文化歷史與榮譽感外，尚會考量「商機」與「利益」，且著實從地方著手，更爲實際。

2. 當地方透過創意行動計畫產生火花，創造人流，則更多商家會因「人流」與「錢流」，以及對在地領頭協會的信任，期待更多人流的投入，亦願意更多的付出。

3. 地方營造與創生初期須依靠中央政府補助與支持，亦需要學術單位創新與創意的計畫，但是，地方長期營造與創生則需要相關與相對的權力及利害關係者的參與。

5.4 全球創意都市化下的可能危機

5.4.1 新都市危機

前文提及都市發展到 20 世紀 1960-1970 年代時，西方出現了第一次都市危機，相較之下，新都市危機的影響範圍更廣，貧富差距擴大與房價飆升等典型問題，其實只存在如紐約、倫敦、舊金山等超級都市。新都市危機尚包括其他問題，例如經濟與種族分化、空間不平等、長期貧窮等議題。另外，不僅在都市地區，與其相鄰的郊區也同樣受到影響。因此，新都市危機不單是都市危機，亦爲郊區危機，是整個資本主義的危機，換言之，它是經濟不均衡下的一種實體都市樣貌的改變與呈現。

一 最富創意的都市亦為經濟不平等的中心

因為創意與科技，造就超級都市與知識中心的誕生，她們是贏者全拿，是都市化的最大贏家。但是，僅有少數都市和都會區透過知識密集型經濟提升了經濟發展，多數都市並沒有如此幸運。例如「鐵鏽地帶」的都市，其人口仍往郊區遷徙，都市地區日漸衰敗；又如「太陽地帶」的都市，仍在郊區散漫無序的擴張發展，以低廉房價吸引人才，但很少能建立以知識創新為驅動力的經濟發展模式。造成都市化不平等的正是人才和經濟資源的聚集，只有少數超級都市與知識中心從都市化中獲利，大多數都市在後工業化衝擊下喪失了穩定的經濟基礎，於是與這些富有創意的都市發展差距日益擴大，這股推動都市經濟發展的力量同時亦帶來了分裂和矛盾，阻礙都市繼續發展。

贏者全拿的都市化，意味著少數贏家獲得絕大多數的創新和經濟發展成果，而其他大多數地區發展停滯，被贏家遠遠拋在身後。以往富者居住郊區、貧者依附市中心的現象已轉換成拼湊式的都市紋理，都市、郊區變成了一塊由集中優勢地區和集中劣勢地區構成的拼布結構。

二 喪失經濟成長的都市化

16 世紀到 20 世紀之間，都市化與經濟發展的關係非常鬆散，即使在工業革命時期都市化爆發性增長之前，當人均經濟產值增加 300% 時，都市化只增長 12%。直到 20 世紀，由於已開發國家的工業化，都市化與經濟發展才變得緊密相關，當人均經濟產值增加 300%，都市化則增長 20%。2010 年時，都市化與經濟發展的關係又發生改變，雖然二者關係與 16 世紀相似：當人均經濟產值增加 300% 時，都市化增長只有 13%；

➤ **我的信念**

最富創意的都市亦為經濟不平等的中心。

再者，快速都市化的地區發生在貧窮國家，而不是富有國家（Florida,
2017）。

全球都市危機的關鍵問題在於，在這波人類歷史上最大的都市遷移浪
潮中，都市化已經無法有效促進經濟發展。對於過去幾百年的西歐和美國
都市來說，都市化與經濟發展、社會進步緊密結合。然而，現在它們之間
的聯繫愈來愈弱，出現「沒有增長的都市化」的新現象，意即喪失經濟成
長的都市化（Jedwab & Vollrath, 2015）。很多發展中國家的都市和地區
無法像從前那樣以傳統工農業為基礎來發展經濟，她們提供的工作種類也
大大減少，無力滿足成百上千萬新移民實現經濟階層向上流動，與提高生
活水準的願望。發達國家考慮全球化影響時，想到的是被廉價外國工廠搶
走的製造業工作；但對於很多發展中國家都市來說，都市化實際上切斷了
工人經濟發展的通道。

但是我們要怎樣促進這些地區的發展，並重新將都市人口增長和生
活水準提高聯繫起來呢？答案是，通過釋放都市居民的活力和才能，幫助
他們提高自身的發展。「找到貧困的『原因』是行不通的，因為貧困沒
有原因，繁榮才有原因。」「貧困和經濟蕭條就是缺乏經濟發展而已。」
（Jacobs, 1969）如果缺乏解放人和社區創造力的機制，或者存在阻礙創
造力發揮的不良組織，貧困就會出現。反之，能利用人的創造力的機制和
組織可以促進繁榮。如果貧困社區的居民能夠發揮自己的天賦和技能，他
們自己和所在社區的經濟狀況都會得到改善。

三 新都市危機指數

Florida 在《新都市危機》一書中，提及新都市危機不僅是孤立的超
級都市和科技中心的危機，它也是當代都市化知識資本主義的核心危機
（2017）。雖然沒有一個單獨的指標能捕捉新都市危機的全貌，但是，
他結合經濟隔離、薪資不平等、收入不平等與高住房成本等四個層面為一
綜合性指標，來衡量 21 世紀美國 350 個都市地區的新都市危機指數（The

New Urban Crisis Index）。底下為 Florida 的研究發現：

● 新都市危機指數和都市規模與人口密度呈正相關

危機在前兩大超級都市和領先科技中心最嚴重：超級都市洛杉磯的指數最高、紐約第二、舊金山第三。科技中心聖達戈、波士頓、奧斯汀也排在前 10 名。此意味著：新都市危機指數和都市規模與人口密度呈正相關，且與高科技行業的聚集、創意階層人口占比、大學畢業生人口占比、經濟產出、收入和薪酬水準呈正比。換言之，新都市危機是人口更密集、經濟更發達、更自由主義、受教育程度更高、高科技發展程度更高，以及擁有更多創意階層群體的大都市地區的基本特徵。

● 長期停滯的經濟發展

「長期停滯」係指經濟體失去提高生活水準所必需的創造力、經濟增長和就業。此危機也出現在美國眾多其他地區，例如芝加哥、邁阿密和孟菲斯，也位列新都市危機指標排行榜的前 10 名，「太陽地帶」的達拉斯、休士頓、夏洛特、亞特蘭大，「鐵鏽地帶」的克利夫蘭、密爾瓦基、底特律等地區都名列前段。郊區發展模式曾是美國夢的基礎，但其瓦解重創中產階級群體，還讓窮人與弱勢群體與社會其他群體的差距愈來愈大，此外，都市生活成本愈來愈高。書中指出，美國經濟之所以無法從經濟危機中完全復甦，甚至陷入「長期停滯」的主因，即為新都市危機。

● 新都市危機是廉價擴張型態時代的終結

以廉價向外擴張的都市發展模式已是過去式了，要重振美國經濟，就要實現都市和郊區的聚集化和密集發展。與上個時代廉價擴張型增長相比，這種再都市化所需的投入項目與成本更高。提高都市發展的密度以滿足聚集化的需要，修建交通系統和其他基礎設施來鞏固發展，重建高密度郊區，按需求提供經濟適用之住房等策略，這些需要投入的成本都遠高於

以往郊區化的修路與隨意建造獨棟房屋。

5.4.2 新都市危機的未來

我們應怎樣應對新都市危機，才能把經濟和社會帶回正軌？危機源於都市，危機的解決之道也在於都市。要提高生產力，實現惠及全民的都市化發展，都市地區的未來將如何發展，Florida（2017）亦提出下列的見解：

一 創造聚集力的良性發展

將聚集力變成發展助力而非阻力。聚集力是經濟增長的關鍵驅動力，如何有效利用聚集力來最大化潛在的經濟和社會效用至關重要。愈是人群聚集的都市地區，其對土地的需求愈大，然而，我們無法創造出更多都市土地，但我們能提高都市土地開發的密度和效率，改革都市土地使用制度，使之具備靈活性以適應都市化知識經濟發展，並能增強都市經濟的創新力和生產力。

要實現更密集和更聚集化的經濟發展，最有效的方法是降低目前對房產稅的依賴，以土地價值稅取而代之。房產稅以土地及其上面的建築物為徵稅物件，而土地價值稅以土地本身的基礎價值為徵稅物件。土地價值稅不僅能提高土地的利用效率，還能提高工資、降低不平等並提高生產力。其基本前提是，土地開發程度愈低，對其所徵的稅率愈高。土地價值稅能讓更廣泛的公眾群體分享社區改善的好處，因為源自整體社區改善的土地價值上漲被徵稅並返回給公眾，能用於投資公共服務，縮小社區之間的經濟差距。

▶ 我的信念

因地制宜：賦予都市、郊區和社區更多自主權來處理其各自的問題。

～Richard Florida, 2017

二 讓都市人口密度與公共設施的利用率上升

用基礎設施投資提高密度並促進發展，是解決都市問題不可或缺的要素，對其進行良好規劃和策略性投資，能擴大聚集發展的規模，使更多都市地區實現聚集化發展，並加強偏遠地區與都市聚集發展地區之間的聯繫。提高都市密度和聚集度以促進經濟增長，這意味著將基本建設投資從使人們更加分散的公路，轉移到可聚集人群與經濟活動的公共交通運輸系統。

此外，公共交通基礎設施有利於擴大都市周邊。良好的交通運輸系統擴大工人通勤範圍，使都市地區得以向外擴張，高鐵或是更適當的公共交通運輸能擴張都市地區的通勤與工人居住範圍，方便工人在住房成本低廉的偏遠地區和都市中心之間通勤。

三 在都市中心地區建造更多廉價住宅

缺乏廉價住宅已經成為都市發展和經濟運轉的絆腳石。基本服務從業者幾乎都無力承擔高昂的住房成本，被迫遷到遠離市中心和其他經濟活動中心的偏遠地區，因此，有些都市甚至已無法吸引這些從業者進駐。此外，房屋租賃比住房自有，更能滿足都市化知識型經濟的需要。租房人口比例較高的都市，其創新水準、高科技公司的聚集度、大學畢業生和創意階層人口占比、薪資及收入和生產力亦較高。而自有房占比較高的都市地區則相反，創新水準、生產力、多元化程度、高學歷和技術人才的人口占比都較低（Florida, 2017）。

另外，應重新分配住房補貼，向真正需要的人傾斜，更多地補貼經濟狀況較差的租房者，而不是經濟狀況較好的自有住房人群。這樣將有助於擴大租房需求，鼓勵建造更多公寓大樓並促進聚集化發展。

四　擴大中產階級群體

　　要同時實現提高聚集經濟、增加交通基礎投資，和修建經濟實惠住宅等三項措施已相當艱困，但即使如此，亦無法完全解決新都市危機。在全球化科技經濟中，製造業無法像往昔可成為中產階級的重要經濟力，社會需要更多較高收入的就業幫助人們脫貧，提高居住品質。換言之，需要共同努力把大量低薪服務業工作變成能養家糊口的工作。工資的提高雖然會導致成本上升，但同時，也能提高生產力和利潤。工資福利較差的工人缺乏工作積極性，工資低的企業往往要為高人員流動性問題付出高昂代價。相反的，待遇較好的工人工作積極性更高，還能帶來創新和生產力的提高。全球頂級製造企業很久以前就發現，支付高工資、提高員工工作參與度，可以激發創新、提高工廠生產力，對企業發展大有裨益（Womack et. al., 1990）。

　　事實上，在服務業提高工人工資也能產生同樣的效果。過去許多成功的零售和酒店管理企業，例如好市多、Zara 服飾、四季酒店等，支付給員工的工資遠高於最低工資水準與競爭對手，目的是提高員工的工作積極性與創新力，降低人員流動性和提升客戶服務水準（Ton, 2014）。支付服務業從業人員維持基本生活的工資，從而創造一個新的中產階級，因為，升級低薪服務業工作可以提高員工工作積極性，促進企業生產力與利潤提升；同時，提高服務業工人的工資能拉動消費需求，有助於經濟整體生產力和經濟效率的提升。

五　消除貧困

　　新都市危機最危險的部分，即是不管在都市地區或是鄉村地區，長期存在的貧困現象，且貧窮圈慢慢地聚集擴大。

　　貧困就是缺錢。最直接的解決辦法就是為每個人提供最低工資或全民基本收入保障。而最有效的辦法是「負收入所得稅」，將部分稅收返還給

貧困人口，滿足他們的基本生活需要。對基本收入保障項目的普遍批評是它會鼓勵懶人，但負收入所得稅則鼓勵人們工作和創業，隨著他們收入的增加，政府的支援程度逐步降低。除了消除貧困，負收入所得稅還有諸多益處，例如它為從事著養育子女、照顧生病親人等零報酬工作的人提供了支付機制。承諾最低收入還能作為低成本原始資本，給創業階段的人足夠的資金來支撐日常生活。這種收入重新分配機制，最終能發揮降低不平等和促進經濟發展的作用。利用負收入所得稅、按當地生活水準調整的最低工資，構建一個新的社會安全網，降低都市化知識經濟的不平等。然而當新經濟結構產生後，得經歷一個漫長歷程，方會出現相應的社會福利機構與公共政策，消除新經濟結構帶來的不平等，並創造強大的中產階級。

六 賦予都市與社區更大的控制權

在全世界都市化快速發展的地區打造更強大、更有彈性的都市，最關鍵的是賦予都市與社區更大的控制權，讓它們發展自身經濟、因應新都市危機。2015 年，由英國商業領袖、高級官員、經濟學家和都市學家組成的藍絲帶委員會，提出了增強都市權力的四個關鍵：將決策主體從國家政府轉變為都市；賦予都市更大的稅收和財政權力；讓都市官員進入國家代表機構，並在內閣為他們保留永久席位；設立新機構來協調對都市地區基礎設施、人才和經濟發展的投資（Royal Society for the Encouragement of Arts, 2015）。

都市、郊區和農村地區的需求差異極大，因此，需要根據地區狀況調整最低工資，制定都市政策時也應根據當地需求狀況，因地制宜。因此賦予都市、郊區和社區更多自主權來處理它們各自的問題，係為 Florida 在面對新都市危機提出的最後一個建議。

參考文獻

中文部分

杜綺文（2013）。在工業焦土上，開出未來的希望之花——專訪魯爾博物館館長。**Mot times** 明日誌。網路資料，網址：http://www.mottimes.com/cht/interview_detail. php?serial = 232（瀏覽日期：2020/5/22）。

唐燕，克勞斯・昆茲曼（2016）。文化、**創意產業與城市更新**。北京：清華大學出版社。

英文部分

Amabile, T. M., Schatzel, E. A., Moneta, G. B., & Kramer, S. J. (2006). Corrigendum to "Leader behaviors and the work environment for creativity: Perceived leader support". *The Leadership Quarterly*, *17*(6) : 679-680.

Binelli, M. (2012). *Detroit City is the place to be: The afterlife of an American metropolis*. UK: Picador.

Calame, P. (2003). *The democracy in Crumb, for a governance revolution*. Paris: Editions Descartes and Cie.

Castells, M. (2009). The urban question: A Marxist approach. Trans. by Alan Sheridan, *Planning Partnership.*

Chauncy D. H. & Ullman, E. L. (1945). The nature of cities. *The Annals of the American Academy of Political and Social Science, 242*: 7-17.

City of Toronto. (2003). *Cultural Division*. Cultural Plan for the Creative City.

City of Toronto. (2011). *John Street Environmental Assessment and Corridor Improvements*. Online document, at http://www.toronto.ca/civic-engagement/council-briefing/pdf/1-3-19. pdf. Last visit: 2020/5/24.

Dollfus, O. (1996). *The globalization*. Paris: Presses de Sciences Po.

Dollfus, O. (2009). *The world archipelago mégalopolitain*. Diplomatie Atlas géostratégique. Hors-série numéro 7.

Ehrenhalt, A. (2012). *The great inversion and the future of the American city*. New York: Knopf.

Evans, G. (2009). Creative cities, creative spaces and urban policy. *Urban Studies, 46*: 1003-1040.

Ewing, R., Hamidi, S., Grace, J. B., & Wei, Y. D. (2016). Does urban sprawl hold down upward mobility? *Landscape and Urban Planning, 148*: 80-88.

Florida, R. (2002). *The rise of the creative class: And how it's transforming work, leisure, community and everyday life*. New York: Basic Books.

Florida, R. (2003). *Cities and the creative class*. New York: Routledge.

Florida, R. (2007). *The flight of the creative class: The new global competition for talent*. New York: Harper Collins Publishers.

Florida, R. (2008). *Who's your city?how the creative economy is making where to live the most important decision of your life*. New York: Basic Books.

Florida, R. (2017). *The new urban crisis: how our cities are increasing inequality, deepening segregation, and failing the middle class and what we can do about it*. New York: Basic Books.

Glaeser, E. (2013). A world of cities: the causes and consequences of urbanization in poorer countries. *National Bureau of Economic Research, 19745*.

Hall, P. S. (1998a). Globalization and the world cities. *Globalization and the World of Large Cities*, 17-36.

Hall, P. S. (1998b). *Cities in civilization*. London: Weidenfeld and Nicholson.

Hall, P. S. (2000). Creative cities and economic development. *Urban Studies, 37*(4): 639-649.

Harris, C. & Ullman, E. (1945). The nature of cities. *Annals of the American Academy of Political and Social Science, 242:* 7-17.

Harvey, D. (1973). *Social justice and the city*. London: Arnold.

Herbert, D. T. & Johnston, R. J. (1976). *Social areas in cities: spatial processes and form*. London: John Wiley and Sons.

Hospers, G. J. (2003). Creative cities in Europe urban competitiveness in the knowledge economy. *Intereconomics, 38*(5): 260-269.

Hoyt, H. (1977). *Structure and growth of residential neighborhoods in American cities*. Washington, D. C.: Government Printing Office, 1939. London: Edward Arnold.

Jacobs, E. & Shipp, S. (1990). How family spending has changed in the U.S.? *Monthly Labor Review*, 20-27.

Jacobs, J. (1969). *The economy of cities*. New York: Random House.

Jacobs, J. (1984). *Cities and the wealth of nations*. New York: Random Houses.

Jedwab, R. & Vollrath, D. (2015). Urbanization without growth in historical perspective. *Explorations in Economic History, 57*: 1-94.

Kolko, J. (2015). *How Suburban Are Big American Cities?* FiveThirtyEight. Online document, at http://fivethirtyeight.com/features/howsuburban-are-bigamerican-cities. Last visit: 2020/5/24.

Kolko, J. (2016). *Urban Revival? Not for Most Americans*. JedKolko.com. Online document, at http://jedkolko.com/2016/03/30/urban-revivalnotfor-most-americans. Last visit: 2020/5/24.

Kong, L. & O'Connlor, J. (2009). *Creative economies, creative cities*. New York: Springer.

Landry, C. (2000). *The creative city: A toolkit for urban innovators*. London: Earthscan Publications.

Landry, C. (2008). *The creative city: a toolkit for urban innovators* (2nd Edition). London: Earthscan Publications Ltd.

LeDuff, C. (2014). *Detroit: an American autopsy*. Penguin Books.

Lefebvre, H. (1971). *Everyday life in the modern world*. London: The Penguin Press.

Markusen A. & Gadwa A. (2010). Arts and culture in urban or regional planning: a review and research agenda. *Journal of Planning Education and Research, 29* (3): 379-391.

Marx, B., Stoker, T., & Suri, T. (2013). The economics of slums in the developing world. *Journal of Economic Perspectives, 27*(4): 187-210.

Master Plan (2011). Online document, at http：//www.toronto.com/master_plan/introfiction. Last visit: 2020/5/24.

Mills, D. E. (1981). Growth speculation and sprawl in a mono-centric city. *Journal of Economic Theory, 11*: 113-146.

Murdie, R. A. (1969). *Factorial ecology of metropolitan Toronto 1951-1961*. Research Paper 116, Department of Geography, University of Chicago.

Murray, C. (2012). *Coming apart: The state of white America, 1960-2010*. New York: Crown Forum.

Organization Economic Co-operation and Development, OECD. (1982). *The OECD list of social indicators*. Paris: OECD.

Organization Economic Co-operation and Development, OECD. (1996). *The knowledge-based economy*. Paris: OECD.

Organization Economic Co-operation and Development, OECD. (2015). *The metropolitan century: Understanding urbanization and its consequences*. Paris: OECD.

Park, R. T. & Burgess, E. W. (1925). *The city*. London W. C. L.: The University of Chicago Press.

Planning Partnership (2009). *Toronto entertainment district master plan*. Toronto: Planning Partnership.

Putnam, R. (2015). *Our kids: The American dream in crisis*. New York: Simon and Schuste.

Raisson V. (2010). *2033 Atlas for the different futures of the world*. Paris: Robert Laffont.

Richards, G. & Raymond, C. (2000). Creative Tourism. *ATLAS News, 23*:16-20.

Royal Society for the Encouragement of Arts, Manufactures and Commerce, *Unleashing Metro Growth: Final Recommendations of the City Growth Commission*, London, 2015. www.thersa.org/discover/publicationsand-articles/reports/unleashing-metrogrowth-final-recommendations.

Schwartz, N. D. (2015). The Economics (and Nostalgia) of Dead Malls. *New York Times*. Online document, at http://www.nytimes.com/2015/01/04/business/the-economics-and-nostalgia-of-deadmalls.html.

Scott A. (2008). *Social economy of the metropolis: Cognitive-cultural capitalism and the global resurgence of cities*. Oxford, UK: Oxford University Press.

Scott, A. J. (2006). Creative cities: conceptual issues and policy questions. *Journal of Urban Affairs, 28*(1): 1-17.

Shevky, E. & William, M. (1949). *The social area of Los Angeles*. L. A.: University of California Press.

State of the World's Cities 2012/2013. (2013). *Prosperity of cities*. New York: Routledge. Online document, at http://mirror.unhabitat.org/pmss/listItemDetails.aspx?publicationID = 3387.

Ton, Z. (2014). *The good jobs strategy: How the smartest companies invest in employees to lower costs and boost profit*. Boston: Houghton Mifflin Harcourt.

Toronto: Urban Development Services (2002). *Regeneration in the Kings: Directions and Emerging Trends*.

Tretter, E. M. (2009). The cultures of capitalism: Glasgow and the monopoly of culture. *Antipode, 41*(1): 111-132.

UNCTAD & UNDP (2010). *The creative economy report 2010*. New York: United Nations.

United Nations General Assembly (2000). United Nations General Assembly resolution55/2, A/RES/55/2, 8 September.

United Nations Human Settlements Programme (2014). *Streets as tools for urban transformation in slums*. UN-HABITAT.

Van den Berg L. (1987). *Urban systems in a dynamic society.* Aldershot: Gower.

Womack, J., Jones, D. T., & Roos, D. (1990). *The machine that changed the world.* New York: Free Press.

Zukin, S. (1980). A decade of the new urban sociology. *Theory and Society*, *9*(4): 575-601.

第 **6** 章
創意設計與
都市空間治療

陳亮圻

6.1 創意設計與都市空間治療概論

6.1.1 何謂創意設計與創意城市

一 創意設計

● 創意設計無所不在

　　「創意設計」（creative design）一詞可能我們霎時聽聞會感覺非常熟悉，卻一時半刻無法完整描述創意設計包含的範疇到底多寬廣？創意設計所在的場域可能會超乎你我的想像，甚至透過創意設計來完成的空間、硬體設施及軟體設施，更是充斥我們生活當中。定義上，許正和及許睿昕（2011）於《科學研習月刊》中有清楚且詳盡的說明：首先，對於設計的定義，二位學者整理出顯而易見的說明，他們認為設計就是以人類的智能，運用科學的發現與理論來滿足人類生理上、心理上及社會上的需求，進而創造出符合人類需要的產品，如圖6.1 所示。設計的過程即是透過創造性的思維及解決辦法的擬訂來面對我們需求上的問題。根據過往經驗，偉大的創意設計往往都是在社會大眾尚未體悟到某種需求時，設計團隊已經敏銳地察覺到未來有此種需求的潛在趨勢，並進行設計。

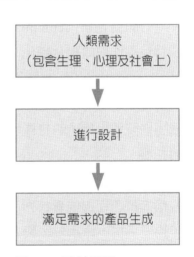

圖 6.1　設計過程
資料來源：筆者自行繪製。

　　創意在設計過程中扮演舉足輕重的角色，創意融入設計的最大原則為跳脫傳統思維習慣，充分發揮積極心理來面對設計上所面臨的困境，藉由提高創造力來協助原本已富含創造力的設計過程，能順利設計出達成需求

的新穎產品。在許正和及許睿昕（2011）的論述中，以腳踏車為例，生活於現代社會的我們，應該很難想像最早期的腳踏車是靠手拉輪子來驅動的，隨著人們的需求不斷提升，追求更有效率的設計，於是才慢慢地調整設計，在每個階段、透過不同角度的創意思維，進而演進成現在我們所使用的樣子。許正和及許睿昕（2011）也提及創意設計可被視為人類生存及發展的動力，進而影響國家發展，足以提升國力。除此之外，筆者也認為創意設計在都市空間的規劃及優化上，也是不可或缺的重要元素之一。

● 創意設計常見模式

英國學者 Cross（1997）針對創意設計，提出了他認為創意設計常見的四大模式，此論述隨後也被世人廣為贊同且大量被引述。四種模式如下所述：

1. 組合創新（combination）：指將現有技術或產品功能、原理，構造特色等面向的組合變化，來形成新技術、新式樣或新用途的創意設計產品。Cross 提出了經典例子，他以托盤說明，現今我們使用的托盤為單純的塑膠平板與塑膠袋子的創新組合。採納塑膠平板的堅硬平整特性作為基底，同時運用袋子的包覆性，設計出周圍突出的塑膠邊緣，進而形成完整的托盤。

2. 突變式調整（mutation）：指將既有技術或產品、原理，修改其某些構造特色而形成新技術、新式樣或新用途的創意設計產品。Cross 提出了椅子為例，原本木頭製方正的椅子經由突變式調整，變成現代多樣化且較為舒適的椅子。

3. 類比（analogy）：指在二個事物間進行比較，找出相似之處，而產生新的創造，類比法常被視為創意設計的基礎之一。Cross 以樹上懸吊的吊籃為例，我們參考吊籃進而設計出室內的嬰兒吊床。

4. 第一原理（first principle）：透過物質的本質或原理去思考，設計出新的創意設計。Cross 以設計出符合人體工學的椅子為例，於思考設計

階段，基礎的生物力學跟物理學就需要被列入考量。

筆者認為根據設計學中對於創意設計的模式敘述，其中大部分概念均能運用在本章著重的都市空間設計上，目前許多既有的創意都市空間也都有採納相關創意設計的思維，來設計出不同目的之創意都市空間。

二 創意城市

● 何謂創意城市

根據中國學者馬仁鋒（2012）於期刊中整理創意城市（creative city）概念的發展脈絡，他提及自 1990 年以來，全球主要大都市伴隨全球化快速進展與新型經濟快速發展，歷經巨大轉型。這些大都市在轉型期間，於特定地點興起著重創意力的產業，即創意產業，伴隨創意產業出現的新興名詞包含：創意產業（creative industries）、創意階層（creative class）、創意空間（creative space），以及創意城市等概念。而創意階層往往為城市或區域帶來商業活動，以及推動區域經濟的快速增長。我們可發現，創意階層與創意城市之間的互動及影響是密不可分的，創意階層因經濟而聚集形成創意城市，而創意城市的優勢又會吸引更多創意階層前往該城市定居或工作。

中國學者肖雁飛、廖雙紅（2011）於《創意產業區：新經濟空間集群創新演進機理研究》一書中，整理出創意城市理論知名學者 Charles Landry、Richard Florida，以及 Edward Glaeser 等重要學者對於「創意城市」所提出的核心內容：(1) 以文化經濟和以創新為主的研發經濟構築了創意城市的經濟基礎；(2) 文化多樣性與多元社會空間場所是創意城市的顯著空間特性。由此明確闡述，我們可以清楚了解多元的文化、富含創意性的文化及藝術產業，是組成創意城市的重要因素。

● **創意城市與都市空間互動關係**

　　本章於此談及創意城市的相關概念，是因爲筆者認爲創意城市的特性較能伴隨創意都市空間的存在，更是相互輝映的關係。因創意城市聚集較多創意階層，使創意城市因此具有社會文化的多元性與開放性，而社會文化的多元性更是能激發出創意階層於設計創意空間時的靈感，是不可或缺的要素之一。創意階層的參與若能結合該地區在地化的元素，想必能設計或規劃出引人注目，且符合大多數都市居民使用需求的創意都市空間。因此，我們可以推想，創意城市中的都市空間的設計與規劃，應是我們可以學習或仿效的方向。

6.1.2 空間治療概念

一 何謂空間治療

　　「空間治療」（environmental therapy）爲一新興名詞，藍麗娟（2012）在《天下雜誌》專欄文章中，寫下透過訪問國內環境心理學學者們的經驗分享，進一步對空間治療以較爲容易理解的論述，說明在都市生活中接觸大自然，包含爬山、散步等就是一種空間治療。的確，透過與自然空間或是都市空間的互動，其互動的結果對於該個體或該族群有益，我們即可稱之爲一種「空間治療」，包含恢復能量、減少疲憊感、提升自我肯定等療效。空間治療概念源自於心理學的其中一門學問——環境心理學，於 1950 年代後期才開始逐漸被關注且探究。起初環境心理學的觀念尚未被普及使用及討論，國內狀況亦是如此。提及環境心理學領域，國內任教於國立臺灣大學建築與城鄉研究所的畢恆達教授，爲開啓大家對於環境心理學有初步認識的重要啓蒙老師之一。畢恆達在 1989 年即撰寫〈環境心理學研究資料引介〉乙文，完整歸納環境心理學演進跟相關理論基礎，供相關領域研究員及學生可以更加認識環境心理學。畢恆達更在文

章中提及環境心理學確實是一門包含多學科性質的專業領域，若讀者有興趣，可以延伸閱讀〈環境心理學研究資料引介〉。畢恆達更曾表示自然環境與人的心理健康很有關係，同時也肯定空間治療的效果。

二 空間治療發展

承前一小節所述，環境心理學於 1950 年代後期才開始發展，而「空間治療」一詞正式出現於文獻中，為 1962 年出版的《*Ego and milieu: Theory and practice of environmental therapy*》。此書為社會心理學家 John Cumming 及 Elaine Cumming 所撰寫，內容包含空間治療的理論及實務應用，提及空間治療如何針對精神疾病、退化造成意識混亂的長者或腦傷患者來提供協助，可發現書中在描述上仍然是使用「patient」一詞，也就是以病人為主角來論述。內文中的理論論述，也相信可以透過空間治療來改變病人特定行為，或改變病人的個性。透過此經典著作，我們可以了解到，在當時環境心理學發展的同時，空間治療的概念也正以較接近醫療領域，或是偏向治療方向在執行。「空間治療」運用在以醫療為出發點的著名例子，為源自荷蘭的「多感官訓練」（multisensory environment），或稱為 Snoezelen。「多感官訓練」在發展階段也是承襲 1960 年代環境心理學的概念加以修改，讓環境或空間更加的多元化，並且增加空間內的感覺刺激。根據美國心理學者 Staal 及他的團隊（2003），於探討多感官訓練對於失智症個案的療效研究中，整理到多感官訓練為透過視覺、聽覺、嗅覺、觸覺等來自空間的感官刺激，來減緩不正常張力變化、減低個案焦慮情緒、提升注意力、加強人際互動。多感官訓練對於失智症族群、特教學生，以及相關精神疾病患者有顯著正向的助益。

近年來，「空間治療」的其中一個類別——「園藝治療」，也逐漸在臨床上被運用來治療個案，獲得相當程度的正面效果。除此之外，國內外也有許多醫療院所採取「空間治療」的概念，把以往較為單調且較為生硬的醫院室內環境改造成有大自然元素、大自然景色，或是仿效家中較為暖

色系的裝潢，來讓住院病人除了可以得到生理上的調養，同時也能協助心理上的健康促進。經過實際執行後，往往收到很好的成效。在醫療和治療場域收到不錯的成效後，我們不禁可以思考：若能將「空間治療」的想法落實在平日我們所生活的都市空間中，是不是能幫助更大的族群呢？甚至能否達到預防相關生理、心理疾病的效用呢？

6.1.3 從醫療場域到都市空間

一 讓空間治療效益最大化

於上述提及的經典著作《*Ego and milieu: Theory and practice of environmental therapy*》裡，有提及空間治療概念可以運用在比較狹義的個體上，或是較爲廣義的一群人中，但此提及的一群人仍爲特定的小團體，且偏向特別召集具有相似條件的一群人，目的是爲了達到對於特定族群治療的效用。若我們將空間治療的概念廣泛地融入在都市空間的規劃上，透過都市空間開放性的特性，應可以期待此作法對於更多都市族群的協助與「治療」。美國知名都市計畫學者 Kevin Lynch 認爲，都市規劃與設計不應只是建立在歷史與美學的基礎上，而應著重使用者的環境知覺與反應，強調人與環境互動的環境心理學著實重要。在都市的空間中，目前大多數關於空間治療的成功案例多爲保留大自然的元素，來緩解都市中緊湊的氛圍。臺大建築與城鄉研究所畢恆達教授也曾於受訪時提及，早期都市設計與規劃，比較強調功利與實用性，因此，都市規劃時常將人們本來應該享有的大自然排除到都市之外，而此種情形，畢恆達表示國內外狀況皆然。回顧國內現有期刊論文，發現提及空間治療一詞的論文仍是少數，陳坤宏（1999）於《臺南西區運河周圍地區生態社區空間營造之研究》乙文中提到「空間治療」概念，他認爲「空間治療」除了自然環境外，還可以包括人文環境，例如古蹟、典雅的古厝、老街與倉庫、溪流河川、空間軸線及層次感等。由此可見，空間治療用於都市空間設計與規劃

的範疇可說是十分寬廣的，其中的彈性也非常大，值得我們進一步探索。

二 治療居民也治療都市

「都市空間治療」不僅可以對居住與此都市的居民產生好的助益，同時透過良好且富含創意的都市空間，也能對都市本身有療癒效用。根據國立臺灣大學建築與城鄉研究所黃舒楣（2014）整理文章指出，「都市針灸」（urban acupuncture）這個新興名詞出現，給我們於都市空間概念認知中增添新想法。黃舒楣指出，都市相關論述中常以病理現象或醫療行為，來隱喻比擬都市空間狀況及因應對策，而都市針灸正是欲表達透過都市設計、空間規劃及設計，對整體都市進行治療。其中許多以都市針灸的概念運用在都市再生的處理上，解決了很多都市中閒置或老舊的區域，但是她也有提及規劃時的注意事項，她觀察到許多進行所謂都市針灸的空間或區域，常常都市空間的受益是相對短暫的，若居民或人潮不再，那空間很可能又重回原本的狀態。對此現象我們確實需要於設計或規劃上一併考量，如果以空間治療為出發點，筆者認為也許能避免進行都市再生時的短暫性，因為都市的空間確實對於居民提供了正向療癒功用，所以可以提升居民對於這個空間的依賴性，增加互相治療的良性依賴關係，開啟永續發展的濫觴。

6.2 創意設計於都市空間治療上的應用

6.2.1 從歐美國家成功案例中學習

一 芬蘭跨世代公園

在重視社會福利制度的北歐國家中，政府對於兒童及高齡長者的福利制度及設施十分健全且高度發展，身為北歐國家之一的芬蘭也不例外，在

這樣的國家社會氛圍下，我們可以從其中成功案例裡截取許多寶貴經驗及創新的思維。公園是現代化都市中不可或缺的綠地空間，從上節都市空間治療概念相關回顧中，我們可以發現大多數的都市空間治療設計及規劃還是以提供大自然元素為主，來緩解都市相對快速及高壓的生活步調。遵循這樣的脈絡思維，公園空間自然就是我們都市中最好著手設計的空間。在許多公園中，位於芬蘭北部首府的羅瓦涅米（Rovaniemi）中央運動公園具有非常獨特的設計，為特別的跨世代公園，或稱為所有年齡層共用公園（three-generational play），意指公園空間中的設施及規劃是適合不同年齡層族群可以同時使用，甚至還能提升彼此間互動的空間設計。

　　羅瓦涅米為芬蘭北部的首府，重要政府單位均位於此都市，且因靠近北部極光區，旅遊業也十分發達，羅瓦涅米都市內的建設因此也日趨現代化，公園綠地的需求在此區域當然就有其必要性，尤其此空間又位於都市的中心。此座中央運動公園是由知名芬蘭遊樂場製造商 Lappset 所建造完成，設計之初就秉持著以支持高齡長者積極參與娛樂，和提升世代共融的最高原則來建造這個都市空間。當地的「共融式設施」，其設計分齡成幼童、學齡、健康高齡者、亞健康、失能者、復健期及衰弱期，分類及設計非常到位。參考 Lappset 官方網站的介紹，我們可以發現高齡長者使用的區域與適合兒童的設施是融為一體的，若是家庭一起前往使用，大家可以同時執行簡易運動或進行同樂活動，不會有任何一方需要暫停自己的活動來照顧長者或兒童。除此之外，我們可以看到在中央運動公園中的運動及健康促進設施，都是經由特別設計而產生的，用以提高使用者安全性及便利性，像是原本單純的單槓會增設固定式座椅供高齡者來使用。在設施的外觀上也非常具有巧思，運用明顯的亮色系來進行塗裝，可以提升高齡族群視覺判斷，避免因對設施的相對位置有錯誤判斷而產生跌倒風險。也可以觀察到有針對提升高齡者協調動作及平衡能力的新穎活動設施，像是可以透過雙手來控制類似電流急急棒的器材，以及波浪狀起伏的走道讓高齡長者可以輕扶扶手行進，訓練平衡能力。

　　芬蘭此一「跨世代公園」為很好的空間治療的例子之一，除了在都市中建立適合都市居民的綠地，提供自然景觀的放鬆效用外，透過增加不同年齡層的使用率及可及性，可以顯著提升都市人口的運動頻率及意願，進而落實都市居民的健康促進。在運動設施方面，在中央運動公園的設計上，我們可以發現其中有運用上節提及創意設計中突變式調整的方式，將原本適合健康成年人的運動設施做些微調整，就能適合不同的族群使用，說明了即便是些微的調整，對於該都市空間普及性及相容性的影響，是遠遠超過我們所預期的。

二　德國柏林普瑞茲菜園

　　有別於一般都市公園的建造，位在市中心的普瑞茲菜園（Prinzessinnengarten）是由民眾共同打造的都市綠色空間，此原位於莫里茨廣場（Moritplatz）路口的空地已閒置近 50 年之久，且堆滿廢棄物。2009 年開始，一些年輕人與都市居民共同著手整理這塊土地，把荒地改造為都市農園，建造有機蔬菜園，種植本地生產的草藥和蔬菜，堅持不使用任何農藥或人工肥料。普瑞茲菜園不只是菜園，更是都市居民互相學習的場域，人們在此交流、耕種、共食，使用者主張在都市中也有權利實踐永續生活。除了透過「園藝治療」的都市空間治療外，普瑞茲菜園更能持續地吸引大家的共同參與，兒童、附近鄰居、相關專家可以聚集在一起，探討柏林的另類願景。

　　都市居民對於永續經營這塊都市綠色空間的決心，可以從許多園藝教室或工作坊的規劃中觀察出來，甚至工作坊的主題也跨及到分享成功社區設計的經驗，在地的居民更是樂意與世界各國前來的遊客分享這個屬於他們自己參與打造的都市綠色空間。金融危機之後，德國柏林的土地價格暴漲，位於市中心的普瑞茲菜園也不例外，土地價格上漲了 10 倍之多。菜園所在的莫里茨廣場是當今柏林最昂貴的地區之一，所以也面臨到政府須回收這塊用地進行新的都市規劃。菜園的使用者及居民積極地向市政府

提出請求,希望暫時停售這塊土地,爭取穩定租約來延續經營。而根據其官方網站消息指出,從 2019 年 12 月 6 日起,普瑞茲荣園又延長使用權 2 年。這個創意的都市空間,對於附近市中心居民的空間治療是大家有目共睹的,更難能可貴的是,該空間原本是都市中的廢棄場域,成功的創意經營,不僅治療了居民,也同時治療了柏林市中心。我們可以預期此成功經驗,使得政府當局應該暫時還不會立即對該創意空間做出完全抽離的安排,不論之後普瑞茲荣園是否還能存在於國際大都市之一的柏林中,但其成功的貢獻已名留青史。

三 丹麥哥本哈根 Superkilen 公園

　　Superkilen 公園位於丹麥哥本哈根的諾雷布羅區。諾雷布羅區一直以來存在著許多的社會問題,不僅有持續的社會犯罪問題,同時也因該地區有著多元族群的居民及外來移入人口,所以種族議題也一直困擾著該地區。2006 年時該地區還曾有暴動發生,在歷經不斷的暴動後,政府當局決定著重於重新創建都市空間以促進種族、宗教、文化及語言之間的融合。公園的建立由相關藝術團體,以及德國的景觀設計公司共同設計籌建,希望藉由該地區多元族群的特性打造世界博覽會的概念,歷經前後 6 年時間,公園成功於 2012 年正式對外啓用。園區內包含三大主要區域,為以黑色為主、紅色為主及綠色為主的區域,分別代表都市現代生活及自然景觀色調。著名的景點為黑色區域中白條紋的黑色路面,以強烈的視覺感官引導到異國風味的摩洛哥噴泉,一氣呵成。或是可以看到高齡族群在紅色區域中悠哉地散步,或是乘坐在鞦韆上談天。除了歐洲國家風情的公共藝術品羅列外,亞洲文化也存在公園中,像是日本章魚即為公園內典型公共藝術品之一。Superkilen 公園不僅將可以被療癒的居民範圍擴大,更能成為不同族群相互學習尊重的國際平台,近年來也吸引各國的遊客前往參觀。

四 美國波特蘭 Memory Garden

位於美國波特蘭的 Memory Garden 爲美國國內少數以「記憶花園」爲主題的公園，更是這類主題公園中唯二建立在國家公有土地上的成功案例。Memory Garden 的建立起源於 1999 年，爲了紀念百周年而發起的一百座公園、一百個城市計畫。根據學者 Horowitz（2012）的文獻回顧指出，Memory Garden 設計時，主要希望能以豐富的植被及友善的空間規劃，來療癒失智症族群及其他相關記憶失調的個案，而公園隨後不僅提供失智症族群安全活動的場域，也逐漸提供當地居民非常舒適且富含特色的運動休閒場域。Memory Garden 現爲所屬當地政府的公園與娛樂部門所管轄，當初建立時更是跨團隊的合作，包含失智症協會、美國建築師協會，以及波特蘭州立大學的高齡社會設計中心協同著手設計打造。公園內的植物均經過巧思設計而成，目的是希望能帶給使用者新的愉快回憶，且能激起長者過去的快樂生活經驗，所以多樣化的植物會隨著季節變換而呈現不同的樣貌及色彩。公園裡除了植物有經過用心設計外，園內的椅子也相當充足，對於長者在欣賞植物自然景觀上非常便利且安全，是非常值得學習的安排。

五 The Nest Project 都市鳥舍

The Nest Project 爲最近較爲新穎的都市設計之一，在現代化都市中多出些許五顏六色的簡易鳥巢，爲都市增添不一樣的自然風味。The Nest Project 活動爲 Robin Howie 設計，活動設立初衷希望可以讓每一位都市居民參與其中，爲自己所居住的市容盡一份心力，並且透過參與活動減輕自己於繁忙都市生活中的壓力。這些臨時小型鳥舍，任何人都可以透過申請進而在他們的所處城市中放置，除了爲鳥類提供巢穴外，Robin Howie 還希望這些鳥舍能突顯都市環境中大自然元素的缺乏。現已能在倫敦的街道上看到部分的簡易鳥舍，鳥舍位於燈柱中、燈柱旁、圍牆上，以及告示牌的柱子上。此活動固然可以爲都市居民帶來療癒效用，然而其數量如果

快速增長，或不再使用的鳥舍是否有造成都市垃圾的疑慮，是我們未來須持續觀察的面向。

6.2.2　借鏡日本智慧

一　墨田區京島市的 Kirakira 橘商店街照顧咖啡館

　　位於東京墨田區京島市的 Kirakira 橘商店街，是代表昭和時代市中心的購物街道，商店街的建築物也因未受到關東大地震和東京空襲的影響而聞名，常常作為電視劇拍攝的場景。因鄰近火車站，且為重要交通樞紐的緣故，此具有歷史味道的商店街至今仍有一定規模的商業活動。然而隨著消費型態的轉變，較為老式的商店街，其繁華程度多少還是會受到影響，商店的更替時常發生，但在地人的消費仍然可以維持商店街的基本活動。東京墨田區位於東京東側地區，以東京晴空塔而聞名，同時也是東京領先的製造業城鎮之一。然而，墨田區的製造業持續在萎縮，也面臨到人口高齡化、人力資源短缺和環境變化等問題。

　　位於 Kirakira 橘商店街的「照顧咖啡館」，是近年由從事老人醫療和護理支持的公司 Create Care 所打造，根據公司代表渡邊先生於 Kirakira 橘商店街照顧咖啡館的官方網站中提到，當初會選擇這條商店街，便是因為該地區高齡人口比例高，且又具有商店街的歷史意義，對於在地長者前往咖啡館參觀及諮詢是很方便的。護理背景出身的渡邊先生秉持著想要擺脫傳統醫療場域的服務跟諮詢模式，認為若是要前往制式化的照護中心或醫院了解相關資源或進行諮詢，可能會讓許多長者打消念頭，這樣的狀況很有可能會錯過第一時間的服務。因此，他想到將照護及醫療的諮詢與照護資源媒合融入咖啡館的經營形式，成就新興的創意都市空間，提供給都市居民彼此可以交流、向專業人員請益的友善空間。除了在運作模式創新外，在店面空間的裝潢上也融入原商店街的風格，可以讓附近都市居民不會對該空間感到不習慣，又可以為原本經濟活動較為趨緩的商店街注入新

血，活絡當地的在地商業行爲。

這樣的新興創意空間是大家所樂見的，所以，當初「照顧咖啡館」申請進駐橘商店街的時候，商店街自治會特別降低租金爲定價的四分之一，來促進照顧咖啡館的落成。這樣的空間不僅可以爲都市中的長者或是有照顧需求的人提供服務，同時也能有預防性治療的功用，照顧咖啡館可以利用長者外出購物、用餐、駐足閒聊的機會，辨認需要社會福利介入的早期需求。

6.2.3 臺灣案例及反思

一 臺南市水交社公園

水交社公園位於臺南市的南區，爲原眷村所在區域，臺南市政府將原有建築古蹟保存，並於公園園區內增設行人步道、植栽，以及進行景觀美化。除此之外，有新增建涼亭，增加和重新整理既有的硬體設施，使水交社公園適合各年齡層的居民進行使用及從事活動。相較於新建立的其他都市公園，水交社公園並沒有特殊的硬體設施，但出乎意料地，我們仍可以看到高齡長者充分地使用公園中的遊戲設施（照片 6.1）。對於在地的高齡長者來說，水交社公園經由重新整理後，仍保留過去長者年輕時的共同記憶（照片 6.2），可以增加長者們來公園進行運動及與其他居民進行簡易社交活動的動機，對於高齡長者來說無疑是「都市空間治療」非常貼切的體現，同時，其他都市中的市民也能有機會感受眷村的濃厚氛圍。

二 臺南市大恩特色公園

近年來全臺各地的特色公園因地方政府積極規劃及鼓勵，數量有逐漸攀升趨勢。大恩特色公園爲近 2 年來臺南地區特色公園傑作之一，位在臺南市南區大恩里活動中心旁的公園園區，因鄰近空軍基地及臺南航空站，故公園設計以飛機爲主題，導入航空意象，爲大恩公園內許多設施增

照片 6.1
臺南水交社公園

照片 6.2
臺南水交社公園，保留原眷村建築物

照片 6.3
臺南大恩特色公園彩繪

照片 6.4
公園中五顏六色長椅

資料來源：陳亮圻拍攝，2020 年。

添特色。進入大恩公園主要遊戲區前，映入眼簾的即是富有航空意象的彩繪，包含五顏六色的鯉魚旗、熱氣球及飛機圖案（照片 6.3）。在遊戲設施設計上也有許多巧思，像旋轉飛機以旋轉木馬為雛型，飛機模型位於旋

轉軸心;直升機腳踏車則是適用於大人或小孩,以直升機的外型加上腳踏式座椅,模仿可以發動運轉的直升機。其他特色遊戲設施還包括熱氣球彈跳床及太空梭鞦韆,都是以飛行器為主軸來設計,而其中我認為大恩公園有些許特點,符合上述提及芬蘭所有年齡層共用公園的設計概念,在公園的寬敞廣場中有著顏色鮮明的座椅供長者乘坐休息聊天(照片 6.4),鮮明顏色的設計可以提升長者在使用上的安全,避免因視覺不佳而產生跌倒風險,我們確實可以觀察到座椅的使用率是不錯的。除此之外,洗手台的設計也採用古早味手壓幫浦的設計打造,可以與高齡長者生活經驗有強烈連結,提升使用率。因此,大恩公園已成為都市中三世代共存的家庭可以共同前來活動的都市療癒空間。

三 臺南市永康祥合公園

位於臺南永康區的祥合公園,於 2019 年才正式對外開幕,位於人口非常密集的永康區,隨即可以看到許多都市居民的踴躍使用。在商業大樓及住宅高樓環繞下,祥合公園就像是都市中的綠洲一般(照片 6.5),為市容注入新氣象。祥合公園原址名為基督教橄欖山營地,是由內地會美籍傳教士魏德凱夫婦所創建,他們於 1953 年到達臺南宣揚上帝福音,於 1956 年魏德凱夫人罹癌而返美國治療,在治療期間有許多捐款給予夫人作醫療使用,而魏德凱先生除了部分用於治療夫人外,也將大部分經費購置原址土地,並於 1958 年興建基督教橄欖山營地,60 年後臺南市政府徵收此地闢建公園,命名為「祥合公園」。

沿著小山坡打造而成、超長的地景式溜滑梯,成為永康祥合公園的招牌特色(照片 6.6),全長 12.5 公尺的長滑道,可以讓使用者體驗從山坡往下溜的趣味,滑道中間也有樓梯可以供使用者行走,滑道下方為無障礙沙坑,在平日午後,可以看到都市居民們踴躍使用的情形,而使用者的年齡層從年幼的小朋友到長者都有,為一新興的「共融式遊戲場」。在無障礙的硬體設施設計上,Z 字型的滑坡道也是永康祥合公園的巧思之一,

Z字型的設計可供輪椅上下通行，增加都市行動不便長者及行動不便身心障礙者的便利性。祥合公園的建立，提升了許多都市居民運動及活動的機會，確實可以促進都市居民的生理健康，而公園綠地的建置也能讓都市居民達到心靈的療癒效用，尤其在臺南市人口密度極高的永康行政區中，更是都市中不可或缺的設置。

四 臺南市府安公園

位於臺南市安南區九份子重劃區中的府安公園，為該重劃區三個公園中的其中一座。九份子重劃區以低碳生活家園作為重劃區規劃方針，公園綠地的重要性可見一斑。府安公園確實有運用共融式遊戲場設計理念，設立讓孩童使用的活動設施，也有無障礙空間的規劃，在高齡長者活動設施設計層面，也有著重安全且簡易使用的運動設施，像是扭腰器及雙人漫步機等設施（照片6.7）。透過創意運動設施的運用，可以增進高齡長者運動的機會，也能達到預防生理機能退化的目的。除此之外，與上述案例臺南大恩公園設計有極為相似處，即是均設立顏色鮮明的座椅及休憩區域，供都市長者安全地休息及行走。然而，在府安公園案例中，我們可以看到未來需要多加注意的層面，在開放使用時間不長的府安公園中，我們觀察到入口意象的招牌已經被叢生的雜草所遮蔽。於此都市空間案例中，我們可以發現創意都市空間設立固然重要，但是，空間的維護及保存，更需要地方政府及都市居民共同努力，才不會讓近年來如雨後春筍般出現的都市創意空間，於治癒都市居民的過程中打了折扣。

五 新北市中和區錦和公園

根據2020年6月27日《中國時報電子報》報導指出，新北市首座「全齡公園」正式啟用。在2019年時，新北市政府團隊前往北歐國家學習「全齡公園綠動服務」執行，之後終於在2020年3月錦和公園正式開啟試用，在試用期間，新北市居民反應非常好。「全齡公園」的概念正是上述芬蘭

照片 6.5
臺南永康祥合公園

照片 6.6
臺南永康祥合公園地景式溜滑梯

照片 6.7
臺南府安公園中的高齡運動設施

資料來源：陳亮圻拍攝，2020 年。

　　跨世代公園的設計理念，錦和公園內的運動設施及健康促進儀器一樣都有符合創意設計，將原本健體的設施經由構造的創意調整，讓高齡長者更能無障礙地使用。而設施構造的外觀顏色也十分明顯，可以預防長者使用時發生危險。除了在硬體設施的創意設計外，新北市政府在錦和公園的設計更為全面，加上了運動設施正確使用的說明影片，以 QRcode 形式供各年齡層使用者觀賞，為了提升觀賞的便利性，更有智慧型裝置 APP 的管道

可以學習。軟體方面，除了有完善的介面跟平台可以提供使用者了解正確的運動方式外，更有經過培訓的運動指導員及志工，可以協助對於資訊產品使用方式不熟悉的高齡長者，進行運動指導。

六 臺灣都市公園空間發展

臺灣的都市公園綠地發展可說愈來愈健全，在六都的都市場域中隨處可見公園的存在，而近年來更能發現創意設計的公園空間也廣受都市居民的青睞。臺灣都市公園創意空間發展良好，除了軟硬體設施的完善外，配合都市中不分年齡層的高頻使用率，更能顯得都市中空間治療的重要性，尤其在高齡長者的使用率上，更是受到日本專家學者的肯定。日本諏訪中央醫院名譽院長鎌田實曾來訪臺灣，並因緣際會下實地走訪臺灣都市中的公園綠地，令鎌田實感到訝異的是臺灣高齡長者在都市公園中頻繁活動的盛況，他也提及這是日本國內比較少見的情形。確實，我們可以觀察到都市公園中高齡長者活動形式不會侷限於運動設施的使用，也包含自發性的團體運動或是普遍的聊天社交行為，這些活動都是對於都市中高齡長者非常好的空間治療。相信未來臺灣都市中的創意空間會愈來愈多，能因這些空間受惠的都市居民數量也會持續上升。

6.3 如何將創意設計融入長期照護

6.3.1 照護與創意社區設計淵源

一 共同淵源

如果經由表面字詞理解，我們可能無法將照護與創意社區設計的想法搭在一塊，然而，在近代的照護發展上，照護與設計確實是互相影響的，甚至其中也歷經許多磨合，才逐漸地產生許多新的發想和作法。在淵

源脈絡整理上，日本近代著名社區設計師及社會福祉士山崎亮整理得十分詳盡。山崎亮於 2005 年成立從事社區設計的公司 Studio-L，前後 15 年間參與規劃了許多著名社區設計成功案例，富有業界實務經驗的他現爲慶應義塾大學特別招聘教授。參考由山崎亮原著、曾鈺珮翻譯（2019）《打造所有人的理想歸宿：在地整體照顧的社區設計》書中內容，19 世紀後半的英國及 20 世紀前半的美國，在照護與創意社區設計的互動上是相對較爲傑出的。其中著名的代表爲發起美術工藝運動的 William Morris，以及慈善家 Octavia Hill，他們不僅富含設計天分，同時也對社會議題十分關心。回到社區設計範疇，與我們提及的空間概念相仿，該空間或社區需要永續經營，都是需要都市居民有較高的參與意願，若無法吸引都市居民主動參與，不論是專業合作或是居民參與都較爲難以實行。

二 照護與設計

　　重視在地老化觀念的日本早已開始推行在地整體照顧，山崎亮看到政府開始推行此政策，意識到照護也慢慢地從個體化走向整體思維，照顧的範圍不單純侷限於個體或個人，而是整體地區，而他認爲這正是與他長年來在執行的「社區設計」（community design）有所連結，此邏輯更與他所學習到的英國及美國照護與設計共同淵源的發展相呼應。他認爲社區設計概念應建立在社區營造的概念上，成功的社區設計應與地區中的居民一起，設計地方未來的共同空間及規劃發展。社區設計的規模小至與市民共同創作藝術作品或裝置藝術，大至與居民一起設計公園或是社區活動中心，都算是社區設計的範疇。對於山崎亮在實務經驗上的轉折，筆者認爲也是非常值得我們未來學習的方向之一。對於景觀設計出生的山崎亮來說，在工作初期，他認爲可以爲個體個案或群體案例規劃出理想空間規劃及創意設計圖，對於個案來說是最好的社區設計，慢慢地，他逐漸發現，比起畫出來的設計圖，真正價值更高及更永續的是過程中人們建立起來的連結，包含居民與居民間、居民與設計團隊間等關係。

　　山崎亮觀察到在設計階段，如果提供機會讓居民們有機會可以一同參與討論，當社區設計的空間完成後，居民們對於自己有參與其中的共同設計作品往往認同感會大量提升，並顯著增加後續使用的頻率，如此一來，更能提升空間與人的連結。筆者認為這樣的想法確實非常值得我們學習，尤其居民們的參與能增加創意設計的可能性，設計團隊可以有多方的思維刺激，可以增加形成創意設計的想法，再者，可以透過居民們的共同設計，找出設計上可以修飾成更適合在地背景文化的產品。原專業設計團隊的設計規劃固然完整，但可能會面臨到不完全適用於該地域的狀況，若能經由居民們的經驗分享，可以增加設計與該地域的相容性。這樣的社區設計或空間設計作法，不論是設計過程或是設計產品，都是富含創意性的。談及照護，固然與設計關係密切，山崎亮也提出非常值得我們效法的觀念：若是以我們所預期的在地整體照顧健全發展為主要考量，照護與設計的比例須拿捏妥當，社區中需要接受協助的人與有能力提供協助的人是並存的，而在需要協助的族群中，又可分為需要部分協助或是需要完全協助，一般來說，大部分個案需要的是部分協助。我們可以從山崎亮的日本案例經驗中了解到，若社區的空間及社區的設計僅是單方面由地方政府或民間團體給予協助規劃，有能力提供協助的居民無法協助其他需要部分協助的居民，也會影響有能力提供協助者的熱忱，最終導致有創意且規劃良好的社區設計使用率大為降低。因此，除了居民有機會參與共同設計外，居民間的互助模式也是當代社區中很好的正向循環。

6.3.2 長期照護與創意社區設計成功交會

一 日本有馬富士公園

　　討論到長期照護與創意社區設計成功交會的案例，位於日本兵庫縣三田市山坡的縣立有馬富士公園，是健康高齡長者及亞健康長者族群在長期照護上很成功的案例，同時有馬富士公園也是透過創意設計而與鄰近社區

成功連結的人性互動公園最佳案例。近年來開始採用市民參與型的公園管理模式明顯地提升了居民的互動，占地非常廣闊的有馬富士公園內擁有活動中心、自然學習中心、自然生態園區，以及兒童遊樂場等設施，起初與鄰近的兵庫縣立人與自然博物館常合作規劃活動，但參與的人潮並未達地方政府的期待數量，後來開始決定嘗試市民參與型的公園管理模式後，山崎亮獲邀並前往討論如何執行。後來有馬富士公園成功的作法，以及山崎亮與其團隊共同討論出來的巧思值得我們作為學習方向，他們學習迪士尼樂園為人所津津樂道的經營模式，在一個空間中，除了空間管理者及使用空間的貴賓外，迪士尼樂園多了不可或缺的要角，空間中的演員。在迪士尼樂園裡，演員有著多樣化的身分，包含傳神的卡通人物、音樂演奏工作人員、票務人員及動線指引人員，都可以是帶領遊客或是使用者進入卡通夢幻國度的重要角色。

　　有馬富士公園的創意設計方針，是希望除了設法新增像樂園中的演員進來這個社區空間外，也希望演員及原本使用者同時也都是公園的共同使用者，這樣才能讓公園的使用者日益增多。設計團隊與地方政府也有思考到若要仿效樂園的經營模式，將演員納入公園的經營規劃，會面臨到公園中的演員無法有相對應報酬的問題，後來設計團隊便廣邀各年齡層、各族群的非營利組織，加上當地鄰近城鎮的居民團體，以不同形式、不同規模的表演或活動方式來扮演上述樂園經營中演員的角色，成果也相當不錯，每年使用有馬富士公園的人數是逐年攀升的，也增進了附近居民對於共同經營公園的認同感。於此案例中，我們發現透過創意的經營模式可以為原本一般的都市公園帶來不一樣的生機，若回到長期照護的想法，有馬富士公園成功的經營，讓鄰近的健康高齡長者，以及亞健康的長者都能享受到參與感，找到在高齡時期的自我肯定價值，如此的收益可以達到延緩老年居民退化，以及促進健康的效果。

二 日本綜合照顧中心 —— 辛夷園

　　上述成功案例可以作為社區設計中，長期照護對於健康高齡族群受益的詮釋，而日本的辛夷園則是對於需要部分照顧的高齡長者與社區設計連結的經典案例之一。辛夷園是以小規模多機能型居家照顧為基礎而發展出來的支援中心，支援中心與傳統的照護中心或機構有所差異，不像機構規模這麼大，也不需要因入住機構而讓長輩往郊區移動，取而代之的，支援中心坐落在都市中、城鎮中。辛夷園的規劃方式便是以支援中心模式融入社區中，而不會像傳統的照顧中心或機構獨立於社區之外，辛夷園的支援中心建立與原本社區相符風格的建築物作為長者生活的空間，同時保留門牌的設計，不像一般照顧中心有著類似醫療單位的建築體及硬體構造，讓生活於該社區的居民不分年齡層都不會有排斥感，甚至可以融入其中。支援中心的模式，使居民有很大的機會讓自己的長輩住於自己的社區，另一特點，除了少數較為重症的長者外，支援中心與社區的互動是不會受時間所約束的。在辛夷園的案例中創意的設計出發點其實很簡單，讓規劃及設計的團隊以自己要居住為設計原則。固然辛夷園成功與社區結合值得我們學習，但以自己要居住為設計理念會需要耗費相對較高的成本，另外會面臨到的問題包含支援中心的土地取得及建物的建造，都需要相對鉅額成本，所以，若要試圖解決可能會面臨到的困境，現在就可以讓社區中的居民參與其中，例如志工服務。如果可以透過服務長者而肯定這樣的模式，我們便可以預期讓社區中青壯年人口信任這樣的模式，部分居民也許就會開始為自己將來高齡階段作投資，來支持支援中心這樣的形式。

6.3.3 創意的機構與服務

一 長照十年計畫 2.0

　　長照 2.0 在臺灣如火如荼的執行當中，政府的宣傳及落實著實於近年來提供了許多家庭協助，長照 2.0 的初步成效是國民有目共睹的。長照服務主要分為四大類，包含交通接送服務、輔具與居家無障礙環境改善服務、喘息服務，以及照顧及專業服務。而照顧及專業服務又分為三類，分別為居家照顧、社區照顧及專業服務。長照 2.0 也與上述日本發展模式相仿，著重社區整體照顧模式，並於各鄉鎮設立「社區整合型服務中心（A）」、「複合型服務中心（B）」以及「巷弄長照站（C）」，建立以社區為基礎的長照服務體系，並規劃推動試辦社區整體照顧模式。我們於探討如何讓創意思維及設計為長期照護加分，主要可以從二大範疇著手思考，包含機構層面以及服務面向。

二 創意進入住宿式服務機構

　　住宿式的服務機構往往被需要受照顧的高齡長者所排斥，這是可以理解的，幾乎每位成年人都不會喜歡長時間住在單調且類似醫療環境的場域，更何況是高齡長者。然而，住宿式服務機構仍有其必要性，如果長者的照顧者需要上班，無法協助照顧，且長者也排斥外籍看護的幫忙，勢必還是需要選擇機構居住。面對目前臺灣多數的住宿式服務機構形式現況，筆者認為我們可以學習日本支援中心的部分設計原則，來減緩臺灣高齡長者對於機構的陌生感，機構應針對該地區及鄰近區域的文化背景特色，來作為機構內的擺設及裝潢，讓住民可以體會到與過去生活經驗連結的熟悉感。在機構的軟體執行方面，可以增進與附近社區居民的連結性及互動機會，讓居住於機構的年長住民們不會感受到自己是與社會或是社區脫節的個體。此外，機構應可以先就該地域文化元素作定位，進一步確立出可以發揮的文創產業及簡易產品，供機構中的高齡長者能在機構中照顧

服務員協助下，進行創意產品的簡易設計及製作。實際執行前須先將住民的動作功能、認知功能及文化背景作簡單評估，提升創意產品製作的執行效率。透過這樣的活動設計，可以讓居住於機構中的住民有自我肯定的機會。老人是社會賦予高齡長者的定義，長者本身大多沒有體認自己老化的程度，這樣的衝突感往往會加劇他們入住機構的排斥感，透過自我肯定的機會，應是改善排斥的第一步。

三 創意進入照顧及專業服務

筆者身為物理治療師，剛好有榮幸可以參與長照 2.0 專業服務中的復能服務，在實際臨床執行上，發現如果高齡長者個案的身體功能狀況相似，且意識清楚可溝通，在前幾次接受復能或是復健服務的情境下，長者在一般醫療院所與在自己家中，對於治療或是運動態度相差甚遠。大部分長者於醫療院所會顯得較為被動且不自在，然而，在自己的家中，在相對自在的空間裡，個案精神較好、配合度提高，甚至態度非常積極，深怕對我這位來訪的客人招待有不周之處。在治療活動設計的創意運用方面，以欲訓練個案的下肢肌力及承重能力為例，醫院的臺階器材與個案家中的樓梯高度其實是差不多的，有趣的是，個案在醫院跟筆者反應無法順利腳抬高跨上去臺階，但在家中進行相同的動作，他卻可以輕鬆地跨上去自己家中的階梯。一樣的訓練活動設計，換了場域及器具居然可以讓個案的表現天差地遠，這樣的經驗確實可以讓我們思考在長期專業服務中融入創意思維的必要性。長期照顧的服務提供，我們能結合的創意設計就非常多元了，回到社區的規模，我們可將欲提供的服務包裝成長者過去在這個社區會執行的熟悉事物，如此一來，長者在執行活動時不會沒有目的性，也比較能提高個案配合的意願。

6.4 創意空間作為都市預防與治療失智症之方式

6.4.1 何謂高齡失智症

一 認識失智症

　　根據《失智症照護指南》（2009）一書中指出，失智症（Dementia）不是單一項疾病，而是一群症狀的組合，也就是我們一般所認知的症候群。失智症的臨床表徵不單只有記憶力的減退，還會影響到其他認知功能，包括語言能力、空間感、計算力、判斷力、抽象思考能力、注意力等各方面的功能退化。同時可能出現干擾行為、個性改變、妄想或幻覺等症狀，這些症狀的嚴重程度足以影響其人際關係與工作能力。而失智症過去常被視為正常老化現象，而被忽略甚至延遲其黃金治療時間，隨著醫學研究進步，現今較能落實提早發現症狀，並及早治療，甚至能做到預防之功用。為落實及早介入及達到較全面的預防機制，輕度認知障礙（mild cognitive impairment, MCI）的概念釐清及確實篩選，能提供準確的早期診斷並進一步進行預防，輕度認知障礙描述介於正常老年人及失智症患者之間認知功能變化的一個過渡時期，原則上在此階段的個案生活尚未出現顯著影響。

二 失智症分類

　　失智症主要可分為退化性失智症及血管性失智症等二大類，有一部分族群則二種原因或多種原因同時存在，其中，退化性失智症較為常見，又分為阿茲海默症（Alzheimer's Disease）、額顳葉型失智症（Frontotemporal Lobe Degeneration）、路易氏體失智症（Dementia with Lewy Bodies）等三類。若是因為腦中風或慢性腦血管病變，進而造成腦部血液循環不良，導致腦細胞死亡造成智力減退，則為第二大類的血管性

失智症。根據統計數據顯示，追蹤中風後 5 年的個案，約有將近四分之一的個案會罹患失智症。其餘少數因特定的原因而產生失智症症狀，包含營養失調、新陳代謝異常、中樞神經系統感染、中毒等因素，其特定原因若能適當處置及控制，往往可以減緩其症狀，甚至恢復。

三 失智症人口持續攀升

失智症為一進行性退化的疾病，意即其疾病進程是持續性的進行，個案須與之共處。由此可見，除了醫療服務能給予適當藥物控制及病況追蹤外，個案日常生活空間及生活模式亦須獲得良好規劃。現今全球及臺灣失智症人口均急速增加中，隨著現今醫療發展，失智症人口與老年人口比例一樣，其比例仍會持續攀升。根據國際失智症協會於 2019 年發表之《全球失智症報告》中，提及估計全球在 2019 年有超過 5,000 萬名失智症個案，到 2050 年預計將成長至 1 億 5,200 百萬人，屆時相當於每三秒就有一人罹患。

參考臺灣衛生福利部及內政部人口資料，臺灣 65 歲以上老人共 3,433,517 人（全人口的 14.56%），其中輕微認知障礙有 626,026 人，占老年人口 18.23%；失智症有 269,725 人，占老年人口 7.86%。也就是說 65 歲以上的老年人口，約每 12 人即有 1 位失智者，而 80 歲以上的老人則每 5 人即有 1 位失智者。且與全球趨勢相仿，臺灣失智症人口仍會持續攀升，臺灣失智症協會依據國家發展委員會於 107 年 8 月 30 日公告之《中華民國人口推計（2018 年至 2065 年）》之全國總人口成長中推計資料，再加上失智症每五歲盛行率 (註1) 推估，2030 年失智人口將逾 46 萬人，此推估趨勢告知我們應及早做好完善準備，來建立更為失智症友善的城市及生活空間。

6.4.2 高齡失智症與友善創意都市

一 都市與鄉村差異

● 高齡失智症也有都市與鄉村分布不均現象

　　從 1990 年開始，各國陸續著手大規模研究，探討失智症個案的生活環境分布、個人基本描述性資料，以及其相關生、心理狀態，希望能透過數據統整及進一步探究，整理出造成失智症的相關危險因子及特定高風險族群，以利較全面的預防。綜觀各國研究可以發現，高齡失智症的分布也存在著都市與鄉村分布不均問題，鄉村的失智症比例大於都市的失智症比例。Rajkumar 及 Kumar（1996）分別在印度東南角的大城馬德拉斯（Madras）及其鄰近 50 公里的鄉村蒂魯波魯爾（Thiruporur），進行隨機抽樣調查大於 65 歲之老年人口中失智症人口比例，進行統計分析，結果顯示鄉村中失智症人口比例（3.5/100）大於都市中失智症人口比例（2.7/100）。而根據其樣本描述性資料可發現，二族群識字率（literacy）及社會經濟地位（socioeconomic status）的比例是極度懸殊的，因此，此二種因素被視為是造成都市與鄉村失智症人口分布不均現象的主要影響因子。

　　陸續研究指出，造成都市與鄉村失智症人口分布不均現象的影響因子，還包含不同的生活習慣、對於自身健康的認知，以及健康照護服務系統（healthcare delivery systems）健全與否。近年來的研究發現此不均現象仍存在，Shaji 及其團隊（2005）在西印度另一城市喀拉拉邦（Kerala），發現鄉村的失智症高齡人口比例仍大於都市比例。在另一人口大國——中國的大規模研究中也發現此不均現象，中國學者 Jia 及其團隊（2014）於中國長春、北京、鄭州、貴陽及廣州等五大著名區域中，隨機挑選 30 個都市行政區及 45 個鄉村村落進行抽樣調查，依然得到鄉村中失智症人口比例（6.05/100）是遠大於都市中失智症人口比例（4.4/100）

的結果。可發現即使處於 21 世紀的社會中，城鄉的落差仍深刻地影響著失智症人口的分布。

● 高齡失智症在都市逐漸被重視

雖然近年來鄉村中失智症人口比例仍大於都市中比例，然而隨著教育逐漸普及化及醫療水平全面性的提高，我們可發現鄉村及都市的失智症人口比例均有下降趨勢，但從一份美國於 2018 年發表的統計報告中顯示，都市失智症人口比例下降的程度是小於鄉村的。Weden 及其團隊調查了 2000 年到 2010 年間的變化發現了此有趣的現象，我們可以推測近代因教育程度普遍的提高，鄉村人口因教育限制而導致提高失智風險的因子逐漸降低，然而都市中的比例仍無大幅下降，是我們往後須於生活環境及制度面著手應對的重要課題。

同時，若我們專注看都市失智症人口的變化，確實可以呼應此趨勢，我們確實需要多留意失智症人口與都市共存的未來發展。Li 及其團隊（2006）針對中國第一大城市北京的西部都市行政區進行了 10 年的追蹤，發現其 10 年後高齡失智症的盛行率（prevalence rate）及發生率（incidence rate）（註2）相較於 10 年前都是些微提高的。此結果點出了都市中失智症人口比例是不容忽視的重要議題。而另一在瑞典首都斯德哥爾摩（Stockholm）研究中，Qiu 及其團隊（2013）則在追蹤 20 年的數據中發現，都市中盛行率於 20 年間的變化是差不多的且穩定的，同時失智症個案的存活率是提升的，同時也伴隨發生率是下降的。我們可以推估在瑞典的失智症預防及後續的醫療及提升個案生活品質作法，應有值得世界借鏡的方式。斯德哥爾摩為瑞典的政治、文化、經濟和交通中心，現今又為高科技的城市之一，其特性可以作為許多已開發國家的都市之學習對象。透過這些研究我們發現，隨著全球人口總數持續攀升，即使都市失智症盛行率比例維持穩定或略為下降，但都市中的失智症人口數理應會愈來愈多，且都市中的開發、建設及制度落實可以配合的空間較大。因此許多

國家也已經從醫療、社會制度及軟硬體設施著手努力，期望能提供給失智症民眾更友善的生活空間。然而，現在失智症友善都市發展如何呢？如何才能建立一個失智症友善的都市呢？

二　如何打造失智症友善都市

● 失智症友善都市應具備特性

　　失智症友善空間的探討，一開始大多專注於室內環境探究。這是因為剛開始時，較多失智症族群由於都市中照顧不方便、家庭支持度不足，而導致往往會被送至專業機構或安養中心生活，所以較多討論著重於室內環境應如何調整，以及應注意哪些設計上的細節。然而隨著對於失智症疾病的認識逐漸普及，慢慢地大眾開始有不將失智症長者一律送機構生活的思維，反而希望能讓生活功能尚未受到顯著影響的個案，可以維持在自己熟悉的家中生活。因此，在居家附近及都市中的生活場域，開始被討論應如何調整並打造較為失智症友善的環境。Mitchell 及其團隊（2003）統整失智症友善環境應具備的六大要點：

　　1. **熟悉的環境**：熟悉的環境可以減少對空間的錯亂及困惑，熟悉的公共空間讓失智症長者生活較舒適，例如熟悉風格的街道家具（street furniture）（註3）、公共藝術（public art）（註4）、建築立面（building facades）及道路（paving）。

　　2. **清楚的環境**：環境中的資訊應簡單、好辨識及直接，例如較少的死巷、較少的道路交叉處及較少的岔路選擇。

　　3. **辨別度高的環境**：較為傳統的建築立面、搭配較為習慣的騎樓空間或門前花園場域。

　　4. **無障礙的環境**：都市的生活圈應將日常生活所及的場所限縮在 0.5 至 1 公里內可取得，且範圍內的路應避免陡坡及高低落差過大的環境。

　　5. **舒適的環境**：都市中繁忙的交通及密集的人群，會造成高齡失智症

個案更爲不知所措，應設置舒適的公共空間及綠地使用，以降低時間、空間產生的混亂。

6. 安全的環境：都市中應避免光線過強或過暗的空間，且應避免頻繁的光線亮度轉換；若有種植遮蔽用的行道樹，應避免種植落葉量過多的植物，避免因落葉而打滑的危險性。

● 失智症友善都市四大基石

Crampton 及其團隊（2012）藉由成功推動英格蘭城市約克（York）成爲失智症友善城市之一，而將其成果結合先前研究發現，統整出一個城市要成功成爲失智症友善都市的必備四大基石，也提供未來失智症都市設計完善與否的檢視四大方向：

1. 地方（place）：此都市硬體環境、建築物、鄰里、大眾運輸如何支撐及協助失智症族群？

2. 人（people）：此都市中照顧者、失智症家人、朋友、鄰居、健康及社會照顧專業人員如何支撐及協助失智症族群？

3. 資源（resources）：此都市中的服務及設施是否足夠及是否符合失智症族群所需，且此都市能否妥善運用既有資源。

4. 關係網（networks）：都市中協助失智症族群媒合、溝通資源的人，是否能提供最佳的支持及是否能將原本既有資源發揮最大化？

三 友善創意都市空間成功例子

● 英國

英國學者 Mitchell 及其團隊（2004），繼續著手於戶外失智症友善環境研究，他們發現，在有許多城市及鄉鎮致力於建造失智症友善環境的英國境內，有著典型的失智症友善都市空間。學者們此次主要探究牛津郡（Oxfordshire）及伯克郡（Berkshire）這二大行政區的都市街道及景觀，

發現其都市公共空間均符合熟悉的環境，以及辨別度高的環境等二大友善環境要素。無論是近年來新打造的街道家具，抑或是具有時代背景的舊公共空間，都具有其歷史性、城市特色及獨特的特點。包含古色古香的街道座椅及長者非常熟悉的街道電話亭，都能提高街道的熟悉性，同時，街道家具的數量又恰到好處，不會過於密集或數量過多而造成失智症長者的混淆。

在英國亦有另一著名公共藝術，不僅是現今觀光客拍照打卡的熱點之一，更是 20 世紀當地人們的共同記憶──於牛津海丁頓佇立之名聞遐邇的海丁頓倒插鯊魚（Headington shark）。公共藝術鯊魚的雕塑家約翰，於 1986 年為了抗議美國對利比亞進行轟炸而做出此作品，擺設於牛津當地一名記者兼廣播員比爾的屋頂上。起初，當地議員極力反抗此裝置藝術，然而，隨著愈來愈多人注目此具有歷史意義的公共藝術，現今也預計申請成為牛津遺產。而對於牛津地區當地住民，也就是現今的中年人口來說，這是非常熟悉且具有明確獨特性的都市空間及指標，因此該公共藝術也成為現今及未來重要的失智症友善都市空間之一。

● **加拿大**

加拿大學者 Kelson 及其團隊（2017）發現，加拿大溫哥華（Vancouver）都市內的特定公共藝術擺設，對於都市中失智症個案於都市內的方向感有所提升，此外，也能增加更多具有意義的社會互動及以地緣為基礎的對談。其實驗活動設計由城市內的失智症團體所推動，鼓勵其社團中的成員走過公共藝術所在的濱水區（waterfront）再抵達社團參與活動。其中最著名也是加拿大人最有共鳴的，即是由藝術家 Douglas Coupland 於 2011年所設計的 Terry Fox 雕像。Terry Fox 為加拿大的長跑運動員，於 18 歲時罹患骨癌，右腿做了截肢手術，且在治療期間因感受到癌友面對病魔的痛苦，所以發起「希望馬拉松」為癌症治療和研究籌集資金。Terry Fox 預計從加拿大東部橫跨至西部，抵達他的家鄉溫哥華市郊，然而他在途

中病情加劇，最終沒能順利完成壯舉，因此，以連續四個他的雕像，表達持續往西邊努力跑著的精神。身爲加拿大 20 世紀經典事蹟之一的 Terry Fox，無疑地能讓當地許多住民及失智症個案產生強烈共鳴。

另一具有特色的溫哥華都市公共藝術品——Time Top 雕塑，也能引起部分失智症個案的共鳴及注意。此雕塑品位於溫哥華的福溪（False Creek），也是瀕臨海域的都市空間。Time Top 設計概念是來自 1935 年漫畫中的時空機器樣貌，於 2006 年完工，佇立於海濱，其特點爲雕塑品的樣貌會隨海水漲退潮而改變。許多失智症個案接受訪談時，會提及這個時空機器雖然長得很奇特，卻很熟悉，因爲此創意雕塑品正是失智症長者年輕時的共同記憶之一，其部分樣貌會隨著海水的深淺而變化也吸引了失智症長者們的注意，有趣的場景可以幫助他們慢慢跟此地緣作連結。

● 丹麥

舊城博物館（Den Gamle By）爲一座具有強烈特色的露天博物館，座落在丹麥的奧胡斯（Aarhus）中央區。1914 年，該博物館開幕，成爲世界上同類博物館中的第一家，專注於城鎮文化且以許多歷史建築聞名。園區內有許多來自丹麥其他城鎮的建築，包含郵局、學校、商店等不同型態建築物，現在更有專業導覽人員裝扮成各個不同的職業融入建築情境中，爲高齡族群及失智症長者介紹，讓訪客能迅速回憶起 20 世紀初至 20 世紀中的生活場景。博物館的成功模式也被霸菱基金會（Baring Foundation）出版的《環遊世界八十大創意高齡計畫》刊物選爲其一具有獨特創意的友善空間。誰也沒想到，此園區會從一世紀前大家爭議不斷是否要拆除的老市長居所，搖身一變，成爲了如此富有創意思維的失智症友善空間之一，也意外地保留了文藝復興時期建築風格。舊城博物館可說是城鎮廢棄空間經由創意思維，成功轉變成完美都市空間的典型例子。

● **英國露天博物館**

提到世界聞名的露天博物館，英國的比米什博物館（Beamish Museum）肯定要被提及，位在英國東北杜倫郡（County Durham），完整地重現上個世紀英國礦工城鎮的樣貌。除了被世人所稱讚的與社區居民互動良好的經營模式外，博物館也積極推動失智老人友善社區的計畫。除了園區內有許多原礦工城鎮必備的礦坑及運煤鐵道，還有許多上個世紀的城鎮風景被保留，包含古董電車穿梭於街道、教堂、學校、烘焙坊、裁縫店及報社。經過部分整新後，園區內的硬體設備更加強調 1950 年代的城鎮樣貌。而近年來博物館又跟許多民間失智慈善機構合作，將園區空間提供失智症長者白天日托服務，可以讓個案、個案照顧者及個案家人朋友一起進行懷舊治療，也能提升英國國民對失智症的醫療認知，共創更友善的失智症生活空間。

● **反思臺灣失智症友善創意空間**

根據霸菱基金會（Baring Foundation）出版的《環遊世界八十大創意高齡計畫》刊物，臺灣也有四個單位及高齡失智症組織上榜，分別是：國立臺灣美術館、高雄市社會局、財團法人天主教失智老人社會福利基金會，以及弘道老人福利基金會，其中後三者以舉辦高齡失智症創意藝文活動聞名，而國立臺灣美術館則跟我們前述國外博物館成功案例較為相似，運用園區的空間優勢與創意結合，提供給高齡族群及失智症族群友善的活動空間，也能提供都市中的空間治療。美術館擁有占地寬廣的雕塑公園，堪稱全亞洲面積數一數二大的藝術博物館，博物館藉由活動規劃園區內的創意空間，可以提供友善失智症導覽及活動。

我們可以透過國外成功案例發現，許多是利用創意設計結合懷舊治療概念，可以提供完善的都市失智症友善空間。而我們國內也不遑多讓，我們的舊式公共空間或建築在歷經都市發展後並未全部消失，我們的妥善保

留也造就今日國內開始有結合創意的都市公共藝術。但是，筆者認為透過國外案例可以發現，恰當且富含創意的失智症友善空間固然重要，如果可以搭配上地方政府或民間團體推動相關活動，更能大大提升該創意友善空間對於失智症族群的確切協助，也同時能增加大眾對於失智症的認知，共同打造軟硬體皆友善的理想狀況。

6.4.3 創意失智症照護小鎮及團體家屋

一 何謂照護小鎮及團體家屋

● 照護小鎮

照護小鎮有別於傳統療養院或安養中心，有著仿效原本住宅環境的設計，以及類似小型社區規模的編制，讓居住其中的住民們可以維持過去熟悉的接近自主的生活模式，不會讓長者住民有入住到一般傳統安養中心或甚至是醫院的衝突感。而且住民在照護小鎮中有可以有醫療，以及照護相關專業人員適時提供協助並確認住民安全，其中照護人員會以服務員或小鎮裡的店員身分與住民互動。現今最為著名的失智症照護小鎮為荷蘭的霍格威（Hogeweyk），其設計創意之處也將於下列闡述。

● 團體家屋

「團體家屋」概念起源於瑞典，根據 Malmberg（1999）提出的團體家屋定義，團體家屋的中心概念為落實社會化照護（social caring），打造像家一般的懷舊環境，在住民無危險威脅狀況下，盡可能給予住民自主、自立的生活，也讓長者可以維持尊嚴的生活品質感受。一般團體家屋照護對象為輕度與中度的失智症長者，若為重度個案則較為不適合繼續居住於家屋中，會考慮移住專業醫療單位尋求完善協助。根據郭卜瑄、黃儀婷以及簡鈺珊（2012）文獻回顧指出，瑞典政府於 1980 年代開始廣泛設

置團體家屋,而在 1990 年代日本學習家屋模式,開始在日本國內蓬勃發展。團體家屋此種小規模、生活環境家庭化,以及照顧服務個別化的服務模式,對於在地老化的概念落實提供很大的協助。

二 創意照護小鎮案例及反思

● 荷蘭霍格威

位於荷蘭衛斯普(Weesp)的霍格威(Hogeweyk),於 2009 年整理後以全新樣貌開幕,為全球第一的「失智症照護小鎮」。該小鎮的特色之一為它的建築相當別出心裁,建築風格分別仿造 1950、1970 及 2000年代等的設計風格,為小鎮中的住民增加熟悉感。整個小鎮面積占地約4,900 坪,包含 23 棟房屋,每棟房屋約有 6 至 7 位住民,人數剛好約略為一般家庭人數,讓失智症住民居住其中不會感到突兀或不習慣。霍格威除了小鎮建築用心設計不同風格外,還能在小鎮內的食衣住行中展現創意,超市、銀行等鎮內機構都是精心設計出來的,也有搭配不同年代建築的風格,除了不同年代的設計外,還有因住民原生背景不同而有不同風格設計,包含基督教式、印度生活風格等設計。小鎮中仿效 21 世紀的軟硬體設施與荷蘭其他鄰近的城鎮並無差異,唯一不同之處就是小鎮有圍牆與外界隔離,只保留了單一出入口。霍格威照護小鎮的成功仍持續是供不應求的狀況,然而其巨額的成本也是讓照顧小鎮的作法無法被世界各國大量學習仿效的阻礙之一,光建立時就投入約 7 億多新臺幣建造,其中有 6 億多新臺幣由荷蘭政府協助出資,每一位住民每月須支付約 21 萬新臺幣的費用,許多的開銷支付在專業照護人力上。

● 丹麥斯文堡

位於丹麥菲因島(Funen)的斯文堡(Svendborg)「失智症照護小鎮」於 2016 年落成,有著先前荷蘭、義大利及加拿大的失智症小鎮建造模式

經驗可供參考，丹麥斯文堡在建造上更為健全。與同位於丹麥的舊城博物館有異曲同工之處，一樣是廢棄空間再利用的成功案例，斯文堡是由廢棄的啤酒廠改建而成，可讓失智症住民感覺到過去啤酒廠及那個年代的熟悉感。目前斯文堡小鎮中有 125 個家戶，並設有餐廳、髮廊、健康美容中心、健身房，以及封閉式的花園等空間及設施。為了避免面臨裡面住民會跟外界隔絕的問題，斯文堡開放住民家屬及朋友可以來訪，甚至也能攜帶熟悉的寵物入住，讓住民可以感受到那一份熟悉感。

● 從歐洲照護小鎮反思臺灣現況

從照護小鎮目前在全球尚未非常普及，可以發現其仍然有部分待解決的考量：第一，建立一個完善的失智症照護小鎮需要投入政府大量經費，另一方面，住民或是住民家屬也需要負擔極為龐大的費用來供住民入住照護小鎮。反觀臺灣現況，我們長照 2.0 政策正如火如荼的進行中，而長照 2.0 政策確實也幫助了許多長者或是失能的個案，現階段可說是非常成功，但政府目前長照預算雖持續增加，卻並未觀察到有針對單項建設規劃像上述國家照護小鎮一般龐大的經費預算，所以以經費觀點考量，建造照護小鎮的模式在臺灣上路的可行性仍待商榷。第二，建立完善的照護小鎮需要足夠且專業的照護人員，以荷蘭霍格威為例，其中住民平均每位可以受到二位專業人員照護，若是我們也要打造一個健全的失智症照護小鎮，我們是否有信心可以達成這樣的照護比呢？

或許團體家屋模式是比較適合臺灣現階段可以執行，並且有機會結合創意思維來打造的，此種小規模同時又保有照護小鎮所強調以尊嚴為照護準則的形式，應該是我們未來可以努力的方向之一。團體家屋在重視在地老化觀念的日本發展得相當好，根據郭卜瑄、黃儀婷及簡鈺珊（2012）的文獻回顧，列出團體家屋在日本普及的許多優勢之外，也有提及值得我們日後思考並可以注意的觀點，包含：第一，因家屋規模小，基於成本利益考量，醫護人員或其他設施可能相對較不齊全。第二，向住民收取費用

仍比一般安養機構略高出些許，約每月新臺幣 3 至 4 萬，可能爲住民及家屬潛在考量之一。固然有需要注意的層面，筆者認爲團體家屋的形式應是適合臺灣環境的選擇之一，注重在地老化的思維更能搭配我們本章著重的創意設計概念，家屋的建立可以融合在地化的設計，提升失智症長者或是家屬融入家屋環境。

臺灣確實也開始發展適合失智症長者入住的團體家屋，以筆者居住地臺南市爲例，臺南市政府 2018 年於七股區設置臺南第一處失智症老人團體家屋（照片 6.8、照片 6.9）。根據衛福部長照網頁指出，該家屋共可收托 9 位中重度失智症長輩，提供 24 小時全天候的照顧服務及陪伴。至於我們於上述討論過的照護比，臺南七股區失智症團體家屋也努力維持

照片 6.8
筆者於團體家屋前留影

照片 6.9
臺南七股區團體家屋

資料來源：陳亮圻拍攝，2020 年。

在一位專業照護員服務至多 3 位失智症長者，於團體家屋發展階段，值得
肯定。筆者於 2020 年前往訪視時，該家屋也收到 9 位住民，呈現滿床。
關於住民或住民家屬支付費用部分，目前為依失智程度平均每月收費 3
萬 5,000 元新臺幣左右，同時可依據收入身分別及失智嚴重程度享有補助
7,000 到 1 萬 8,000 元新臺幣不等，大致上與日本狀況相符。目前可以觀
察到臺灣的失智症團體家屋有參考失智症友善空間要點進行設計，也特別
強調懷舊治療的運用，但落實在地化元素結合創意設計的呈現，在目前較
未有特殊的空間設計出現。隨著團體家屋在各縣市數量逐漸增加，分布區
域愈來愈廣泛時，我們可以期待看到許多結合當地元素的創意空間展現。

6.4.4　如何使用創意空間來預防輕度認知功能障礙

一　預防必備因素

　　我們於本節開頭有提及隨著對失智症的認知提升，故預防勝於治療
的概念日趨普及，輕度認知障礙的確實篩選能提供早期診斷，並進一步進
行預防措施及建議。輕度認知障礙為介於正常老年人及失智症患者之間認
知功能變化的一個過渡時期，在此階段的個案生活尚未出現顯著影響，但
個案開始會主訴有記憶力變差的現象，且發現自己學習新的事務開始有障
礙。隨著落實預防概念興起，也開始有許多研究發現我們可以規劃及改善
的預防方向。根據臺灣失智症協會網站整理可改善的因子中，與本節探討
創意空間較為相關的如下：

　　1. 提高運動頻率，每週規律地從事 2 次以上的運動，有助於延緩失智
症進程，甚至可以透過運動來活化大腦組織，此證據也由 Ahlskog 醫師及
其團隊（2011）證實，並被相關學者們大量引用。

　　2. 增加思考機會，從事可刺激大腦功能的心智活動或創造性活動，
都可降低罹患失智症之風險。

　　3. 增加社會互動，努力維持社會參與，和人群頻繁接觸。

上述所列三點因子皆可以透過都市創意空間，以及失智症友善空間設計及規劃，來促進都市中輕度認知障礙的預防效用。若某一都市空間是一創意空間，一開始便可以吸引居民的注意力，以及引發好奇心前來使用，如果同時能搭配失智症友善空間的運用，讓民眾使用起來舒服且無障礙，那此空間即能顯著提高居民來此的運動頻率，以及透過社會互動增加大腦思考的機會。

二 設計巧思

欲透過都市空間的使用來達成較佳的預防，筆者認為能同時達成上述所列三大預防因子，且可以融入創意思維的都市空間為都市中的公園綠地。公園綠地既可讓輕度認知障礙族群進行運動，又能讓他們聚集於此空間進行社會互動或進行心智活動，例如下棋等益智活動。周芸（2017）在其碩士論文中，針對筆者所處臺南市地區執行問卷調查及二手資料分析，亦有發現都市中公園綠地確實有其重要性。研究中的輕度認知障礙族群、高齡女性族群習慣的運動類型以走路為主，主要的運動地點為公園綠地，多數步行到達運動空間，在運動空間中最常使用步道、座椅及運動設施，且喜歡在運動空間中進行社交活動（Chao and Chou, 2019）。因此可以藉由此調查結果發現，我們應更加注意運動空間的安全性、清潔性及便利性，當然，如果能搭配創意性就更為完善。目前臺灣都市公園綠地無論規模大小，其建造元素的考量愈來愈豐富且富含創意，但是，可以結合到空間中運動設施或硬體設備的實際案例仍較少，若能融入創意設計，應該能提供給更多潛在輕度認知障礙族群來使用空間。舉例來說，筆者認為也許具古早味的手壓幫浦，可以結合上肢或下肢的肌力訓練運動設施，讓民眾透過活動自己的手腳來累積運動後用來擦拭汗水的乾淨地下水。或是，可以將附近社區的前後變遷紀錄做成簡單的歷史圖像，擺置在公園綠地步道周圍，提升民眾進行有氧行走運動的意願等，相信這是未來我們可以繼續努力思考及規劃的方向。

註釋

1. 盛行率：根據國家教育研究院定義，盛行率爲某個時間點，患某病的所有病例數占全人口數的比例，可表示爲盛行率＝其時間點（或期間）所有現存病例數／同時期平均人口數。

2. 發生率：根據國家教育研究院定義，發生率爲一段時間內新發病的病例數與平均總人口數的比值，可表示爲發生率＝某一段期間內的新病例數／一段期間內的平均總人口數。

3. 街道家具：泛指所有設立於街道的家具設施，例如：路燈、郵筒、電話亭、消防栓、路邊長椅等物體，都屬於街道家具。

4. 公共藝術：以任意媒介創作，放在公共空間且面向公眾開放的藝術作品，一般來說，須包含三要素：公共性、藝術性、在地性。

參考文獻

中文部分

王揚傑（2020）。新北首座全齡公園錦和公園綠動服務上線。**中時電子報**。網路資料，
　　網址：https://www.chinatimes.com/realtimenews/20200627002554-260421?chdtv（最後
　　瀏覽，2020/7/3）。

可能設計有限公司（2017）。活化商店街的照顧咖啡館。**眼底城事**。網路資料，網址：
　　https://eyesonplace.net/2017/01/04/4355/（最後瀏覽，2020/7/3）。

肖雁飛、廖雙紅（2011）。**創意產業區：新經濟空間集群創新演進機理研究**。北京：中
　　國經濟出版社。

邱銘章、湯麗玉（2009）。**失智症照護指南**。臺北：原水文化。

吳易澄（2019）。以懷舊療癒失智：英國比米什博物館的老人友善村。**轉角國際**。網
　　路資料，網址：https://global.udn.com/global_vision/story/8664/4130676（最後瀏覽，
　　2020/5/5）。

周芸（民106）。**運動空間規劃對不同認知程度中高齡女性運動行為之關聯性研究——
　　以臺南市為例**。國立成功大學都市計畫學系碩士學位論文。取自臺灣博碩士論文系
　　統。

郭卜瑄、黃儀婷、簡鈺珊（2012）。臺灣失智照護模式的演進。**臺灣老年學論壇期刊，
　　16**：1-10。

國際失智症協會（2019）。**2019年全球失智症報告——對失智症的態度（繁體中文
　　版）**。

馬仁鋒（2012）。大都市創意空間識別研究——基於上海市創意企業分析視角。**地理科
　　學進展，31**（8）：1013-1023。

許正和、許睿昕（2011）。淺談創意設計。**科學研習月刊，43**（3）：4-14。

陳坤宏（1999）。臺南西區運河周圍地區生態社區空間營造之研究。**農業經濟半年刊，
　　66**：129-164。

莊雅琇譯（2015）。**社區設計：重新思考「社區」定義，不只設計空間，更要設計「人
　　與人之間的連結」**（原作者：山崎亮）。臺北：臉譜出版（原著出版年：2015）。

畢恆達（1989）。環境心理學研究資料引介。**國立臺灣大學建築與城鄉研究學報，4**
　　（1）：115-136。

曾鈺珮譯（2019）。**打造所有人的理想歸宿：在地整體照顧的社區設計**（原作者：山崎

亮）。臺北：行人文化實驗室（原著出版年：2019）。

黃舒楣（2014）。都市隱喻：「治療」或「養生」。**臺北村落之聲網頁電子報**。網路資料，網址：https://www2.villagetaipei.net/index.php/article/14174（最後瀏覽，2020/5/9）。

藍麗娟（2012）。空間治療輕鬆解壓。**天下雜誌**。網路資料，網址：https://www.cw.com.tw/article/5035886（最後瀏覽，2020/7/4）。

臺南市照顧服務管理中心（2018）。南市首處失智症老人團體家屋 8 月底開辦提供 24 小時貼心照顧。**衛福部長照專區**。網路資料，網址：https://1966.gov.tw/LTC/cp-3641-44069-201.html（最後瀏覽，2020/5/18）。

英文部分

Ahlskog, J. E., Geda Y. E., Graff-Radford, N. R. & Petersen, R. C. (2011). Physical exercise as a preventive or disease-modifying treatment of dementia and brain aging. *Mayo Clin Proc*, *86*(9): 876-884.

Chao, T. Y. & Chou, Y. (2019). Exercise space planning and design for an ageing society-a case study of space, exercise behavior, and cognitive function of older adults in Taiwan. In: Marshall, N. & Bishop, K. (Eds.), *The Routledge Handbook of People and Place in the 21st Century City*. New York: Routledge.

Crampton, J., Dean, J., & Eley, R. (2012). *Creating a dementia-friendly York*. Joseph Rowntree Foundation.

Cross, N. (1997). Descriptive models of creative design: Application to an example. *Design Studies*, *18*(4): 427-440.

Cumming, J. & Cumming, E. (1962). *Ego and milieu: Theory and practice of environmental therapy*. Atherton Press.

Cutler, D. (2012). *Around the world in 80 creative ageing projects*. Baring Foundation.

Fieldwork Facility. *The nest project*. Online document, at http://fieldworkfacility.com/projects/the-nest-project. Last visit: 2020/4/29.

Horowitz, S. (2012). Therapeutic gardens and horticultural therapy: Growing roles in health care. *Alternative and Complementary Therapies*, *18*(2): 78-83.

Jia, J., Wang, F., Wei, C., Zhou, A., Jia, X., Li, F., ... Dong, X. (2014). The prevalence of dementia in urban and rural areas of China. *Alzheimer's Dementia*, *10*(1): 1-9.

Kelson, E., Phinney, A., & Lowry, G. (2017). Social citizenship, public art and dementia:

Walking the urban waterfront with Paul's club. *Cogent Arts & Humanities*, *4*: 1-17.

Kjolberg, T. (2017). *Dementia village in Denmark*. Online document, at https://www. dailyscandinavian.com/dementia-village-denmark/. Last visit: 2020/5/10.

Lappset. *The whole city's sports park activates everyone*. Online document, at https://www. lappset.com/Products/References/Activities-for-all-ages-in-Rovaniemi. Last visit: 2020/4/29.

Li, S., Yan, F., Li, G., Chen, C., Zhang, W., Liu, J., Jia, X., & Shen, Y. (2006). Is the dementia rate increasing in Beijing? Prevalence and incidence of dementia 10 years later in an urban elderly population. *Acta Psychiatrica Scandinavica*, *115*(1): 73-79.

Malmberg, B. (1999). Swedish group homes for people with dementia. *Generations*, 82-84.

Mitchell, L., Burton, E., Raman, S., Blackman, T., Jenks, M., & Williams, K. (2003). Making the outside world dementia-friendly: Design issues and considerations. *Environment and Planning B: Planning and Design*, *30*: 605-632.

Mitchell, L., Burton, E., & Raman, S. (2004). Dementia-friendly cities: Designing intelligible neighbourhoods for life. *Journal of Urban Design*, *9*(1): 89-101.

Prinzessinnengarten. *About Prinzessinnengarten*. Online document, at https:// prinzessinnengarten.net/about/. Last visit: 2020/4/29.

Qiu, C., Strauss, E. V., Bäckman, L., Winblad, B., & Fratiglioni, L. (2013). Twenty-year changes in dementia occurrence suggest decreasing incidence in central Stockholm, Sweden. *Neurology*, *80*(20): 1888-1894.

Rajkumar, S., & Kumar, S. (1996). Prevalence of dementia in the community: A rural-urban comparison from Madras, India. *Australian Journal on Ageing*, *15*(2): 57-61.

Shaji, S., Bose, S., & Verghese, A. (2005). Prevalence of dementia in an urban population prevalence of dementia in an urban population in Kerala, India. *British Journal of Psychiatry*, *186*: 136-140.

Staal, J. A., Pinkney, L., & Roane, D. M. (2003). Assessment of stimulus preferences in multisensory environment therapy for older people with dementia. *British Journal of Occupational Therapy*, *66*(12): 542-550.

The guardian. *The rise of urban playgrounds for the elderly*. Online document, at https://www. theguardian.com/cities/2015/jul/20/rise-urban-playgrounds-elderly. Last visit: 2020/4/29.

Tinslay, J. (2016). *Durham's beamish museum recreates the 1950s*. Online document, at https:// www.designweek.co.uk/issues/4-april-10-april/durhams-beamish- museum-recreates-the-

1950s/. Last visit: 2020/5/15.

Visit Denmark. *Den Gamle By, the Old Town Museum.* Online document, at https://www. visitdenmark.com/denmark/explore/den-gamle-old-town-museum-gdk631880. Last visit: 2020/5/10.

Weden, M. M., Shih, R. A., Kabeto, M. U., & Langa, K. M. (2018). Secular trends in dementia and cognitive impairment of U.S. rural and urban older adults. *American Journal of Preventive Medicine, 54*(2): 164-172.

Weller, C. (2017). *Inside the Dutch 'dementia village' that offers beer, bingo, and top-notch healthcare.* Online document, at https://www.businessinsider.com/inside- hogewey- dementia-village-2017-7. Last visit: 2020/5/15.

Wikipedia. *Den Gamle By.* Online document, at https://en.wikipedia.org/wiki/Den_Gamle_By. Last visit: 2020/5/15.

第 **7** 章

創意設計與都市意象

陳璽任

　　本章從企業識別與企業形象的角度切入，對識別與形象有所理解後，接著再探討可構成都市意象的範疇，最後筆者列舉具有創意的都市意象設計做結尾。筆者在文中提及「企業形象」（corporate image）與「都市意象」（city image）二詞，其中的「形象」與「意象」在英文當中皆為 image，但由於企業形象與都市意象是坊間較爲慣用之譯法，筆者因此沿用之。

7.1 企業識別與形象

7.1.1 企業識別發展

　　在當前的經濟生態中，識別與形象扮演著極爲重要的角色，各種規模的公司、企業皆可透過識別建立來塑造適合的形象，藉此增加營收。從設計史的角度來看，企業識別發展跟著設計一同演進。以下筆者將從設計歷程來看企業識別的發展，從這個歷程當中，讀者可以看見企業識別與形象的意義與功能。

　　從 18 世紀中期開始的工業革命大幅度地從各個方面改變人類生活，從有形的產品、建築到都市規劃，乃至無形的科學發展、哲學思維與藝文作品無一不受到影響，所帶來的改變也具體呈現在大幅成長的人口結構改變、由封建轉向資本的經濟型態，以及因爲資本主義抬頭而逐漸侵蝕貴族威權的權力移轉上面。短暫約 100 年之間，這場由歐洲出發而影響全球的事件徹底顛覆抑或是延伸了人們對於生活的概念與想像，例如火車的出現，打破原有的時間與空間概念。世界上第一條商用鐵路於 1831 年出現在英國利物浦與曼徹斯特這二個城市之間，在建造鐵路之前若要往返這二個城市，僅能依靠馬車或徒步，往返時間必須以日計算，所能載運的物品與數量亦非常有限。其後，鐵路大幅縮短交通時間與提升載運量，人類可及的範圍更廣，貿易變得蓬勃，生活也更加多元，像是城際間的運動賽事

變爲可能。

工業革命帶來的變革全面且快速，猶如跨進另一個世界，在適應新世界的過程中，人們遇到許多問題，也做了各種嘗試，工藝與設計上亦是如此。工業革命之前人們的生活用品相對單純，平民百姓的產品僅有實用的功能與樸實不加裝飾的外型，相對地，製作精良的產品大多掌握在權貴手中，這些產品除了功能良好以外也充滿各種華麗裝飾。隨著各種工業技術的出現，產品產量提升，價格也逐漸降低，意味著除了權貴以外的人們開始可以享有各式各樣的產品，因此在當時市面上流通著各種充滿無意義裝飾的產品，它們看似華麗卻製作粗糙且毫無意義，造成這種現象的原因在於，人們對於「好產品」的想像，仍停留在過去。以往，好的產品只有權貴才能擁有，而那些產品總有著奢華裝飾的外表，工業技術提供機會讓人們擁有更多、更「好」的產品，在還沒找到適當的工業產品形式之前，人們只能汲取過去的經驗來賦予產品造型與意義。

當時許多藝術家、工匠、知識分子等，對於這種現象感到極爲不滿，因此展開一連串的藝術設計運動，企圖在工藝與批量生產之間找尋平衡點。因此，19 世紀下半葉在英國的美術工藝運動（Arts & Crafts Movement），是針對工業革命所發起的第一個藝術改革運動，雖然最後其理念並未完全延續落實，但深遠的影響促成了 19 世紀末 20 世紀初在歐陸蓬勃發展的新藝術運動（Art Nouveau）。新藝術運動與美術工藝運動相比較爲開放，不排斥工業技術，對於各種風格、工法與思維接受度也高，此外，在歐陸的各個國家有著截然不同的呈現手法與名稱，例如在德國稱爲「青年風格」（Jugendstil），在奧地利維也納被稱爲「分離派」（Secession），著名西班牙建築師 Antoni Gaudí i Cornet 的作品聖家堂、米拉之家，捷克畫家 Alfons Maria Mucha 的許多著名畫作，法國巴黎地鐵站入口等，皆爲新藝術運動的代表。然而，與美術工藝運動相同，對作品的探索仍然無法從「裝飾」的窠臼當中抽離，最後沒能爲工業化找出適合的發展道路。但其不排斥機械生產，以及對新材料、工法的探索，卻爲

藝術與設計發展打下基礎，其後的風格與思潮，逐漸往抽象呈現及理性的方向探索。

在新藝術運動當中的一個分支，德國「青年風格」，初始作品風格同樣強調流暢的曲線，以藤蔓、花卉作為主要表現素材，後期逐漸轉向較為抽象，以幾何線條作為主要的表現手法。代表人物正是著名的德國現代設計之父，現代主義設計的奠基人之一貝倫斯（Peter Behrens），其青年風格中作品風格的轉換，便能看出德國走向理性設計風格的端倪。貝倫斯曾與 Hermann Muthesius 共同組織德意志工作聯盟（Deutscher Werkbund, DWB），其宗旨是聯合各行業菁英向高品質工業邁進，拉近工業與工藝之間的距離，並以更注重實用的設計語彙取代青年風格，從產品到城市建設乃至教育皆能更加精緻，符合工業時代。著名的現代主義設計名家，例如 Walter Gropius、Ludwig Mies van der Rohe、Le Corbusier（柯比意），都曾在貝倫斯事務所工作過，可見其在當時對現代設計見解之獨到。貝倫斯的設計思維在德國通用電氣（AEG）的一系列設計當中展露無疑，著名的作品包含視覺形象設計、產品設計到廠房建築，當時德國現代主義設計的思維處於探索與萌芽階段，產品的外觀與形式正準備轉變，AEG 也是如此，貝倫斯洞悉大環境下的工業發展方向，依此作為出發點著手設計。AEG 最初的商標（logo）是以德國花體字呈現，雖然富有情感，卻不易閱讀、辨識性不高，其後商標形式雖有幾次的簡化，卻也擺脫不了新藝術運動時期的風格。對貝倫斯而言，這類著重裝飾與造型的設計沒辦法呈現商標基本的功能與意義，例如方便辨識與記憶，同時無法表現當代工業化、現代化、理性與回歸產品本身的思維，更不方便將其延伸至產品甚至建築的設計，因此他重新設計 AEG 商標，以六角形蜂巢狀外型為基底，將字體造型簡化，形成一個令人耳目一新的新設計。商標設計元素與精神也延伸至產品設計上，尤其電水壺，運用簡約與符合工業批量生產的模組化概念，整體壺身外型呈現八角形，提把、壺身與壺底基座為模組化設計且各有不同材質，透過不同排列組合便能組成不同產品選擇，方

便組裝維修，亦維持整體產品的識別特徵，對於現代主義設計的思維也得到充分的傳達與體現。在建築上，他為 AEG 設計位在柏林的輪機工廠（AEG-Turbinenfabrik），他運用新材料與技術，設計出有別於傳統的建築，廠房以鋼筋樑柱作為主要支撐，側立面設計極大的玻璃牆面來為室內提供充足的採光，屋頂以大跨度的八角拱形來提供更寬廣的室內空間，方便大型機具在室內移動與操作。整體來說，貝倫斯為 AEG 所做的設計成果獲得很好的迴響與評價，尤其是為 AEG 量身打造的形象設計方面，產品和建築設計與商標搭配具有極高一致性，主要設計思維是符合現代化、工業化、理性且回歸物件本身，新技術、材料與工法為設計手法。換句話說，企業核心理念結合思維與手法，形象從裡到外一致地被塑造，這是系統化考量、刻意為之的結果，因此貝倫斯也被視為企業識別系統（Cooperate Identity System, CIS）設計的先驅與創造者。

歐陸經過二次大戰，許多人才轉往美國，加上在 1930 年間於美國發生的經濟大蕭條，實則助長了美國工業設計的發展，設計成為當時刺激消費最好的手段，尤其流線型（Streamline）的造型運用在當時紅極一時，也因此，設計與商業密切結合，到現在都是美國的設計特色之一，這樣的趨勢也推動企業識別設計的發展。美國工業設計之父 Raymond Loewy 留下許多知名產品設計，小至口紅，大至太空站內裝，都能看到他的足跡，企業識別的商標設計上，例如可口可樂的商標及曲線瓶設計、殼牌加油站、BP 石油公司、EXXON 石油公司，甚至美國空軍一號的塗裝，皆出自其手。從 60 年代開始，企業識別的建立蔚為風尚，許多企業開始為自己打造識別系統，時至今日，企業識別已成為成功企業必備條件之一。

企業識別的發展，最初跟隨著產品、建築的腳步，從揚棄多餘裝飾並且回歸物與功能本身出發，理性的探討標誌或商標的功能，之後在美國，因為經濟蕭條，設計成為商業中強而有力的手段、刺激經濟的工具，因此各方面的設計，包含企業識別與形象設計得到具體的發展。此一脈絡延續到今天。以設計發展歷史來闡述企業形象與識別的主要原因，是

讓讀者能夠理解，企業識別與形象非僅僅是一個好看的商標，而是有其意義與功能。

7.1.2 識別與形象建構

企業識別是根據策略性的計畫，來制定企業對內部與外部所應展現的形象與行為。良好的企業識別系統可以提升一個企業的形象，強化自身特色與文化來達到與同業產生區別的結果，藉此提升營收。一套企業識別系統的建立包含許多項目：理念識別系統（Mind Identity, MI）、活動識別系統（Behaviour Identity, BI）、視覺識別系統（Visual Identity, VI），是一般常用來構成企業識別的三個要項。亦可將企業識別分為企業哲學（Corporate Philosophy, CP）、企業行為（Corporate Behavior, CB）、企業溝通（Corporate Communication, CC），以及企業識別設計（Corporate Design, CD）等四個項目分別檢視，在實務上，筆者認為此種方式較為詳細與實用，以下簡介之：

1. 企業哲學：指公司的理念、態度甚至初衷，是公司的基本核心價值。它可以被反映在企業當中的成員互動、與競爭對手的關係，以及領導風格上，因此企業哲學可以決定該企業的社會責任、發展目標，以及領導風格。

2. 企業行為：指企業對內部員工的管理與互動，或者對外部的利害關係人（客戶或公眾……等）所執行的行動。對企業行為的評價與判斷通常會由企業外部的印象所構成。

3. 企業溝通：包含了一個企業所有對內部和對外部的訊息傳遞，它所扮演的角色相當於整體企業識別的策略規劃。不論是廣告手法、企業公共關係建立，或是對內部員工的理念宣導，皆屬於企業溝通的範疇。透過良好的溝通媒介與手段，能讓企業形象統一，並且強化形象。

4. 企業識別設計：指企業識別設計的具體呈現方法與媒介，例如商

標、企業服裝、信封信紙、公司用紙、名片、網頁、產品設計甚至建築物
等。除了美觀、辨識性高的設計以外，保持設計運用的一致性才是企業識
別設計成功的關鍵。不論是對企業內部或外部，以及在各種媒介上，皆應
讓設計維持統一，舉例來說，企業的網頁風格、標準用色，應與所有其他
平面媒介，例如名片、公司簡介摺頁等具有相同特徵；又或者在不同媒介
上的商品呈現，例如陰影（有無、大小、方向）、產品照片風格（使用產
品攝影或電腦彩現、緊連地面或騰空、產品呈現角度）等應該統一；又或
者是家族產品的識別特徵，例如 BMW 汽車的產品識別非常鮮明且一致，
車側通過車門把手的俐落側線、車頂如鯊魚鰭造型的天線，以及前方二個
腎型水箱罩，甚至到商品的命名，也應保有企業專屬特色（圖 7.1）。

圖 7.1　BMW 汽車產品識別
資料來源：https://www.pexels.com，經筆者編修。

　　上述這些概念在實務上並不一定能夠完全區分開來操作，但是，識別（identity）與形象（image）則是二個不同的概念。在企業識別與形象的領域當中，企業識別是指企業自身輪廓的描述，反之，形象則是外界透過各種媒介理解該企業後所產生的各種印象、感受與認知。形象是識別在社會上的投影，也是企業在公開場合展現自我的結果，識別的主導權掌握在企業內部，對所產生的形象則不一定能完全掌握。以「人要衣裝」作為例子，人有獨一無二的個性、行為與外表，這就好比一個企業的哲學及行為，根據個人特色來選擇的服裝就好比是企業的識別，裝扮可以有無限多種可能，單看如何挑選，風格挑選得宜，從外界的眼光來看，會覺得這身裝扮與這個人「很搭配」，而「外界覺得搭配」便是對識別所呈現的形象之描述。合宜的裝扮讓人產生正面印象，反之，不適切的裝扮，例如尺寸不符、風格不恰當，即便衣著本身設計精良，觀者對整體形象的評價也必然不會是正面。形象並非存在於企業內部，而是在外部產生，相反地，識別則應深植於企業內部中。形象與識別不同，但緊密相連，互為因果，識別導致形象的產生，而形象卻也烙印在識別之中。

　　企業識別包含二個最重要的概念，分別是「由內向外的建構方式」，以及「識別與形象間的關係」。透過圖 7.2 可以看出，企業識別建構的過程是由內向外的，以企業哲學、理念或價值為核心，它會構成企業所做的行為，以及意欲對外傳遞的訊息內容。最外層的企業識別設計，則是一種包裝，將企業的內涵透過適切、一致、區別性高、美觀的設計包裝來對外呈現。企業形象則會因為識別的傳遞在外部被建立起來，也可以說，識別操之在我，但形象由大眾決定，而良好形象才是最主要的目標。這些概念不僅企業，城市形象的建立亦可如此觀之。在下一節當中，筆者將嘗試運用上述的觀點來看待都市形象的建構與呈現。

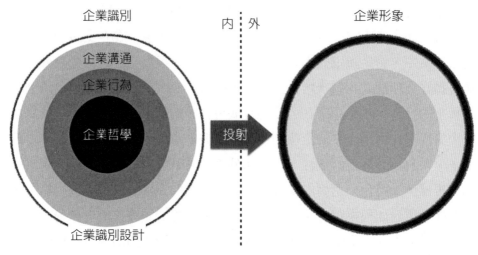

圖 7.2 企業識別與企業形象說明圖
資料來源：筆者自行繪製。

7.2 都市意象構成

　　上節介紹了企業識別的發展與設計、識別設計的切入點，同時也闡明識別與意象間的差異，本節探討的重心落在：若將識別與意象的尺度擴大為都市，企業識別的建構方法與概念是否有可能運用在都市上，為此，筆者將以識別設計與意象產生作為論述基礎，以都市意象構成要素及其協作者二個段落來探討。

7.2.1 都市意象

　　識別與意象皆著眼於描述特定主體的外在，但是，識別通常是有目的、主動、被刻意創造的結果，相反地，意象則是被動、與感知互動過後的產物，筆者認為這樣的概念同樣可以用在都市上，從這個脈絡出發，應可將都市的識別與都市的意象分開討論。

　　識別的構成由內向外，仰賴一個明確的核心價值，在這個核心價值

之上，逐步產生各種資訊與措施，一個好的識別除了美觀之外，還得有合宜且一致的呈現，同時具備獨特性，以提高與競品的區別程度。識別設計的執行是由上而下的，需要透過一個獨立的「核心團體」，透過研究、分析取得結果後再往下具體執行，於企業當中，通常是設計團隊與企業高層共同來扮演這個角色。若將這個模式對比都市，面臨到的第一個問題是，都市哲學或是核心理念是什麼呢？其次，都市識別的建立則同樣需要由一個「核心團體」來決定核心價值，而都市尺度遠遠大於企業，這個核心團體應該由誰扮演也會充滿變數，可能是中央或地方行政單位，也可以是較具影響力的在地團體，甚至可能是居民共識。此外，都市就如同一個有機體，時時刻刻在成長與改變，再者，不論哪個都市，都是由政治、經濟、文化、創意……等元素組成，差別只在元素含量的多少，什麼樣的主軸會符合一個都市的識別變得難以決策，確定識別軸線的同時很有可能也排擠了其他都市特色，因此，要主動地建立一套都市識別充滿了取捨與變數。不同於識別，只要有都市就會有人，只要有人就會對都市產生印象。都市意象即便沒有經過設計與規劃也自然而然地被生成，「**環境的意象是觀察者和他所處環境二者雙向作用的結果。**」（胡家璇，2014，p.17）每一個城市都會有其意象，這些意象有可能是多數人認同的，例如巴黎是浪漫花都；也有些意象是個人心中特有的存在，例如因為求學歷程，德國威瑪的巷弄街道對筆者別具意義。隨著觀察者與都市的角度與關聯性，都市意象可以共享也可私藏。

都市品牌或識別建立日益重要（Kavaratzis & Ashworth, 2007），都市或在地品牌經營的目標之一，是挖掘或是創造屬於該地的特色，並且使其與其他城市或地區有所區隔（Ashworth, 2009）。然而，在一個都市當中，影響意象的要素非常豐富，不適合也無法集中管理，反而需要透過引導，將多元發展且極具影響力的特色整合，逐漸讓都市意象成形，因此「形塑良好意象是目的，識別建立只是手段」，這個概念在此更顯得重要。

在《城市的意象》（2014）一書中，對於都市意象的建立有深刻且經典的描述。首先，環境的意象可以透過三個要素來分析，分別是「特徵」、「結構」與「意義」。「特徵」直接與物件相關，存在於物之上，讓物體具有一定辨識度，透過「特徵」讓觀者可以將之與其他物體區分出來；「結構」則代表物與物、物與人在空間上的互動與脈絡；而物對於觀者在心理上所產生的特定意涵與情感則屬於「意義」。Lynch 的系列研究（胡家璇，2014）特別著重在理解都市中人透過可被辨認的實體物件所產生的都市意象，因此他又特別將這些實體物件分為通道、邊界、區域、節點與地標等五項，這五個項目同屬於「特徵」。而上述亦可以人與非人來作為簡易劃分，即：「特徵」是單純指涉實體物件，而「結構」與「意義」皆與觀者和物體之間有關，書中也多次表明人與人的活動對於都市意象的重要。

7.2.2 都市意象協作者

在本節當中，筆者將以行動者網絡理論（Actor-Network Theory, ANT）的概念出發，藉此讓都市意象建構相關的人、事、物及其之間的關聯更完整地被看見。行動者網絡理論由 Callon（1986）、Latour（1988）及 Law（1987）等人建立，本是一個用來理解與審視科學與科技如何影響社會的理論，亦可用來探討人與物之間所建立起來的網絡，例如當公共空間被改造時，有哪些元素加入，又如何彼此互動（Rice, 2018）。其中，一個重要概念是，網絡的建立需要許多行動者（actor），而行動者包含人（human）與非人（nonhuman），二者不能偏廢，在網絡中扮演同等重要的角色。

構成都市意象的網絡當中同樣可以清楚看見二種行動者，圖 7.3 為筆者以 Lynch 提出的環境的意象三要素（胡家璇，2014）為基礎，結合人與非人行動者所呈現出來之都市意象關係。其中在「特徵」範疇當中提及

圖 7.3　都市意象建構圖

資料來源：筆者自行繪製。

的五項實體物件：通道、邊界、區域、節點與地標等五項實體物件屬於非人行動者，除此之外，城市當中的獨特產品、工藝與藝術作品甚至美食等，也同屬非人的行動者。關於人的方面，人同時扮演都市意象創造者與意象感受者的角色，又可將在地與非在地人分開探討。在地人偏向都市意象構成的一部分，是意象的共同創作者之一，而觀光客或訪客則比較接近都市意象的感受者與傳遞者。今日，提升都市意象已經成為吸引遊客的手段之一（Riza et al., 2012），因此，都市意象對於二個群體來說意義可能截然不同。

　　在地觀者，也就是都市中的居民，一方面是自己所居住城市的貢獻者，同時也在感受這個都市的意象。以法國巴黎為例，時尚之都的意象已經深植人心，在這裡充斥著各式各樣的精品百貨，走在巴黎街頭不難發現，多數人對於穿著打扮非常講究，不論是衣服或是配飾單品都散發著時尚魅力；此外，各種小商店，例如麵包店、咖啡廳、餐廳，在外觀、商標設計、商品呈現，精心設計的樣貌隨處可見，不論是衣著上的裝扮或物件上的裝飾，皆是當地人的生活日常。在臺北，上班族給人的印象總是

打扮整齊、光鮮亮麗，不論他們是否有意為之，必然也成為都市意象的一部分。在地居民因為身處其中，自己對於周遭人事物的樣貌習以為常，所關注的事物不會落在與其他都市意象的差異上，而是日常生活中的細節，例如以美食著名的臺南市，在地人反而不如觀光客了解網路流傳的著名小吃、美食，相反地，他們會更了解住家周遭適合自己胃口的餐廳、小店。以見樹或見林來形容，在地人對自己的城市而言是見樹的那一群，同時，唯有脫離自己所習慣的地區，與其他環境相比過後，才容易感受到不同，進而辨識出自己城市的意象。若以上一節所提到企業識別與企業形象概念論之，在地觀者也是定義識別的重要角色之一。

　　非在地觀者，例如遊客、訪客，以旁觀者的姿態體驗都市，透過各種媒介上的訊息在都市中探索，同時與自己經驗的比較之後，逐漸形成對一個城市的特定感受，形成屬於他們的都市意象。對於非在地觀者而言，都市特色、魅力、差異性顯得格外關鍵，現今資訊傳遞非常迅速且無遠弗屆，都市意象會透過各種方式散布到世界的各個角落，為訪客留下良好的體驗與印象能吸引更多人造訪城市，進而提升觀光與經濟，都市意象建立的目的很大一部分便在於此。然而，特色鮮明、訪客絡繹不絕的都市，例如義大利的威尼斯、荷蘭的阿姆斯特丹、捷克的布拉格，甚至臺灣的墾丁，卻也面臨過度觀光所帶來的衝突（“Venice to Charge Tourist Entry Fee”, 2018；〈城市過度觀光居民不堪重負該怎麼辦？〉，2019），擁擠、喧囂、大量垃圾、物價過高等問題，同時也改變在地觀者對身處都市形象的感受。因此，非在地觀者不是都市意象主要的協作者，但可起到傳遞、認證都市意象的作用，甚至對在地觀者所認知的都市意象產生影響。

　　綜合上述，於在地與非在地觀者眼中，城市樣貌存在差異、見樹或見林、身處其中或過客匆匆，二者對都市意象的感受都是真實，也同樣具有影響力，不論是都市意象本身或觀看的視角，都是一種動態的存在。

7.3 創意設計應用於都市意象範例

　　本章第一節談論了識別與形象之間的關聯，識別傾向於自身特色的描述，而形象則是特色的包裝，良好的形象應由內而外，先對自身有充分了解，方能做出適當的包裝。第二節則簡述可構成都市意象的範疇，人與物及二者在情感、空間上的互動，皆可形塑都市意象，其中，人又可以分為在地觀者與非在地觀者二類。有意義地將創意設計運用在都市意象上，亦可循此一脈絡著手，以下筆者將從自己的經驗及曾參與之課程中，介紹具有創意且能合適地運用在都市意象上之設計。

　　以「考古與設計」這門課當中四項設計作為範例，這四項設計目前已將技術轉移給國立成功大學，進行後續開發與運用。「考古與設計」為筆者與國立成功大學考古學研究所鍾國風老師於 2016 年開設至今之課程，課程主旨從考古學的角度出發，思考文化資產的意義並從中找出議題與素材，再將之運用於設計上。於 2016-2018 年之間，課程實作場域為臺南市，課程產出許多與臺南意象極為相符且具有創意之設計。

　　從荷治到日治時期，臺南一直是臺灣糖業重鎮，這段特色歷史雖不至被淡忘，卻也不那麼耳熟能詳。然而，不論從時間、空間、物件、人物上來看，糖業發展的史蹟與臺南市意象非常符合，設計作品「層」及「化福」便由此而生。提到臺南，絕對會出現的關鍵字少不了小吃、美食，設計作品「拾食」、「Foocapella」，則以此作為主題來揮灑創意。

● **層**　　　　　　　　　　　　　　作者：李承霖、許宣智、楊郁棻

　　「臺南的醬油是甜的！」甜是普遍所有人對臺南的印象，走遍整個臺南，以味覺串起整段旅程，糖這樣深刻在臺南的土地上，影響著整段歷史，而歷史的片段故事，由器物所承載著。

　　以塊狀作為糖的呈現，將其轉化為器物來訴說臺南。塊狀是分量感，是時間的承載與累積，是整段歷史，沉重且長久。分層是政府的迭

圖 7.4　設計成果──層　　　圖 7.5　設計成果──化福
資料來源：李承霖、許宣智、楊郁菜　資料來源：李建承、陳法均攝影。
　　　　　攝影。

　　代，是不可逆的演變，而這五段分層，恰恰代表荷蘭、明鄭、清領、日治、民國，以磨糖的手法，象徵著塊狀的歷史，被磨成細糖點點，磨成陣陣甜香，一段段小故事，供您品味。

　　這五層內容物，所代表的是當時的歷史，是當時的飲食文化。最底層是荷治時期，當初是由荷蘭殖民，開始大量的種植甘蔗，開啓這段糖的深耕，因此，以甘蔗汁細細熬煮成糖塊，來表現這段緣由。第二層為明鄭時期，著名的海上強權，不僅政治經濟依賴著大海，當時的飲食文化亦充滿著海味，因此以鹽作為主體，代表當時以海為本的情況。第三層是清領時期，大量資源與訊息由中國移入臺灣，同時臺灣也開始大批種植茶葉，茶葉成了當時重要的經濟與飲食，因此濃厚的茶味，反映當時的繁榮情況。第四層是日治時期，為臺灣帶來現代化的發展，改善了衛生，帶入西方的文明，精緻的飲食由當時而起，以冰糖這樣冰晶透明的視覺，代表著這樣的飲食習慣。最後一層是民國，如此多種文化在這片土地留下痕跡，造就現在多元文化的臺灣，因此，以七彩糖這樣繽紛的情景，述說臺灣現在特別的飲食文化。

燒製流程

步驟一
將糖和酒加入碗中

步驟二
點火使糖燒起來

步驟三
成為糖漿,移開火源

步驟四
將糖漿倒在糯米紙上,
靜置冷卻

步驟五
印上「福」字,完成糖塊

步驟六
吃下糖塊,感受化福

圖 7.6　化福操作流程
資料來源:李建承、陳法均繪製。

● **化福**　　　　　　　　　　　　　作者:李建承、陳法均

　　廟宇文化也是臺南市的典型意象之一,武廟、孔廟、開基天后宮、大天后宮、鹿耳門天后宮……等,而藉由化掉符咒(化福)的水來趨吉避凶,也就是喝符水,這種傳統宗教習俗也還流傳在民間。然而,這樣的行為雖具意義,但卻不健康。糖在臺南具有歷史,也同樣可以化掉,因此,將糖作為媒介,以燒糖、化糖來保留燒符的意象,並在最後將整個儀式化成一塊塊福糖,給大家一個更有趣且健康的祈福方式。

● **拾食**　　　　　　　　　　　　　作者:方芊文、鄭靖非

　　每道臺南傳統料理都富含文化及歷史,它們是佳餚背後不可或缺的養分,享用之餘,也可對其有更多認識。拾食希望藉由設計一套臺南餐具,用美挑起人們對傳統食物的興趣,去了解、聆聽、咀嚼每一個動人的

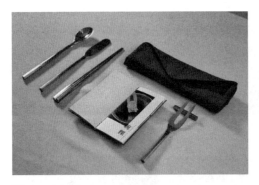

圖 7.7　拾食
資料來源：方芊文、鄭靖非。

圖 7.8　設計成果——Foocapella
資料來源：米恒毅、李宜庭、李萌霖、
　　　　　邱健、許新語、許皓程、
　　　　　唐子倫、鄭博允攝影。

故事，在吸引人們目光的同時，也能加深大家對於傳統食物的印象。拾食這套設計包含四種餐具、餐具袋和一本小冊，餐具分別爲筷子、湯匙、扁片和叉子，而其中扁片和叉子造型特別，是專門品嚐臺南小吃碗粿和菜粽時所使用。每樣餐具後端皆可取下作爲筷架使用，藉此避免餐具在未使用時，直接接觸桌面。餐具袋設計以無縫線工法讓設計往簡約意象靠近。介紹傳統食物的小冊，以古籍裝訂方法搭配幾何造型縫線來固定，使整體設計在懷舊與當代之間找到平衡點，小冊的內容詳細介紹臺南傳統美食故事由來及店家資訊，希望讓使用者在享用美食之餘，也能欣賞每個食物背後迷人的歷史。希望這樣的設計能成爲一套符合臺南意象，代表臺南的精美禮品。

● **Foocapella**　　　　　　　作者：米恒毅、李宜庭、李萌霖、邱健、
　　　　　　　　　　　　　　　　　許新語、許皓程、唐子倫、鄭博允

　　Foocapella 的特色在於運用聲音詮釋臺南小吃。以音樂的快慢、大小調、編制大小，搭配製作料理過程中關鍵工序的聲音，爲臺南獨有的菜餚譜出專屬的曲目。以浮水魚羹爲例，音樂編曲較緩慢，透過四個和絃重複

循環，呈現如同臺南小吃那樣簡單卻不凡的體驗。而音樂依不同階段的體驗，將整首曲子分成開店前店家備料，開店後浮水魚羹製作，客人品嚐浮水魚羹過程等三個段落。每一個階段都有數個代表的過程，後製擬音並轉化為編曲的元素，例如在開店前的備料過程便有剃魚鱗、剁魚肉、切薑絲香菜、分魚漿團的聲音；在開店後浮水魚羹的製作過程，則包含舀湯到大鍋、放魚丸滾、攪拌、鏟鍋底；客人品嚐浮水魚羹時，則會有喝湯及咀嚼的聲音。其中第二階段的鏟鍋底其實是浮水魚羹最具特色的元素，由於羹湯非常濃稠，店家在大鍋煮時，為了避免鍋底黏住，所以會不斷用鍋鏟鏟鍋底，造就了浮水魚羹小吃攤單純且重複的背景音。

上述四項作品在歷史考據上不盡然完全正確，但他們的設計概念能夠將臺南在地生活習慣、歷史脈絡與臺南意象，透過創意作很好的連結，使觀者在體驗創意的同時也從各式層面感受臺南，由內而外且一致地詮釋這個城市的意象。

文末，筆者要再次強調幾個觀念，首先，意象（或形象）是由主體（在此即是都市）之外透過各種媒介對主體本身所有的認識所構成，換言之，無論經營與否，只要主體存在意象就必然產生。要營造一個良好的意象，運用適合主體特色的創意手法則非常重要，就以上述四個例子來說，它們可以很恰當地運用於臺南市，但卻不一定適合其他地區。除此之外，也須考慮感受這個意象的觀者是誰，都市當中的居民與訪客所觀看的角度有所不同，也許二者之間可能存在衝突。最後，與產品或企業的尺度相比，都市意象的建構過程極其複雜，充滿變數與可能性，因此，一個都市的意象可以很多元，甚至可能隨著時間推移、空間改變，而動態地產生變化。

參考文獻

中文部分

王受之（1997）。世界現代設計。藝術家。

林育如譯（2010）。包浩斯 **Bauhaus**（原作者：F. Whitford）。臺北：商周出版。

胡佑宗譯（1998）。工業設計：產品造型歷史、理論及實務（原作者：B. E. Burdek）。
　　亞太圖書（原著出版年：1988）。

胡家璇（譯）（2014）。城市的意象 **The Image of the City**（原作者：K. Lynch）。遠流
　　（原著出版年：1960）。

盧永毅、羅小未（1997）。工業設計史。臺北：田園城市。

城市過度觀光居民不堪重負該怎麼辦？（2019, October 2）。**BBC** 英倫網，https://www.
　　bbc.com/ukchina/trad/vert-tra-49895407

英文部分

Ashworth, G. (2009). The Instruments of Place Branding: How is it Done? *European Spatial Research and Policy*, *16*(1), 9-22. https://doi.org/10.2478/v10105-009-0001-9

Callon, M. (1986). Some Elements of a Sociology of Translation: Domestication of the Scallops and the Fishermen of St Brieuc Bay. In: J. Law (Ed.), *Power, action, and belief: A new sociology of knowledge?* (pp. 196-223). Routledge & Kegan Paul.

Free stock photos · Pexels. (2014). https://www.pexels.com/

Kavaratzis, M. & Ashworth, G. J. (2007). Partners in coffeeshops, canals and commerce: Marketing the city of Amsterdam. *Cities*, *24*(1), 16-25. https://doi.org/10.1016/j.cities.2006.08.007

Latour, B. (1988). *Science in Action: How to Follow Scientists and Engineers Through Society* (Reprint). Harvard University Press.

Law, J. (1987). Technology and heterogeneous engineering: The case of Portuguese expansion, In: W. E. Bijker, T. P. Hughes, & T. J. Pinch, *The Social construction of technological systems new directions in the sociology and history of technology* (pp. 111-134). MIT Press.

Rice, L. (2018). Nonhumans in participatory design. *CoDesign*, *14*(3), 238-257. https://doi.org/10.1080/15710882.2017.1316409

Riza, M., Doratli, N., & Fasli, M. (2012). City Branding and Identity. *Procedia - Social and*

Behavioral Sciences, *35*, 293-300. https://doi.org/10.1016/j.sbspro.2012.02.091

Selle, G. (2007). *Geschichte des Design in Deutschland: Aktualisierte und erweiterte Neuausgabe* (2. aktualisierte und erweiterte). Campus Verlag.

Venice to charge tourist entry fee (2018, December 31). *BBC News*. https://www.bbc.com/news/world-europe-46721456

索引

openness 開放　31, 72, 90, 93-95, 97-100, 132, 137-140, 160, 165, 166, 215, 243, 252-254, 263-266, 278, 280, 281, 289, 314, 316, 326, 346, 350, 358

open to experience people 開放型的人　96, 137

Organization for Economic Co-operation and Development, OECD 經濟合作與發展組織　178

outsourcing 外包　102, 163, 265

P

paradigm shift 典範轉移　165

patchwork metropolis 拼貼大都市　82

patent/patents 專利　33, 89, 112, 113, 159, 162, 178, 179, 180, 181, 192, 196, 209, 211

paving 道路　21, 85, 205, 236, 273, 288, 339, 358

peaks 尖峰　6, 73-75, 78, 88, 89, 91-93, 112, 113, 157, 159-165, 167-170, 178, 182, 192-194, 196, 199, 212

people climate 人文環境　81, 316

people place 人的場所　35, 36

personality 個性　3, 54, 58, 65, 89, 90, 92, 93, 95, 97-100, 111, 139, 140, 160, 315, 335, 363

physical & health well-being 身體與健康福祉　129, 130

place 地點／地方　6, 9, 25, 31, 32, 57, 73-77, 83, 89-95, 97-99, 112, 133, 134, 135, 136, 139, 140, 159, 162, 231, 252, 264, 267, 273, 276, 282, 286, 287, 313, 340, 349

Planning Commission 規劃委員會　128

political & government well-being 政治與政府福祉　129

political economy of culture 文化的政治經濟學　14, 17, 18

population 人口　5, 9, 32-34, 61, 63-65, 88, 89, 100, 112-114, 142, 159, 160, 162-164, 167-173, 175, 176, 178, 179, 190, 192-195, 198, 199, 205-209, 211, 212, 219, 223, 225-244, 251, 255, 256, 259-261, 266, 267, 270-272, 274, 276, 278-280, 284-288, 290, 291, 297-299, 301, 303, 319, 320, 322, 325, 326, 332, 336-338, 341, 350, 357

population density 人口密度　168-173, 232, 287, 299, 301, 326

positive psychology 正向心理學　126

postmodern 後現代　3, 108

prevalence rate 盛行率　336, 338, 350

priori research 先驗研究　169

prospect theory 展望理論　131

Z

國家圖書館出版品預行編目資料

創意.都市.幸福感：驅動區域創新及經濟成長
／陳坤宏等著；陳坤宏主編. -- 初版. --
臺北市：五南, 2020.10
　　面；　公分
　　ISBN 978-986-522-272-7（平裝）

1. 都市社會學　2. 都市發展

545.1015　　　　　　　　　109013662

1ZON

創意‧都市‧幸福感
驅動區域創新及經濟成長

主　　　編 ─ 陳坤宏（269.8）

作　　　者 ─ 陳坤宏、彭渰雯、洪綾君、林漢良、趙子元、
　　　　　　　洪于婷、陳亮圻、陳璽任

發 行 人 ─ 楊榮川

總 經 理 ─ 楊士清

總 編 輯 ─ 楊秀麗

副總編輯 ─ 陳念祖

責任編輯 ─ 黃淑真、李敏華

封面設計 ─ 王麗娟

出 版 者 ─ 五南圖書出版股份有限公司

地　　　址：106台北市大安區和平東路二段339號4樓

電　　　話：(02)2705-5066　　　傳　　真：(02)2706-6100

網　　　址：https://www.wunan.com.tw

電子郵件：wunan@wunan.com.tw

劃撥帳號：01068953

戶　　　名：五南圖書出版股份有限公司

法律顧問　林勝安律師事務所　林勝安律師

出版日期　2020年10月初版一刷

定　　價　新臺幣550元

經典永恆・名著常在

五十週年的獻禮——經典名著文庫

五南，五十年了，半個世紀，人生旅程的一大半，走過來了。

思索著，邁向百年的未來歷程，能為知識界、文化學術界作些什麼？

在速食文化的生態下，有什麼值得讓人雋永品味的？

歷代經典・當今名著，經過時間的洗禮，千錘百鍊，流傳至今，光芒耀人；

不僅使我們能領悟前人的智慧，同時也增深加廣我們思考的深度與視野。

我們決心投入巨資，有計畫的系統梳選，成立「經典名著文庫」，

希望收入古今中外思想性的、充滿睿智與獨見的經典、名著。

這是一項理想性的、永續性的巨大出版工程。

不在意讀者的眾寡，只考慮它的學術價值，力求完整展現先哲思想的軌跡；

為知識界開啟一片智慧之窗，營造一座百花綻放的世界文明公園，

任君遨遊、取菁吸蜜、嘉惠學子！